MW01295401

Basic Spanish
for
Orientation and Mobility

A PHRASE BOOK AND DICTIONARY

Brenda J. Naimy, *Editor*

Matthew W. Hogel
Consulting and Translation Editor

A F B **PRESS**

American Foundation for the Blind

Printed in the United States of America

Library of Congress Cataloging-in-Publication Data

Basic Spanish for orientation and mobility : a phrase book and dictionary / Brenda J. Naimy, editor ; Matthew W. Hogel, consulting and translation editor.
    pages cm
  Includes bibliographical references and index.
   ISBN 978-0-89128-651-6 (pbk. : alk. paper) -- ISBN 978-0-89128-660-8 (online subscription) -- ISBN 978-0-89128-661-5 (ASCIIdownload) -- ISBN 978-0-89128-662-2 (mobi) -- ISBN 978-0-89128-663-9 (epub) 1. Blind--Orientation and mobility--Terminology. 2. Blind--Orientation and mobility--Study and teaching. 3. Spanish language--Terms and phrases. 4. Spanish language--Dictionaries--English. I. Naimy, Brenda J., 1961- II. Hogel, Matthew W., 1975- III. Foy, Christian J., 1948- English/Spanish basics for orientation and mobility instructors.
   HV1598.B367 2014
   468.3'4210871--dc23
                              2013048616

The American Foundation for the Blind removes barriers, creates solutions, and expands possibilities so people with vision loss can achieve their full potential.

It is the policy of the American Foundation for the Blind to use in the first printing of its books acid-free paper that meets the ANSI Z39.48 Standard. The infinity symbol that appears above indicates that the paper in this printing meets that standard.

Contents

Acknowledgments   *v*

Introduction   *vii*

1   Basic Skills   1

2   Canes and Cane Techniques   27

3   Residential Travel   51

4   Business Travel   77

5   Using Public Transit   113

6   Skills for Travelers with Low Vision   133

Appendixes

   A   Vision, Disability, and Medical Terminology   155

   B   Terminology for Concept Development
       in Orientation and Mobility   160

   C   A Brief Guide to Spanish   172

English/Spanish Dictionary   181

Spanish/English Dictionary   194

Index   209

About the Contributors   223

Acknowledgments

Our hats are off to Christian Foy who wrote the first edition of this book in 1991. While we may not have followed in his exact footsteps for the revision of this text, he certainly led the way.

We'd like to express our gratitude to Mary Gaston, who generously gave of her time to provide valuable feedback on the initial draft of the English version of the manuscript and who gently and correctly suggested that Brenda's overuse of exclamation points might make the O&M specialist seem too excitable.

David Martinez deserves a medal for the assistance he provided in editing the Spanish translations. The decision-making process for choosing the best translations was surprisingly difficult at times, and David's calm and thoughtful input throughout was invaluable. We'd also like to extend special thanks to Fabiana Perla whose feedback and suggestions on the translations in the final drafts was extremely helpful. And thanks also to Daniel González who, after all the editing, assisted with proofreading the entire document to make sure that we didn't push the boundaries of the Spanish language too far.

We are so appreciative of the leadership and staff at AFB Press who make books like this possible! In particular, we are grateful to Ellen Bilofsky who did that magic thing she does and polished our rough drafts until they were shiny. She coordinated the multistep process of putting this project together, then alternately coached and cheered us on until it was completed.

Introduction

Like many professions, orientation and mobility (O&M) has its own language, and much of it is unique to this field. We don't expect that the names and descriptions of, for example, the various cane techniques we teach to individuals with visual impairments are part of most people's ordinary vocabulary. In fact, our teaching also requires rather technical terminology at times, particularly when we are describing various eye conditions or discussing different types of intersection characteristics, traffic patterns, and traffic light controls. Many of the terms and phrases used in the O&M profession won't be found in a typical dictionary or even within the vast online resources and translation applications that exist today. This uniqueness of our professional language presents a particular challenge when attempting to teach the substantial portion of our students for whom English is not a first language or who are English language learners.

The Need for This Book

In the early 1990's, Christian J. Foy had the sagacity to write a manual of O&M instructional terms and phrases in both English and Spanish, *English/Spanish Basics for Orientation and Mobility Instructors*. There was a clear need for such a text because the vast majority of O&M specialists were primarily English speaking, leaving many Spanish-speaking individuals with visual impairments waiting months or even years for service from an instructor who spoke their language or who had access to an interpreter who did so. Foy's intent was not to teach the techniques of the O&M profession, but to provide an instructional aid that supplies vocabulary that English-speaking instructors might use to teach students in Spanish. More than two decades have passed since Foy wrote his manual, and though there are more bilingual O&M specialists today, this challenge to professionals seeking to provide effective services still exists.

People whose primary language is Spanish are a substantial and growing segment of the U.S. population, making up 13 percent of the population older than 5, with 5.5 percent (over 16 million people) speaking limited English (U.S. Census Bureau, 2013). Although there are sparse data on Spanish speakers who are visually impaired, an estimated 2.0 percent of Hispanics in the United States reported a visual disability in 2011. We might extrapolate then, that there are hundreds of thousands Spanish-speaking individuals across the country who might potentially make use of vision-related services.

Information about children who speak Spanish is more readily available. In the 2007–08 school year, 10.7 percent of the student population in the United States, or more than 5.3 million children, were English language learners (i.e., those with limited English proficiency) (Batalova & McHugh, 2010a). That proportion has been growing steadily; in the decade between 1997-98 and 2007-08, the number of pre-K–12 students who were English language learners increased by 53.2 percent, (while the total number of students increased by only 8.5 percent). Spanish was the primary language for the vast majority (77.2 percent, or more than 3.6 million) of those students (Batalova & McHugh, 2010a, b). (By contrast, the next most common languages spoken by school children, Vietnamese and Chinese, accounted for only 1.8 percent and 1.4 percent of the population, respectively.) Even a conservative estimate of the percentage of Spanish-speaking English language learners who have visual impairments suggests that there are thousands of Spanish-speaking students who might require O&M services.

Overall, then, the number of Spanish-speaking individuals with visual impairments still far outweighs the number of instructors who speak Spanish. The need for an English/Spanish manual persists; however, advances in the O&M profession and the increasing complexity of our training environments necessitate the use of far more technical terminology by O&M specialists. This new edition, now titled *Basic Spanish for Orientation and Mobility: A Phrase Book and Dictionary*, addresses the need for updated vocabulary and phrases required for teaching students with visual impairments. It has a reader-friendly format, with many additional O&M terms and phrases, particularly in areas relating to intersections and traffic controls, business travel, use of public transit, and instruction for students who have low vision. Regardless of an instructor's level of Spanish proficiency, we believe that this manual can be of assistance to all O&M specialists teaching students who are Spanish speakers. In many cases, even O&M specialists who are quite fluent in Spanish find they are not familiar with some of the O&M phrases and terms that are part of the language of their profession when it comes to expressing them in Spanish. For those who have limited proficiency in Spanish, Appendix C to

this book, "A Brief Guide to Spanish," provides pronunciation tips and guidelines for speaking the language.

Using This Manual

The content of this manual was written using phrases and sentences just as they might be spoken by an instructor directly to a student. An informal style of writing was used wherever possible to facilitate a friendly rapport between instructor and student. The sequence of the instructional material was written using a developmental approach, starting with a chapter on basic skills in O&M, including human guide, trailing, and protective techniques, then progressing to chapters on cane skills, residential travel, business travel, use of public transit, and the skills for the traveler with low vision. To make specific content easy to find, the chapters are formatted starting with an "At a Glance" overview of the content, then structured in two columns, with the English phrases on the left and the Spanish translations on the right. Detailed appendixes containing terms relating to vision and disability and terms relating to important areas of conceptual development in O&M are also included. For quick access to additional individual words, there is an extensive alphabetized English/Spanish dictionary at the end of this manual, as well as a reverse Spanish/English dictionary.

Depending on an instructor's Spanish fluency, one might use this text extensively, finding complete descriptions of various O&M techniques, or one might refer to this manual occasionally to obtain appropriate phrasing for a specific concept or eye condition. Sections of the Spanish content could be enlarged for a student with low vision to review, or an electronic version of the text could be used to print out pages in braille for a student who is blind. Parents or family members of O&M students may also find the Spanish text a helpful guide to what the student needs to learn.

Working with Interpreters

This text is best considered one of many tools that can be used to enhance one's work with English language learners. In the event that an O&M practitioner's knowledge of Spanish is limited, or when advanced or abstract concepts are being taught, assistance from a native language speaker, such as a family member, paraeducator, fellow student, or even a trained interpreter, may be beneficial. Because of the unique and technical nature of the language of the O&M profession, most interpreters would likely benefit from having this manual available for review ahead of the lesson. Instructors need to plan for extra time when interpreters are involved, speak in short segments, and choose their words carefully to avoid slang or jargon that might confuse students. It is important to always speak directly to

the student (not to the interpreter), keep sentences short, and allow for frequent pauses so that the interpreter can keep up.

When interpreters aren't available, the use of gestures, pictures, tactile maps and models, and hands-on exploration and activities can all facilitate communication when the right words are hard to find. It is not a cause for worry if a student isn't talking during the lesson—there is a "silent period" in early stages of language acquisition that is perfectly normal. In this stage of language development the student may understand very basic vocabulary words but not be ready to use them. Also instructors should recognize that some students may have good verbal skills for social interactions, but may not have acquired strong academic language yet. The student who is a good conversationalist in English may still be struggling with understanding the O&M content the instructor is trying to teach. Most important, instructors need to take their time and to be patient when communicating with students who are English language learners, as they are with every student. Keep your sense of humor, and students will enjoy the learning process as much as you enjoy teaching!

A Word About the Translation

There are many variations of Spanish spoken around the world—in Spain, the various countries of Central and South America, and the Caribbean, for the most part. Within the Spanish-speaking communities in the United States, a number of variations or dialects of Spanish are used that may have evolved even further from the language of the home countries. These variations can complicate the effort of translating anything into Spanish with the aim of having it be universally understood. This work was translated, therefore, with the intention of using language that is most commonly understood by the Spanish-speaking communities found in this country. Terms were selected, in consultation with Spanish-speaking O&M specialists in the United States, based on three general criteria: (1) Is it a translation that will be universally understood? (2) Does it represent the Spanish that is spoken in the United States? and (3) Does it represent the current preferred terminology in the field of orientation and mobility services for people who are blind or the visually impaired? In the main body of the manual, where O&M techniques are being described, the terms selected were those that met these criteria and were believed to be most commonly used. In the appendixes and dictionary listing of terms, there are sometimes more than one option for the translation; in these cases the most commonly used phrase is listed first, and other acceptable translations follow.

Because O&M specialists might use this book with clients of various ages and in different walks of life, the attempt was made to keep the language as neutral as possible. In English, one's tone of voice and vocabulary may change depend-

ing on whether we are speaking to a small child, adult, or older person, but when Spanish is spoken the pronoun and verb form change as well. In English, the word "you" is used in all types of address, regardless of the relationship or familiarity between the speaker and the person being addressed or the number of people being addressed. In Spanish and many other languages, different words are used when speaking to people whom one knows well and people whom one does not. The Spanish translation in this book uses the more formal form of address, the *usted* form, rather than the informal direct address, *tú*. As Spanish evolves in the United States, it takes its own form, as languages do; anecdotal evidence indicates that in many Spanish-speaking communities here, *usted* is being used in a less formal way and is, in effect, becoming the most universal form of address.

For instructors who want to communicate in a less formal way when they work with younger students, some basic information on Spanish pronunciation and grammar is presented in Appendix C at the end of this book. This section is intended to help specialists with little or no background in the language to read the translated phrases and sentences as fluently as possible and to go beyond the descriptions provided in the chapters with their feedback and guidance.

The Bottom Line

There is every indication that the rapid and dramatic growth of English language learners, particularly Spanish speakers, will continue in the United States. The increased numbers of these students presents a tremendous challenge to O&M specialists who are not bilingual yet are attempting to provide effective services to students who have limited English proficiency. While the data present a clear case for increased recruitment efforts for more bilingual O&M specialists, it must be recognized that the training and recruitment process is very slow, and it may take decades to see a significant improvement in the ratio of bilingual O&M specialists to Spanish-speaking students. In the meantime, O&M specialists will need to use a variety of tools and resources to ensure the provision of quality services to their Spanish-speaking students. Quality instruction can only take place with effective communication, and that involves meeting language barriers head on. We hope that *Basic Spanish for Orientation and Mobility: A Phrase Book and Dictionary* will assist O&M instructors in their endeavors to provide the best possible services to their students.

Brenda J. Naimy
Matthew W. Hogel

References

Batalova, J. and McHugh, M. (2010a). Number and growth of students in US schools in need of English instruction. Washington, DC: Migration Policy Institute. Retrieved September 25, 2013, from http://www.migrationinformation.org/ellinfo/FactSheet_ELL1.pdf.

Batlova, J., & McHugh, M. (2010b). Top languages spoken by English language learners nationally and by state. Washington, DC: Migration Policy Institute. Retrieved September 25, 2013, from http://www.migrationinformation.org/ellinfo/FactSheet_ELL3.pdf.

U.S. Census (2013). American Community Survey (using American FactFinder), Retrieved September 25, 2013, from http://factfinder2.census.gov.

1

Basic Skills

At a Glance

Greetings and Introductions	**Trailing**
Human Guide Techniques	**Self-Familiarization**
Protective Techniques	**Searching for Dropped Objects**
Direction-Taking	

Greetings and Introductions

Greetings and Useful Phrases

- Hello! My name is _____. I will be your orientation and mobility specialist. Nice to meet you. Welcome!

- Good morning (afternoon, night).

- How are you?
- I'm fine.
- I speak very little Spanish.
- Can I address you informally?

- Excuse me.

Saludos y Presentaciones

Saludos y Frases Útiles

- ¡Hola! Me llamo _____. Voy a ser su especialista en orientación y movilidad. Es un placer conocerle. ¡Bienvenido(a)!

- Buenos días (Buenas tardes, Buenas noches).

- ¿Cómo está?
- Estoy bien.
- Hablo muy poco español.
- ¿Está bien si me dirijo a usted de manera informal?

- Discúlpeme.

For additional terms related to basic skills, see Appendix B, "O&M Concepts and Terms."

- Me, too!
- Please.
- Thank you very much!
- You're welcome.
- Goodbye. See you later (tomorrow, next week).

(For additional terms, see the appendix to this chapter, "Additional Instructional Phrases.")

- ¡Yo también!
- Por favor.
- ¡Muchas gracias!
- De nada.
- Adiós. Nos vemos luego (mañana, la semana que viene).

Human Guide Techniques

- Human guide techniques allow you to move safely, following the signals of a guide.
- You and the guide each have specific responsibilities when you are walking together.
- Eventually, you will learn both roles so you can teach others how to guide you safely.

Técnicas de Guía Humano

- Las técnicas de guía humano le permiten moverse con seguridad siguiendo las señales del guía.
- Tanto usted como el guía tienen responsabilidades específicas al caminar juntos.
- Con el tiempo, aprenderá los dos roles para que pueda enseñarles a otros cómo le pueden guiar de forma segura.

Making Contact

- To make contact and let you know I am ready to guide you, I will touch the back of your hand with the back of my hand. This is your cue to slide your hand up my arm to a spot just above the elbow.

- Hold my arm with your thumb on the outside of my arm and your fingers on the inside. Your hand should make a C- shape. Hold my arm firmly, but let it move freely.

Cómo Establecer Contacto

- Para establecer contacto y hacerle saber que estoy listo para guiarle, le tocaré el dorso de la mano con el dorso de la mía. Esta es la señal para que deslice su mano por mi brazo, hacia arriba, hasta llegar a un punto justo encima del codo.

- Sostenga mi brazo colocando su pulgar en el lado exterior de este y el resto de sus dedos en el lado interior. Su mano debe formar una letra ce. Sostenga mi brazo con firmeza, pero permítame moverlo libremente.

Additional Phrases for Making Contact with a Human Guide

- *Would you like a guide?*
- *Will you guide me?*
- *Take my arm.*
- *You're holding my arm tightly. Am I going too fast?*
- *Tighten your grasp.*
- *Don't let go.*

Arm and Body Position

- You will be next to me, but one step behind. Staying slightly behind will allow you to follow me and respond quickly if there are any sudden stops or turns.
- Staying very close to my side will help keep you from bumping into anything.
- In proper position, your elbow will be bent and your upper arm will be close to your side.

Additional Phrases for Arm and Body Position

- *Check your position.*
- *Stay close to my side.*
- *Step back a little.*
- *Move forward a little.*
- *Move closer to my side.*

Making Turns

- As I turn, be sure to keep your position to the side and behind me. Your

Frases Adicionales para Hacer Contacto con un Guía Humano

- *¿Quisiera un guía?*
- *¿Sería tan amable de guiarme?*
- *Tome mi brazo.*
- *Me está agarrando el brazo con mucha fuerza. ¿Voy demasiado rápido?*
- *Agárreme con más fuerza.*
- *No me suelte.*

Posición del Brazo y del Cuerpo

- Estará a mi lado, pero se mantendrá un paso atrás. Si se mantiene detrás de mí, podrá seguirme y responder rápido cuando haya que detenerse o girar de repente.
- Mantenerse cerca de mí y a mi lado le ayudará a no tropezarse con nada.
- Si está en la posición correcta, tendrá el codo doblado y la parte superior del brazo estará pegada al cuerpo.

Frases Adicionales para la Posición del Brazo y el Cuerpo

- *Verifique su posición.*
- *Manténgase cerca de mi lado.*
- *Muévase un poco hacia atrás.*
- *Muévase un poco hacia adelante.*
- *Acérquese más a mi lado.*

Cómo Girar

- Mientras giro, asegúrese de mantener su posición a mi lado y de estar un paso

elbow should remain bent, with your upper arm by your side, as you turn with me.

- In tight spaces, such as an elevator, we may need to make an "about-face" turn, so we are facing in the opposite direction.

- To make an about-face turn, let go of my arm and turn toward me. Then we will make contact again with our other hands and complete the turn.

Additional Phrases for Making Turns

- *We are going to make a turn to the right (left).*

- *We need to make an about-face turn.*

Narrow Passageways

- When the space is too narrow for both of us to walk side by side, I will put the arm that you are holding behind my back.

- This is your signal to move directly behind me and to slide your hand down past my elbow to my forearm.

- Extend your arm fully so that there is more room for you to step. Take shorter steps so that you don't step on my heels.

- When I bring my arm back to my side, you can move back to the standard guiding position and return your hand to above my elbow.

atrás. Al girar conmigo, su codo debe permanecer doblado y con la parte superior del brazo pegada al cuerpo.

- En espacios estrechos, como en un ascensor, puede ser que tengamos que dar media vuelta para enfrentar la dirección contraria.

- Para dar media vuelta, suelte mi brazo y gire hacia mí. Luego, volveremos a hacer contacto con la otra mano y completaremos la vuelta.

Frases Adicionales para Hacer Giros

- *Vamos a dar vuelta a la derecha (izquierda).*

- *Necesitamos dar media vuelta.*

Técnica de Espacio Estrecho

- Cuando el espacio es demasiado estrecho para caminar uno al lado del otro, pondré detrás de mí el brazo que me está sujetando.

- Esta es la señal para ponerse directamente detrás de mí y deslizar su mano pasado el codo hasta mi antebrazo.

- Extienda el brazo completamente para que tenga más espacio para caminar. Dé pasos más cortos para que no me pise los talones.

- Cuando sienta que he vuelto a poner el brazo a mi lado, puede regresar a la posición normal de guía y de mi codo.

Additional Phrases for Narrow Passageways

- We're approaching a narrow passage-way.
- Move behind me.

Changing Sides

- You may want to change sides if you need to have your hand free, for example, to hold a handrail.
- To change sides, move behind me and place your free hand where you are currently holding my arm. Then let go with the first hand.
- Now, trail your free hand across my back to find and hold my other arm.
- As you move to my other side, you will need to switch your hands again. Let go of the first arm so you can re-place the hold you have on my other arm.
- To avoid tripping on my heels, extend your arms fully as you move behind me to my other side.
- It is important that you never let go of me while you are changing sides because we may be walking while you do this.

Additional Phrases for Changing Sides

- Please take my other arm.
- You will need to change sides.

Frases Adicionales para los Espacios Estrechos

- Nos estamos acercando a un espacio estrecho.
- Colóquese detrás de mí.

Cómo Cambiar de Lado

- Puede ser que necesite cambiar de lado para tener la mano libre y suje-tarse de un pasamanos, por ejemplo.
- Para cambiar de lado, muévase detrás de mí y coloque su mano libre en lugar de la que está sujetando el brazo. Luego, suelte la primera mano.
- Ahora, deslice la mano libre por mi espalda hasta encontrar y sujetar mi otro brazo.
- A medida que se mueve hacia el otro lado, tendrá que cambiar de mano nuevamente. Suelte el primer brazo para reemplazar la mano en mi otro brazo.
- Para evitar tropezarse con mis talones, extienda sus brazos comple-tamente mientras se mueve hacia el otro lado por detrás de mí.
- Es importante que nunca me suelte mientras esté cambiando de lado porque es posible que estemos cami-nando y podríamos separarnos.

Frases Adicionales para Cambiar de Lado

- Por favor, tome mi otro brazo.
- Necesito que cambie de lado.

Going through Doorways

- The steps for going through doors will be different depending on the direction in which the door opens.

- I will open the door and then pass it to you. You will follow me through the door and hold it open while you pass through the doorway. Then you will release or close the door after we pass through.

- As we approach the door, I will say whether it opens to the *left* or *right*. I will also say whether the door opens *toward* us or *away* from us. For example, I might say, "The door opens *toward* us and to the *right.*"

- If a door opens to the *right,* you will need your *right hand free* to keep it open as you pass through it. If the door opens to the *left,* you will need your *left hand free* to help keep it open as you pass through it.

- To free up the appropriate hand, you may need to quickly switch the hand that is holding my arm to make your other hand available to reach for the door.

- To reach for a door, start with the back of your hand against your opposite shoulder, palm facing forward. Reach forward and to the side until the palm of your hand makes contact with the door.

- Notice that if the door opens *toward* us, I have to back up to open it.

Cómo Atravesar Puertas

- Los pasos a seguir al atravesar puertas variarían según la dirección hacia donde abra la puerta.

- Yo abriré la puerta y luego se la pasaré. Me va a seguir mientras pasamos por la puerta y la va a mantener abierta mientras usted pasa por ella. Luego, soltará o cerrará la puerta después de que pasemos.

- Al acercarnos a la puerta, le diré si abre hacia la *izquierda* o hacia la *derecha.* También le diré si la puerta abre *hacia* nosotros o en *dirección contraria.* Por ejemplo, podría decirle: "la puerta abre *hacia* nosotros y hacia la *derecha".*

- Si la puerta abre hacia la *derecha,* necesitará tener su *mano derecha libre* para mantenerla abierta mientras la atraviesa. Si la puerta abre hacia la *izquierda,* necesitará tener su mano *izquierda libre.*

- Para tener la mano correcta disponible, es posible que tenga que cambiar la mano que está sosteniendo mi brazo, rápidamente, para que su otra mano esté disponible para agarrar la puerta.

- Para alcanzar la puerta, comience por colocar el dorso de la mano, con la palma hacia adelante, contra el hombro del lado opuesto. Mueva el brazo hacia adelante y hacia el lado opuesto hasta que la palma de su mano haga contacto con la puerta.

- Noté que si la puerta abre *hacia* nosotros, tendré que retroceder para abrirla. Alcance la puerta con su

Reach for the door as soon as you begin to pass through it.

- If the door opens *away* from us, you will need to take two or three steps before you reach for the door.

- I will signal *narrow passageway* by bending my arm across my back as I open the door. This is your cue to move behind me as we pass through the door.

- If the door closes by itself (you will feel it push back against your hand), you can let go of it after you pass through.

- If you need to shut the door after we pass through, I will pause. You can slide your hand down the edge of the door to find the handle on the other side and close it.

Additional Phrases for Going through Doorways

- *The door is open.*
- *The door opens toward us and to the right (left).*
- *The door opens away from us and to the right (left).*
- *This door is self-closing.*
- *Shut the door.*
- *Reach for the door now.*
- *Stay behind me as we pass through the door.*

Seating Procedures

- When I guide you to a chair, I will bring you close to it and tell you where it is.

mano en cuanto empiece a pasar por ella.

- Si la puerta abre en *la dirección opuesta* a nosotros, tendrá que dar dos o tres pasos antes de alcanzar la puerta con su mano.

- Usaré la técnica de *espacio estrecho* a la vez que abro la puerta. Esta es la señal para que moverse detrás de mí mientras atravesamos la puerta.

- Si la puerta cierra sola (va a sentir que empuja contra su mano), puede soltarla después de pasar por ella.

- Si necesitara cerrar la puerta después de pasar, me detendré. Puede deslizar su mano, hacia abajo, por el borde de la puerta para encontrar la manija en el otro lado y cerrarla.

Frases Adicionales para Atravesar Puertas

- *La puerta está abierta.*
- *La puerta abre hacia nosotros y a la derecha (izquierda).*
- *La puerta abre en dirección opuesta a nosotros y hacia la derecha (izquierda).*
- *Esta puerta se cierra sola.*
- *Cierre la puerta.*
- *Estire la mano hacia la puerta ahora.*
- *Manténgase detrás de mí mientras cruzamos la puerta.*

Métodos para Sentarse

- Cuando lo guíe hacia una silla, le acercaré hasta ella y le diré dónde está.

- I will describe the chair's position in relation to you. For example:
  - The chair is in front of you.
  - You are at the back of the chair.
  - The chair is facing you.
- I will also describe any important features about the chair. For example:
  - The chair has arms.
  - This is a rolling chair. It has wheels.
- I will put my hand on the back of the chair. You can slide your hand down my arm to find the back of the chair. Use the *upper body protective technique* with your free arm if you need to bend over to reach the back of the chair. *(See the section on Protective Techniques later in this chapter.)*
- *If the chair is under a table,* reach forward with the back of your free hand to locate the edge of the table. Use the hand that is on the back of the chair to pull it away from the table. Use the hand against the edge of the table to help you estimate how far from the table to pull the chair back.
- To *clear the seat* of the chair, move the back of your fingers in a circular motion on the seat. This will allow you to make sure the seat is empty. It will also help you make sure you are directly in front of the seat of the chair. Be sure to use the *upper body protective technique* (described later in this chapter) with your free hand to protect your face as you bend over.

- Le voy a describir la posición de la silla con respecto a usted. Por ejemplo:
  - La silla está delante de usted.
  - Usted se encuentra detrás de la silla.
  - La silla está enfrentándolo a usted.
- También le voy a describir cualquier característica importante de la silla. Por ejemplo:
  - La silla tiene brazos.
  - Esta silla tiene ruedas.
- Pondré mi mano en el respaldo de la silla. Puede deslizar su mano por mi brazo para encontrar el respaldo de la silla. Use la *técnica de protección alta* con el brazo libre si necesita inclinarse para alcanzar el respaldo de la silla.
- *Si la silla está debajo de una mesa,* extienda hacia adelante la mano que tiene libre y, con el dorso, localice el borde de la mesa. Use la mano que tiene en el respaldo para alejar la silla de la mesa. Use la mano que está tocando el borde de la mesa para calcular cuán lejos de la mesa debe mover la silla.
- Para asegurarse de que el asiento de la silla esté *libre de objetos,* mueva el dorso de los dedos con un movimiento circular sobre el asiento. Así podrá asegurarse de que la silla está vacía. También le ayudará a estar seguro de que está ubicado directamente frente al asiento de la silla. Asegúrese de usar la *técnica de protección alta* con su mano libre para protegerse la cara mientras se inclina hacia adelante.

- To seat yourself, stand with the back of both legs against the front of the seat. This will increase your safety by making sure you are in the proper position before you sit down.

- For sitting on a *sofa*, I will walk all the way up to its front edge. You will need to take one more step to be by my side. The sofa may be too deep to reach for the back. Use the upper body protective technique as you clear the seat before you seat yourself.

- For *theater-style seating*, like in an auditorium or movie theater, I will lead as we both walk sideways. We will be facing the front of the theater as we side-step down the row.

  ○ As we move, you can use the back of your free hand to trail the back of the seats in the row in front of you.
  ○ I will stop when you are in front of your seat.
  ○ Turn to face the seat to clear it before you sit down.

  ○ Sometimes the seat may be flipped up. You will need to push it down to clear it and seat yourself.

Additional Phrases for Seating

- *You are facing the chair.*
- *You are at the back of a chair.*
- *Find the edge of the table.*

- Para sentarse, coloque la parte posterior de sus piernas contra el borde delantero del asiento. De esta manera, puede asegurarse de que está en la posición correcta antes de sentarse.

- Para sentarse en un *sofá*, caminaré hasta el borde delantero. Tendrá que dar un paso más para ubicarse a mi lado. El asiento del sofá puede ser demasiado amplio para alcanzar el respaldo. Antes de sentarse, use la técnica de protección alta mientras se asegura de que el asiento está vacío.

- Para las *butacas de teatro*, así como las de un auditorio o cine, lo voy a guiar mientras ambos caminamos uno al lado del otro. Estaremos mirando hacia el frente del teatro mientras caminamos de lado por la fila.
  ○ Mientras caminamos, puede usar el dorso de la mano para tocar el respaldo de los asientos de la fila de enfrente.
  ○ Me voy a detener cuando usted esté enfrente de su asiento.
  ○ Antes de sentarse, voltéese hacia el asiento para corroborar que está libre de objetos.
  ○ A veces, el asiento puede estar levantado (en posición cerrada). Tendrá que empujarlo hacia abajo para poder sentarse.

Frases Adicionales para Sentarse

- *Está de frente a la silla.*
- *Está detrás de la silla.*
- *Encuentre el borde de la mesa.*

- *Pull the chair out from under the table.*
- *Put the back of your legs against the seat.*

- *Retire la silla de la mesa.*
- *Ponga la parte posterior de sus piernas contra el asiento.*

Stairs

- I will let you know when we reach a staircase.
- To *ascend* (go up) stairs, I will walk all the way up to the edge of the first step before I stop. You will need to take one more step forward to be by my side.
  - If there is a handrail (banister), I will stop so that you are next to it. You can reach for the handrail by raising your arm up, directly from your hip. The back of your hand should make contact with the railing.
  - I will step first, and you will begin on my second step. This will place you one step behind me as we go up. You will be able to feel my body move up as I take each step.

  - We will try to take steps at the same time so that you always stay one step behind me.
  - When I reach the landing, I will pause and you know you will have one more step to reach it. (The landing is the level platform at the beginning and ending of each flight of stairs.)
- To *descend* (go down) stairs, the procedure is very similar.
  - I will walk all the way to the edge of the first step before I stop. You will need to take one more step to

Escaleras

- Le avisaré cuando lleguemos a unas escaleras.
- Para *subir* las escaleras, caminaré hasta el borde del primer escalón y me detendré. Tendrá que dar un paso adelante para estar a mi lado.
  - Si hay un pasamanos, me detendré para que quede al lado de usted. Puede alcanzar el pasamanos si levanta el brazo directamente desde su cadera hacia arriba. El dorso de la mano hará contacto con el pasamanos.
  - Daré el primer paso y usted comenzará cuando yo dé el segundo paso. Esto lo mantendrá un paso detrás de mí mientras subimos. Podrá sentir mi cuerpo moverse hacia arriba con cada paso que dé.
  - Trataremos de dar pasos al mismo tiempo para que siempre quede un paso detrás de mí.
  - Cuando llegue al descansillo, haré una pausa y sabrá que le queda un escalón más para llegar. (El descansillo es la plataforma al principio y al final de cada tramo de escaleras.)
- Para *bajar* las escaleras, el proceso es muy similar.
  - Caminaré hasta el borde del primer escalón antes de detenerme. Tendrá que dar un paso adelante

reach my side. Then you can reach for the handrail. You can check for the edge of the first step by sliding one foot forward.

° I will take the first step. You should start down as I take the second step. Just like ascending stairs, you will stay one step behind me.

° I will pause when I reach the landing so you know you have one more step down.

Additional Phrases for Stairs

- *We are at a flight of stairs going up (ascending).*
- *We are at a flight of stairs going down (descending).*
- *The handrail is to your right (left).*

- *There is no banister.*
- *There is one flight (There are two flights) of stairs between each floor.*
- *We will need to turn to find the next flight of stairs.*
- *These steps are steep (shallow).*
- *These steps are irregular in height and depth.*

Curbs

- We will treat a curb outdoors as if it were the only step of a staircase. I will let you know when we reach a curb.

para estar a mi lado y agarrar el pasamanos. Encontrará el borde del primer escalón deslizando un pie hacia adelante.

° Daré el primer paso. Debe comenzar a bajar cuando yo dé el segundo paso. Al igual que al subir escaleras, se mantendrá a un paso detrás de mí.

° Haré una pausa cuando llegue al descansillo para que sepa que le queda un escalón más.

Frases Adicionales para Escaleras

- *Estamos frente a unas escaleras que van hacia arriba.*
- *Estamos frente a unas escaleras que van hacia abajo.*
- *El pasamanos está a su derecha (izquierda).*
- *No hay pasamanos.*
- *Hay un tramo (dos tramos) de escaleras entre cada piso.*
- *Tendremos que girar para encontrarnos con el siguiente tramo de escaleras.*
- *Estos escalones son altos (bajos).*
- *Estos escalones son irregulares en su altura y profundidad.*

Bordillos

- Manejaremos los bordillos (los bordes de las aceras) como si fueran *escaleras* de un solo escalón. Le avisaré cuando lleguemos a un bordillo.

- When I reach a curb, I'm going to walk all the way up to it before I stop. You will take one more step to reach my side.
- I will take the first step up or down the curb and pause until you step up or down. You will be able to feel my movement as I step up or down the curb.

Additional Phrases for Curbs

- *We are at a down-curb; you will need to step down.*
- *We are at an up-curb; you will need to step up.*
- *This is a steep curb.*
- *This is a shallow curb.*

Elevators

- I will let you know when we reach an elevator.
- You may feel me step or bend forward as I push the call button.
- If there are people exiting the elevator, I will give the *narrow passageway* signal (moving my arm behind my back) as we enter. Move directly behind me until I stop inside the elevator. When I bring my arm to my side, you can move back to the standard position for human guide.
- We will need to make an *about-face turn* when inside the elevator so that we are facing the doors. *(See*

- Caminaré hasta el bordillo antes de detenerme. Tendrá que dar un paso más para estar a mi lado.
- Daré el primer paso para subir o bajar y haré una pausa hasta que usted suba o baje. Podrá sentir mi movimiento cuando suba o baje el bordillo.

Frases Adicionales para los Bordillos

- *Estamos ante un bordillo descendente; tendrá que bajar.*
- *Estamos ante un bordillo ascendente; tendrá que subir.*
- *Este bordillo es alto.*
- *Este bordillo es bajo.*

Ascensores

- Le avisaré cuando lleguemos a un ascensor.
- Es posible que me doy un paso o que me inclino hacia adelante al presionar el botón de llamada.
- Si hay personas que están saliendo del ascensor, le daré la *señal de espacio estrecho* (moviendo mi brazo detrás de mí) al entrar al ascensor. Colóquese directamente detrás de mí hasta que me detenga dentro del ascensor. Cuando yo ponga el brazo a mi lado, puede regresar a la posición estándar de guía.
- Tendremos que dar *media vuelta* cuando estemos en el ascensor para quedar mirando hacia la puerta.

the procedure for about-face turns earlier in this chapter.)

- As I exit the elevator, I may need to give the narrow passageway signal, depending on the available space.

- Al salir del ascensor, es posible que tenga que dar la señal de espacio estrecho, según el espacio que haya disponible.

Additional Phrases for Elevators

- *We will need to take the elevators up (down) to reach our floor.*
- *The elevator is crowded.*
- *I am reaching for the call button.*
- *I am reaching for the floor button.*

Frases Adicionales para Ascensores

- *Tendremos que tomar el ascensor para subir (bajar) a nuestro piso.*
- *El ascensor está lleno.*
- *Estoy presionando el botón de llamada.*
- *Estoy presionando el botón del piso.*

Accepting or Refusing Assistance (Hines Break)

- The *Hines Break* is a technique that can be used when someone grabs your arm or hand inappropriately in an attempt to guide you.

- You can respond in two ways: either accept assistance or refuse. In either case, it is important that you don't take any steps while unprotected.

- To break an inappropriate grasp, raise the arm that is being held toward your opposite shoulder. With your free hand, gently grasp the person's wrist while letting them know whether or not you would like assistance.

- To *refuse assistance*, lift the person's wrist until the person loses contact with your arm. You can then let go of the person's wrist while declining the offer of assistance.

Cómo Aceptar o Rechazar Ayuda ("Hines Break")

- El *"Hines Break"* es una técnica que puede usar cuando alguien le agarra el brazo o la mano de manera incorrecta e intenta guiarle.

- Puede responder de dos formas: aceptar la ayuda o rechazarla. En cualquier caso, es importante que no dé ni un paso mientras esté desprotegido.

- Si lo agarran incorrectamente, levante el brazo que le estén sujetando hacia su hombro opuesto. Con la mano que tiene libre, tome suavemente la muñeca de la persona y dígale si quiere o no que le ayuden.

- Para *rechazar la ayuda*, levante la muñeca de la persona hasta que pierda contacto con su brazo. Entonces puede soltar la muñeca de la persona mientras rechaza la ayuda que le ha ofrecido.

- To *accept assistance*, keep your hold on the guide's wrist so that you can assume the proper grasp on the guide's arm. At the same time you establish the proper grasp and body position for human guide, you can thank the guide for his or her assistance.

Additional Phrases for the Hines Break

- *Thanks, but I don't need assistance!*
- *Thanks, but let me take your arm!*

Protective Techniques

- Protective techniques are used to avoid injury from obstacles that may be found in the area between waist level and head height. They are used when you are in unfamiliar areas or when you know such obstacles are present.
- Your arms will be positioned so that they serve as "bumpers" to protect your head and body from obstacles.

- *Upper* and *lower body protective techniques* can be used with either arm, and they can be used at the same time as needed.

Upper Body Protective Technique

- *Upper body protective technique* helps to protect you from obstacles at the level of your head and chest. It is most effective for vertical obstacles,

- Para *aceptar la ayuda*, mantenga sujetada la muñeca del guía para que pueda corregir el agarre al brazo. Al mismo tiempo en que le corrige al guía humano la forma apropiada de sujetarlo y la posición correcta para la técnica de guía humano, puede agradecerle su ayuda.

Frases Adicionales para el "Hines Break"

- *¡Gracias, pero no necesito ayuda!*
- *¡Gracias, pero permítame tomar su brazo!*

Técnicas de Protección

- Las técnicas de protección se usan para evitar golpearse con obstáculos en el área entre el nivel de la cintura y su la cabeza. Se usan cuando está en lugares desconocidos o cuando sabe que dichos obstáculos están presentes.
- Sus brazos estarán en posición de forma que sirvan como "defensas" para protegerle la cabeza y el cuerpo de obstáculos.

- Las *técnicas de protección alta* y *baja* se pueden usar con cualquier brazo y se pueden usar al mismo tiempo, si fuera necesario.

Técnica de Protección Alta

- La *técnica de protección alta* le ayuda a protegerse de obstáculos al nivel de la cabeza y el pecho. Es muy efectiva para obstáculos verticales,

such as doors or poles. It can be used in combination with the long cane.

- Place the back of one hand, palm facing forward, against your opposite shoulder. Your hand, wrist and elbow should all be at shoulder height, parallel to the floor. Extend your hand directly forward until the bend in your elbow makes an angle of approximately 120 degrees.

- Keep your fingers together with your hand slightly cupped. This position allows the palm of your hand to make contact with any obstacles first. Keep your arm positioned so that your fingertips extend all the way across the front of the body, just past your opposite shoulder.

- Your hand position may be adjusted when you know there is a hazard at face level, for example, a tree branch. In this case, raise your hand so that it is protecting your face. Your upper arm should still be parallel to the floor, but your forearm will now be positioned diagonally in front of your face.

Lower Body Protective Technique

- The *lower body protective technique* helps to protect you from waist-level obstacles. It is also used to locate surfaces, such as a wall or the edge of a table.

- Extend one arm downward, with your hand at the midline of your body. Your arm should be straight with the palm of your hand facing you.

como puertas o postes. Se puede usar en combinación con el bastón largo.

- Coloque el dorso de una mano, con la palma hacia el frente, contra el hombro del lado opuesto. La mano, la muñeca y el codo deben estar al nivel del hombro y paralelos al piso. Extienda su mano directamente hacia adelante hasta que su codo forme un ángulo aproximado de ciento veinte grados.

- Mantenga los dedos juntos y la mano ligeramente ahuecada. Esta posición permite que la palma de la mano haga contacto con cualquier obstáculo primero. Mantenga el brazo colocado de forma tal que los dedos se extiendan hasta un poco después del hombro opuesto.

- La posición de la mano se puede ajustar cuando sabe que hay un peligro al nivel de la cara, como, por ejemplo, la rama de un árbol. En este caso, levante la mano para que le proteja la cara. La parte superior del brazo debe permanecer paralela al suelo, pero ahora el antebrazo estará en posición diagonal frente a su cara.

Técnica de Protección Baja

- La *técnica de protección baja* le ayuda a protegerse de obstáculos al nivel de la cintura. También se usa para encontrar superficies, como una pared o el borde de una mesa.

- Extienda un brazo hacia abajo, con la mano alineada en la línea media del cuerpo. El brazo debe estar recto con la palma de la mano hacia usted.

- Your fingers should always be pointing downward in a relaxed manner. Your hand should be about 12 inches from your body. You can extend your hand forward more when you are trying to make contact with a specific surface.

- Los dedos siempre deben estar relajados y apuntando hacia abajo. La mano debe estar a doce pulgadas de su cuerpo, aproximadamente. Puede extender su mano más hacia adelante cuando esté tratando de hacer contacto con una superficie específica.

Additional Phrases for Protective Techniques

Frases Adicionales para las Técnicas de Protección

- *Slow down; you are about to make contact with an obstacle.*

- *Camine más lento; está a punto de hacer contacto con un obstáculo.*

- *Check your arm position for upper (lower) body protective technique.*

- *Verifique la posición del brazo para la técnica de protección alta (baja).*

- *Try this technique with the other arm.*

- *Intente esta técnica con el otro brazo.*

- *Try using both protective techniques together.*

- *Intente usar las dos técnicas de protección simultáneamente.*

Direction-Taking

Tomar Dirección

- *Direction-taking* refers to procedures for establishing a straight line of travel. Two basic methods of direction-taking are *squaring off* and *aligning.*

- *Tomar dirección* se refiere a métodos para establecer una línea de desplazamiento recta. Los dos métodos básicos de toma de dirección son *cuadrarse* (perpendicularmente) y *alinearse* (paralelamente).

- Surfaces or objects used for direction-taking should be straight, not curved or irregular.

- Las superficies o los objetos que se usan para la toma de dirección deben ser rectos, no curvos ni irregulares.

Squaring Off

Cuadrarse

- To *square off* means you will establish a line of travel that is *perpendicular* to the object you are using for direction-taking. For example:

- *Cuadrarse* significa establecer una línea de desplazamiento *perpendicular* al objeto que se está usando para la toma de dirección. Por ejemplo:

- If you place your back flat against a wall, you will be starting a perpendicular line of travel from the line of the wall.
- If you place your toes over the edge of a curb, you will be creating a perpendicular line of travel from the line of the curb.

Aligning

To *align* means you will establish a *parallel* line of travel to the object you are using for direction-taking. For example, if you place the side of your body against a wall, you will be starting a line of travel parallel to the wall.

Additional Phrases for Direction-Taking

- *Square off with the wall.*
- *Align yourself with the wall on your right (left).*

Trailing

- *Trailing* simply means that you will maintain contact with a surface, such as a wall or fence. This lesson covers trailing with your hand. Future lessons may focus on trailing with a long cane.
- The purposes of *hand trailing* are

  - to locate a specific destination, such as a door.

- Si coloca la espalda contra una pared, estará comenzando una línea de desplazamiento perpendicular a la línea de la pared.
- Si coloca los dedos de los pies en la orilla del bordillo, estará creando una línea de desplazamiento perpendicular a la línea del borde de la acera.

Alinearse

Alinearse significa establecer una línea de desplazamiento *paralela* al objeto que se está usando para la toma de dirección. Por ejemplo, si coloca el lado de su cuerpo contra una pared, estará comenzando una línea de desplazamiento paralela a la pared.

Frases Adicionales para la Toma de Dirección

- *Cuádrese con la pared.*
- *Alinéese con la pared a su derecha (izquierda).*

Técnica de Rastreo

- Al usar la *técnica de rastreo* mantendrá contacto con una superficie, como una pared o una cerca. Esta lección trata del rastreo con la mano. Lecciones futuras pueden enfocarse en el rastreo con bastón.
- Los propósitos del *rastreo con la mano* son:
  - localizar un destino específico, como una puerta.

○ to locate a landmark on the wall.

○ to help you walk in a straight line of travel.

- Trailing should be used only as needed, because it slows you down. For example, trail a few feet as you begin walking to get started in a straight line. Then you can move slightly away from the wall so that you can walk faster. Start trailing again when you think you are near your destination or a landmark.

- It is important to use *time-distance estimation* as you walk—a sense of how far you have walked without counting steps—to judge how far you have walked. It is more efficient to start trailing again too early, rather than too late.

- While you are trailing with one hand, you can use one of the *protective techniques* or a long cane with your other hand (discussed in Chapter 2).

Hand Trailing Procedure (along a wall)

- To trail along a wall, start by standing parallel and next to the wall.

- You will trail with the hand nearest the wall. Keep the arm straight and extended forward with your hand at about waist height. You may adjust

○ localizar un punto de referencia en la pared.

○ ayudarle a caminar en línea recta.

- El rastreo solo se debe usar cuando sea necesario porque hace que se desplace más lento. Por ejemplo, al comenzar a caminar, rastree una superficie por varios pies para avanzar en línea recta. Luego, puede alejarse un poco de la pared para caminar más rápido. Empiece a rastrear la superficie de nuevo cuando estime que está cerca de su destino o punto de referencia.

- Es importante hacer *estimaciones de tiempo y distancia* mientras camina, o sea, tener una idea de cuánto ha avanzado sin contar los pasos; así puede calcular la distancia que ha caminado. Es preferible retomar el rastreo demasiado temprano que demasiado tarde.

- Mientras rastrea la superficie con una mano, puede usar la otra para sostener el bastón o para protegerse utilizando una de las *técnicas de protección*.

Técnica de Rastreo con la Mano (por la pared)

- Para rastrear la pared, empiece parándose al lado de la pared y paralelo a esta.

- Rastree con la mano que esté más cerca de la pared. Mantenga el brazo recto y extendido hacia adelante con la mano al nivel de la cintura. Puede ajustar la altura de su mano, según

the height of your hand as needed to locate different objects or landmarks.

- As you trail, your hand should be cupped, with your fingers pointing downward and your thumb close to your fingers. Only light contact with the outside edge of the little finger is needed as you trail.

- Maintain your arm and hand position as you walk past open doorways. Then resume trailing as you make contact with the wall on the opposite side of the doorway.

Additional Phrases for Hand Trailing

- *Align with the wall on your right (left).*
- *Stay close to the wall.*
- *Check your hand height.*
- *Keep your fingers pointing downward.*

Self-Familiarization

- *Familiarization* or *self-familiarization* refers to skills that will help you become familiar with an area that is new to you.

- Two common familiarization procedures used indoors are *room familiarization* and *hallway familiarization*.

lo necesite, para encontrar diferentes objetos o puntos de referencia.

- Mientras rastrea la pared, la mano debe estar con la palma hacia abajo, levemente ahuecada y con el pulgar junto al resto de los dedos. Solo necesita hacer un leve contacto con la pared usando el exterior del dedo meñique mientras rastrea una superficie.

- Mantenga la posición del brazo y de la mano mientras pasa puertas abiertas. Retome el rastreo de la pared al hacer contacto con ella luego de pasar frente a la puerta.

Frases Adicionales para el Rastreo de Superficies con la Mano

- *Alinéese con la pared a su derecha (izquierda).*
- *Manténgase cerca de la pared.*
- *Verifique la altura de la mano.*
- *Mantenga los dedos apuntados hacia abajo.*

Familiarización Independiente

- La *familiarización* o *familiarización independiente* se refiere a las destrezas que le ayudarán a familiarizarse con un lugar nuevo.

- Dos de los métodos más comunes de familiarización en espacios interiores son la *familiarización con una habitación* y la *familiarización con un pasillo*.

Room Familiarization

- To familiarize yourself with a room, first, choose a reference point in the room, such as the entrance door.

- Then explore the perimeter (outside) of the room by *trailing* and using one of the *protective techniques* (or the long cane) for protection.

- As you trail, give each wall a label. You can label the walls by their compass positions: north, south, east and west. Or, you might simply number the walls.

- As you trail each wall, note
  - the position of the objects you encounter on each of the walls.
  - the length of each wall.
  - the overall shape of the room.

- Once you are familiar with the perimeter of the room, you will use a *grid pattern* to search the middle of the room.
  - Starting at your reference point, square off with the wall to establish a straight line of direction across the room.
  - Using *upper and lower body protective techniques*, walk straight toward the opposite wall.
  - If you encounter furniture, note the position, trail around it, and continue moving until you locate the opposite wall.

Familiarización con una Habitación

- Para familiarizarse con una habitación, escoja primero un punto de referencia, como la puerta de entrada.

- Luego, explore el perímetro de la habitación *rastreando* la pared y usando una de las *técnicas de protección* (o el bastón) para protegerse.

- Mientras rastrea la pared, etiquete cada pared. Puede etiquetar las paredes usando los puntos cardinales: norte, sur, este y oeste, o sencillamente puede enumerarlas.

- Mientras rastrea cada pared, fíjese en:
  - la posición de los objetos que encuentra en cada pared.
  - el largo de cada pared.
  - la forma de la habitación.

- Una vez familiarizado con el perímetro de la habitación, usará un *patrón de cuadrícula* para explorar la parte central.
  - Comenzando en el punto de referencia, cuádrese con la pared para establecer una línea de desplazamiento recta para atravesar la habitación.
  - Con las *técnicas de protección alta y baja*, camine directo hacia la pared opuesta.
  - Si se topa con muebles, note la posición, siga alrededor rastreando el borde y continúe moviéndose hasta encontrar la pared contraria.

○ Trail this wall a short distance (approximately 3–5 feet), square off, and cross back to the first wall.

○ Repeat this procedure until the entire area has been explored.

Hallway Familiarization

- To familiarize yourself with a hallway, first, choose a starting point at either end of the hallway. Label this wall for future reference; for example, the north wall of a hallway that runs east and west.

- Using *trailing* and either *upper body protective technique* or a long cane for protection, follow along one wall to the opposite end of the hallway until it ends.

- Note the location and number of doors along the wall as you explore. Also take note of the position of objects along the wall that may serve as landmarks, for example, a single bulletin board or a water fountain.

- Trail back along the same wall and return to the starting point, cross to the opposite side of the hallway, and repeat the same procedure on the other wall.

- To quickly find locations on either side of the hallway, you will need to know the relative positions of doorways and landmarks on the opposite wall. To discover these relationships, begin at your reference point.

○ Rastree esta pared por una distancia corta (aproximadamente 3-5 pies), cuádrese y cruce de nuevo hasta la primera pared.

○ Repita este procedimiento hasta explorar el área completa.

Familiarización con un Pasillo

- Para familiarizarse con un pasillo, primero escoja un punto de partida en cualquier extremo del pasillo. Recuerde esta pared para usarla como referencia; por ejemplo, la pared norte del pasillo que corre de este a oeste.

- Usando el *rastreo de superficies* y la *técnica de protección alta* o un bastón para protegerse, rastree un lado de la pared hasta el extremo contrario del pasillo.

- Fíjese en la ubicación y cantidad de puertas ubicadas en el pasillo mientras va explorando. También, tome nota de la posición de los objetos en la pared que puedan servir de puntos de referencia como, por ejemplo, un tablón de anuncios o una fuente de agua.

- Rastree la misma pared en dirección contraria y regrese al punto de partida, cruce al lado opuesto del pasillo y repita el mismo método en la otra pared.

- Para encontrar ubicaciones rápidamente en cualquier lado del pasillo, tendrá que conocer la posición relativa entre las puertas y los puntos de referencia ubicados en paredes opuestas. Para descubrir estas relaciones, comience en su punto de referencia.

○ Trail the first wall until you reach the first door or landmark.

○ Square off with the wall and cross to the opposite wall. Note what you find on the opposite wall, exploring a couple of feet to each side.

○ Cross back to the first wall and continue to trail to the next doorway or landmark.

○ Repeat this procedure until you are comfortable with the relative locations of the doorways and landmarks on both sides of the hallway.

○ Siga la primera pared hasta llegar a la primera puerta o punto de referencia.

○ Cuádrese con la pared y cruce a la pared opuesta. Note lo que encuentra en la pared opuesta, explorando dos o tres pies hacia cada lado.

○ Cruce de nuevo a la primera pared y continúe rastreándola hasta la siguiente puerta o punto de referencia.

○ Repita este método hasta que se sienta cómodo con la ubicación relativa entre de las puertas y los puntos de referencia de dos lados del pasillo.

Additional Phrases for Search Patterns

Frases Adicionales para Patrones de Búsqueda

• *What have you found?*

• *What is on the north (south, east, west) wall?*

• *Point to the north (south, east, west) wall.*

• *Describe what you have found on each of the walls.*

• *What is in the northeast (northwest, southeast, southwest) corner?*

• *What is on the wall opposite this door?*

• *¿Qué ha encontrado?*

• *¿Qué hay en la pared del lado norte (sur, este, oeste)?*

• *Señale la pared del lado norte (sur, este, oeste).*

• *Describa lo que ha encontrado en cada pared.*

• *¿Qué hay en la esquina noreste (noroeste, sureste, suroeste)?*

• *¿Qué hay en la pared contraria a esta puerta?*

Searching for Dropped Objects

Cómo Buscar Objetos Caídos

• The purpose of the search technique is to have a safe and efficient method to search for objects you have dropped.

• El propósito de esta técnica de búsqueda es usar un método seguro y eficiente para buscar objetos que se le han caído.

- Stop immediately after you drop something. Face the direction in which you heard the object drop. Walk toward the object, stopping just before you believe you have reached it.

- Use the *upper body protective technique* when you bend down to explore for the object.

- Use a circular search pattern with your hands to locate the object.
  - Place both hands flat on the floor directly in front of you where your feet (or knees) contact the ground.

  - Move your hands in small circles that gradually become larger as you search.
  - If you do not find the object in front of you, use the same circular search pattern to check to the right and then to the left of your feet (knees).

- For large objects that are dropped, you can use your cane to search.
  - Lay the cane flat on the floor with the grip at the edge of your feet (knees).
  - Holding the grip, move the cane in a fan-like motion to the left, and then to the right.
  - Stop moving your cane when you hear or feel it contact the object. Then, slide the palm of one hand down the shaft of the cane until you make contact with the object.
  - Be sure to use upper body protective technique as you lean forward to slide your hand along the cane.

- Deténgase de inmediato cuando algo se le haya caído. Mire hacia donde escuchó caer el objeto. Camine hacia el objeto y deténgase justo antes de llegar a donde usted cree que está.

- Use la *técnica de protección alta* cuando se agache a buscar el objeto.

- Use un patrón circular de búsqueda con las manos para localizar el objeto.
  - Coloque las dos manos en el suelo directamente frente a donde sus pies (o rodillas) hacen contacto con el suelo.

  - Mueva sus manos dibujando círculos pequeños; vaya haciéndolos cada vez más grandes.
  - Si no encuentra el objeto frente a usted, use el mismo patrón circular de búsqueda a la derecha y luego a la izquierda de sus pies (rodillas).

- Si se cae un objeto grande puede usar su bastón para buscarlo.
  - Recueste el bastón en el suelo con la empuñadura pegada a sus pies (rodillas).
  - Sujetando la empuñadura, mueva el bastón en forma de abanico hacia la izquierda y luego hacia la derecha.
  - Deje de mover el bastón cuando oiga o sienta que toca el objeto. Luego, deslice la palma de una mano por el bastón hasta hacer contacto con el objeto.
  - Asegúrese de usar la técnica de protección alta al inclinarse hacia adelante para deslizar su mano por el bastón.

Additional Phrases for Locating Dropped Objects

- I am going to drop an object, and I want you to find it.
- Listen and face the sound you hear when it drops.
- The dropped object is a little more to your left (right).

APPENDIX: Additional Instructional Phrases

Instructional Feedback

Positive Feedback

- Excellent!
- Good!
- I knew you could do it!
- I'm really impressed!
- Keep up the good work!
- Perfect!
- That's a real improvement!
- That's great!
- That's right! (Correct!)
- Well done!
- Yes!
- You're doing great!
- You're coming along well!

Encouraging Feedback

- Keep trying!
- Great try!
- Good effort!
- Come on, you can do it!
- Give it another try!

Frases Adicionales para Localizar Objetos Caídos

- Voy a dejar caer un objeto y quiero que lo encuentre.
- Escuche y mire en dirección al sonido que hace al caer.
- El objeto caído está un poco más a su izquierda (derecha).

APÉNDICE: Frases Adicionales de Instrucción

Comentarios Didácticos

Comentarios Positivos

- ¡Excelente!
- ¡Bien!
- ¡Sabía que lo podía hacer!
- ¡Estoy muy impresionado(a)!
- ¡Buen trabajo!
- ¡Perfecto!
- ¡Mucho mejor!
- ¡Muy bien!
- ¡Así es! (¡Correcto!)
- ¡Bien hecho!
- ¡Sí!
- ¡Lo está haciendo muy bien!
- ¡Está mejorando!

Comentarios Alentadores

- ¡Siga intentándolo!
- ¡Buen intento!
- ¡Admiro su empeño, bien!
- ¡Vamos, usted puede!
- ¡Intente de nuevo!

- *You're on the right track!*
- *With a little more practice, you'll get this!*
- *Give it your best shot!*
- *This skill takes a lot of practice to master.*

Directions

- *Be careful.*
- *Come here.*
- *Face me*
- *Face north (south, east, west)*

- *Follow my voice.*
- *Let's go!*
- *Let's rest for a few minutes.*
- *Listen.*
- *Look!*
- *Pay attention!*
- *Slow down.*
- *Stop!*
- *Wait!*
- *Turn right (left).*
- *Quick left! Quick right!*

- *Turn 90 degrees to the right (left).*

- *Walk north (south, east, west).*

- *Walk toward me.*
- *I'll be right beside (behind) you*

Questions

- *Where—?*
- *When—?*

- *¡Va bien!*
- *¡Con un poco más de práctica lo va a lograr!*
- *¡Haga lo mejor que pueda!*
- *Esta destreza requiere mucha práctica para dominarla.*

Indicaciones

- *Cuidado.*
- *Venga acá.*
- *Míreme.*
- *Gire su cuerpo y mire hacia el norte (sur, este, oeste).*
- *Siga mi voz.*
- *¡Vámonos!*
- *Descansemos unos minutos.*
- *Escuche.*
- *¡Mire!*
- *¡Preste atención!*
- *Más lento.*
- *¡Deténgase!*
- *¡Espere!*
- *Vire/gire a la derecha (izquierda).*
- *¡Rápido a la izquierda! ¡Rápido a la derecha!*
- *Gire noventa grados hacia la derecha (izquierda).*
- *Camine hacia el norte (sur, este, oeste).*
- *Camine hacia mí.*
- *Estaré a su lado (o detrás de usted).*

Preguntas

- *¿Dónde—?*
- *¿Cuándo—?*

- *Why—?*
- *What—?*
- *Who—?*
- *How—?*
- *How many (much)—?*
- *Are (is) there—?*
- *Are you ready?*
- *What do you hear?*
- *What do you see?*

- *¿Por qué—?*
- *¿Qué—?*
- *¿Quién—?*
- *¿Cómo—?*
- *¿Cuanto/cuántos—?*
- *¿Hay—?*
- *¿Está listo(a)?*
- *¿Qué oye?*
- *¿Qué ve?*

2

Canes and Cane Techniques

At a Glance

Cane Basics

Managing the Cane
 with a Human Guide

Diagonal Cane Technique

Two-Point-Touch Technique

Walking In Step

Getting Back In Step

Constant-Contact Technique

Touch-and-Drag Cane Technique

Touch-and-Slide Cane Technique

Three-Point-Touch Technique

Negotiating Stairs with a Cane

Cane Basics

Functions of the Long Cane

- The long cane will identify you as someone who has a visual impairment.

- The cane serves as a "bumper" and encounters obstacles before you do.

- The cane provides drop-off detection; that is, it helps you locate curbs or stairs safely.

Conceptos Básicos del Bastón

Funciones del Bastón Largo

- El bastón largo lo identificará como alguien con un impedimento visual.

- El bastón sirve como un "parachoques" que hace contacto con obstáculos antes que usted.

- El bastón le ayuda a detectar desniveles, es decir, a localizar con seguridad los bordillos o las escaleras.

For additional related terms, see Appendix B, "O&M Concepts and Terms."

- The cane also gives you information about the ground surface so that you can detect different textures such as tile, rug, cement, or asphalt.

Cane Length

- To start, we'll try a cane that is about the height of your armpit when held in a vertical position. As you get more experienced in using the cane, you may need a cane that is a little longer or shorter, depending on how fast you walk and how quickly you respond when you encounter objects and drop-offs.

Grasp Options (How to Hold the Cane)

- Depending on the cane technique you are using, the cane may be held with either hand. There are three different grasps that can be used. Which grasp is best depends on which one is more comfortable for you and whether you can keep the cane in the appropriate position while walking.

- *Thumb grasp:* The *thumb grasp* provides a firm grip on the cane. It is sometimes used when going up stairs.

- To use the thumb grasp, hold the grip so that your thumb is pointing downward.

- El bastón también le da información sobre la superficie del suelo para que pueda distinguir texturas como azulejos, alfombras, cemento o asfalto.

Longitud del Bastón

- Para comenzar, podemos usar un bastón blanco que queda a la altura de la axila cuando se mantiene en la posición vertical y parado. A medida que tenga más experiencia en el uso del bastón blanco, es posible que necesite un bastón que sea un poco más largo o más corto. Depende de lo rápido que camine y la rapidez con que responde cuando se encuentra con objetos y bajadas.

Opciones para Sujetar el Bastón

- El bastón se puede agarrar con cualquier mano. Esto dependerá de la técnica de bastón que esté usando. Hay tres formas diferentes de agarrar el bastón. El agarre ideal dependerá de qué es más cómodo para usted y de si puede mantener el bastón en la posición apropiada mientras camina.

- *Agarre con el dedo pulgar:* El *agarre con el dedo pulgar* le ayuda a sujetar el bastón con firmeza. A veces, se usa para subir escaleras.

- Para usar el agarre con el dedo pulgar, agarre la empuñadura de tal manera que el dedo pulgar quede apuntando hacia abajo.

- Your thumb should be on the flat side of the grip and the cane will serve as an extension of your thumb.

- Your fingers will be wrapped around the rounded part of the grip and your knuckles will be facing forward.

- *Index finger grasp:* The *index finger grasp* also allows for a firm grip on the cane and it is used with a variety of cane techniques. With this grasp, the cane serves as an extension of your index finger.

- To use the *index finger grasp*, hold the cane so the index finger is pointing downward on the flat side of the grip.

- Your thumb and other fingers are wrapped around the rounded part of the grip.

- *Pencil grasp:* The *pencil grasp* is helpful in crowded conditions and it is sometimes used when ascending stairs.

- To use the *pencil grasp*, hold the grip of the cane as if you were holding a pencil.

- Your hand should be at about the middle of the grip.

- El pulgar debe estar en el lado plano de la empuñadura y el bastón servirá como una extensión del pulgar.

- Los dedos deben cubrir la parte redonda de la empuñadura con los nudillos hacia adelante.

- *Agarre con el dedo índice:* El *agarre con el dedo índice* también le permite sujetar el bastón con firmeza y se usa en una variedad de técnicas de bastón. Con este agarre, el bastón sirve como una extensión del dedo índice.

- Para usar el *agarre con el dedo índice*, sujete el bastón de tal forma que el dedo índice esté apuntando hacia abajo en el lado plano de la empuñadura.

- El pulgar y los otros dedos deben agarrar la parte redonda de la empuñadura.

- *Agarre de lápiz:* El *agarre de lápiz* es útil cuando hay mucha gente y a veces se usa para subir escaleras.

- Para usar esta técnica, sujete la empuñadura del bastón como si fuera un lápiz.

- Su mano debe quedar como a la mitad de la empuñadura.

Additional Phrases for Cane Basics

Frases Adicionales Relacionadas con los Conceptos Básicos del Bastón

- *You may need a longer (shorter) cane.*

- *Your cane is too short (long).*

- *Es posible que necesite un bastón más largo (corto).*

- *Su bastón es demasiado corto (largo).*

- *Canes and cane parts:*
  - *long cane*
  - *white cane*
  - *folding cane*
  - *rigid cane*
  - *cane for identification (i.e., I.D. cane)*
  - *support cane*
  - *grip*
  - *flat side of the grip*
  - *rounded side of the grip*
  - *shaft*
  - *tip*
  - *aluminum*
  - *graphite*
  - *joint*
  - *elastic loop*
  - *elastic inside the cane*
  - *standard tip*
  - *marshmallow tip*

  - *roller tip*
  - *metal glide tip*

- *Tipos de bastón y sus partes*
  - *bastón largo*
  - *bastón blanco*
  - *bastón plegable*
  - *bastón rígido*
  - *bastón blanco de identificación*

  - *bastón de apoyo*
  - *empuñadura*
  - *lado plano de la empuñadura*
  - *lado redondo de la empuñadura*
  - *cuerpo del bastón*
  - *punta*
  - *aluminio*
  - *grafito*
  - *junta*
  - *cinta elástica*
  - *elástico dentro del bastón*
  - *punta estándar*
  - *punta en forma de "marshmallow" (malvavisco, bonbón)*
  - *punta giratoria*
  - *punta metálica*

Managing the Cane with a Human Guide

- When you walk with a guide, you can fold your cane or hold it in your free hand in the *not-in-use* position. This means it is held in front of your body in a *vertical* position—that is, the cane is straight up and down. The tip should be off the ground.

- If your guide is inexperienced, you may want to hold your cane in a *modified diagonal position* to give you more protection from obstacles and additional warning of drop-offs.

Cómo Usar el Bastón con un Guía Humano

- Cuando camine con un guía, puede plegar su bastón o sostenerlo con la mano libre en la posición *fuera de uso*. Esto significa que lo mantendrá frente al cuerpo en posición *vertical*, es decir, con el bastón recto de arriba hacia abajo. La punta no debe tocar el suelo.

- Si su guía no tiene mucha experiencia, puede sostener su bastón en una *posición diagonal modificada* para darle más protección contra obstáculos y para advertirle sobre posibles

In this position, the cane is held diagonally in front of your body with the cane tip at your midline.

- *Holding the guide's arm and your cane in the same hand*: When walking with a guide, you may need to free the hand holding the cane to help keep a door open as you pass through it or to hold the handrail on stairs.

  - To hold the cane and the guide's arm in the same hand, place the cane in a *vertical* position and hold it firmly between your thumb and the guide's arm.
  - When you have passed through the door or reached the end of the stairs, you can switch the cane back to your free hand.

Diagonal Cane Technique

- The *diagonal cane technique* provides some protection from bumping into objects at waist level and below, but it will not encounter all obstacles or drop-offs.

- Because of the limited protection given by this technique, it is often used only in familiar and indoor areas.

- *Grasp:* The cane may be held with either hand, and you can use either *index finger grasp, thumb grasp,* or *pencil grasp (see the previous section in this chapter on Grasp Options).* The best grasp is the one that is most comfortable but still allows

desniveles. En esta posición, el bastón se sujeta diagonalmente en frente del cuerpo con la punta del bastón en la línea media de su cuerpo.

- *Cómo agarrar el brazo del guía y su bastón con la misma mano*: Cuando vaya caminando con un guía, es posible que tenga que usar la mano que está sujetando el bastón para mantener una puerta abierta mientras pasa o para agarrar el pasamanos de unas escaleras.
  - Para agarrar el bastón y el brazo del guía con la misma mano, ponga el bastón en posición *vertical* y sujételo con firmeza entre el pulgar y el brazo del guía.
  - Cuando haya pasado por la puerta o llegado al final de las escaleras, puede regresar el bastón a la mano libre.

Técnica Diagonal

- La *técnica diagonal* le provee cierta protección para evitar golpearse con objetos al nivel de la cintura y abajo, pero no detectará todos los obstáculos ni todos los desniveles.

- A causa de la protección limitada de esta técnica, normalmente se usa solo en áreas conocidas o en interiores.

- *Agarre:* Puede agarrar el bastón con cualquier mano, utilizando cualquiera de los siguientes métodos: *agarre con el dedo índice, agarre con el dedo pulgar* o *agarre de lápiz.* El mejor agarre es el que le sea más cómodo a la vez que le permita

you to keep the cane in the proper position while walking.

- *Arm position:* The arm position for the diagonal cane technique is nearly identical to the position in which you hold your hand to trail a wall. Your arm will be straight and extended directly forward. Your hand should be in front of your shoulder, making your arm parallel to the ground.

- *Cane position:* With the diagonal cane technique, the cane is held across the body on a diagonal and kept stationary. The grip of the cane is positioned on one side of your body and the cane tip should extend about two inches past your opposite shoulder. This is known as the *diagonal position.* The cane tip will be ahead of the grip by a few inches and should glide along the floor as you walk.

Walking with the Diagonal Cane Technique

- While walking with the diagonal cane technique, hold the cane still and glide the tip along the floor as you walk.

- When turning, stay behind the cane so that it continues to protect you. Angle your body in the direction you wish to go and avoid stepping to the side, where you don't have cane protection.

mantener el bastón en la posición correcta mientras camina.

- *Posición del brazo:* La posición del brazo para la técnica diagonal es casi idéntica a la posición de la mano cuando se rastrea una pared. El brazo debe estar derecho y extendido directamente hacia adelante. La mano debe estar en frente del hombro de tal forma que el brazo esté paralelo al suelo.

- *Posición del bastón:* Con la técnica diagonal, mantenga su bastón frente al cuerpo en posición diagonal, sin moverlo. La empuñadura del bastón estará situada en un lado del cuerpo y la punta deberá extenderse aproximadamente dos pulgadas más allá del hombro contrario. A esto se le conoce como *posición diagonal.* La punta del bastón estará unas pulgadas más adelante que la empuñadura y deberá deslizarse por el suelo mientras camina.

Cómo Caminar con la Técnica Diagonal

- Cuando camine con la técnica diagonal, mantenga el bastón fijo y deslice la punta por el suelo.

- Cuando gire, manténgase detrás del bastón para protegerse. Voltee su cuerpo hacia la dirección en que desea ir y evite pisar hacia los costados, donde no cuenta con la protección del bastón.

Navigating around Obstacles

- To move around an obstacle with the cane while using the diagonal technique, pivot your body away from the obstacle. Be sure to maintain the diagonal cane position and stay behind the cane as you walk around the obstacle.

- When you believe you have cleared the obstacle, pivot again in the opposite direction to reestablish your original line of travel.

Investigating Objects

- To examine an object, bring your cane to the *vertical* position and *flush* against the object (directly in contact with it) as you walk up to it. Slide your free hand down the cane, with your palm facing down, until you make contact with the object. Now you can explore the object that you have encountered.

- If you need to bend over as you explore the object, keep your cane in a vertical position and stay behind it so that you protect your face.

Trailing with the Diagonal Cane Technique

- For the same reasons that you might use *hand trailing*, you may trail your environment using the diagonal cane technique. *(See the section on Trailing in Chapter 1, "Basic Skills.")*

Cómo Caminar Alrededor de Obstáculos

- Para moverse alrededor de un obstáculo con el bastón aplicando la técnica diagonal, voltee su cuerpo en la dirección contraria al obstáculo. Asegúrese de mantener la posición diagonal del bastón y quédese tras el bastón mientras camina alrededor del obstáculo.

- Cuando crea que ha pasado el obstáculo, voltéese de nuevo en la dirección contraria para restablecer su línea original de desplazamiento.

Cómo Examinar Objetos

- Para examinar un objeto, ponga su bastón en la posición *vertical,* *pegado* al objeto (haciendo contacto directo) mientras camina hacia él. Deslice su mano libre por el bastón, con la palma hacia abajo, hasta que haga contacto con el objeto. Ahora puede examinar el objeto con el que se ha encontrado.

- Si necesita inclinarse mientras examina el objeto, mantenga su bastón en posición vertical y quédese detrás de él para proteger su cara.

Rastreo con la Técnica Diagonal

- Puede rastrear su entorno usando la técnica diagonal en las mismas situaciones en que usaría el *rastreo con la mano.*

- To trail with the diagonal cane technique, stand next to and parallel to the wall. Hold the cane in the diagonal position with the tip lightly touching the baseboard of the wall. Let the tip glide along the wall and listen for the different sound when the cane tip glides along a door.

- Keep the cane tip in place as you pass open doors or hallways and allow it to make contact with the wall again when you have passed the openings. Try not to reach into openings with the cane tip as you pass them so that you maintain protection in front of your body.

Negotiating Doors

- *Locating doorknobs:* The cane can be used to help locate doorknobs when you have encountered a door.
  - ◦ Anchor your cane tip at the base of the door. To locate the doorknob, bring the cane vertical and flush against the door.
  - ◦ With the tip slightly off the ground, slide the cane in a vertical position along the door to the right and then to the left until the shaft of the cane makes contact with the doorknob. Slide your free hand down the cane to locate the doorknob.

- *Passing through doors:* Use your free hand to open the door. Hold your cane in the diagonal position as you pass through the door. When

- Para rastrear con la técnica diagonal, párese en paralelo y al lado de la pared. Mantenga el bastón en la posición diagonal con la punta tocando ligeramente el zócalo de la pared. Deje que la punta se deslice por la pared y esté atento a un sonido diferente cuando la punta se desliza por una puerta.

- Mantenga la posición de la punta del bastón mientras pasa por puertas abiertas o pasillos, y vuelva a hacer contacto con la pared una vez que haya pasado las entradas. Mientras pase por las entradas, mantenga el frente del cuerpo protegido por el bastón en todo momento.

Cómo Navegar por Puertas

- *Cómo localizar las perillas:* El bastón se puede usar para ayudarle a localizar la perilla de una puerta.
  - ◦ Coloque la punta del bastón a la base de la puerta. Para encontrar la perilla, ponga el bastón en posición vertical y pegado a la puerta.
  - ◦ Con la punta un poco levantada del piso, deslice el bastón sobre la puerta, en posición vertical, hacia la derecha y luego hacia la izquierda hasta que el cuerpo del bastón haga contacto con la perilla. Deslice su mano libre a lo largo del bastón para localizar la perilla.

- *Cómo atravesar puertas:* Use su mano libre para abrir la puerta. Mantenga su bastón en la posición diagonal mientras pasa por la puerta.

you have passed through the door, release or close it.

Cuando haya pasado por la puerta, puede soltarla o cerrarla.

Additional Phrases for Diagonal Cane Technique

- *Which grasp would you like to use?*
- *Don't let your arm position drop.*
- *Make sure the cane is kept in a stationary position while you walk.*
- *Make sure the cane tip extends past your left (right) shoulder.*

- *Stay behind your cane.*
- *Switch the cane to your other hand.*
- *Hold the cane in your free hand.*
- *Hold the cane and my arm in the same hand.*

Frases Adicionales para la Técnica Diagonal

- *¿Cuál agarre prefiere usar?*
- *No deje caer la posición de su brazo.*
- *Asegúrese de mantener el bastón en una posición fija mientras camina.*
- *Asegúrese de que la punta del bastón se extienda más allá del hombro izquierdo (derecho).*

- *Quédese detrás de su bastón.*
- *Cambie el bastón a la otra mano.*
- *Agarre el bastón con la mano libre.*
- *Agarre el bastón y mi brazo con la misma mano.*

Two-Point-Touch Technique
(also known as touch technique)

- The *two-point-touch technique* provides greater protection from obstacles and drop-offs than the diagonal cane technique. With this technique, the cane moves as you walk and the cane tip will touch down at two points in front of the body.
- It requires a great deal of practice and coordination to use this technique correctly, so it is typically used only with the dominant hand. When used correctly, this cane technique provides sufficient coverage (protection) for travel in outdoor and unfamiliar environments.

Técnica de Dos Puntos
(también conocida como la técnica de toque)

- La *técnica de dos puntos* provee más protección contra obstáculos y desniveles que la técnica diagonal. Con esta técnica, el bastón se mueve mientras usted camina y la punta toca el suelo en dos puntos frente al cuerpo.
- El uso correcto de esta técnica requiere mucha práctica y coordinación, por lo que, normalmente, se usa la mano dominante. Si se usa de la manera indicada, esta técnica provee suficiente protección para andar afuera y en entornos desconocidos.

- *Grasp:* The *index finger grasp* is used with the two-point-touch cane technique *(see the description in the previous section on Grasps under Diagonal Cane Technique).* Your hand will be held in a "handshake" position, with your thumb on top of the grip.

- *Hand and arm position:* Extend your arm as if you are going to shake hands with someone. Your hand will be at about waist height and at the midline of your body. Your arm should be straight with only a slight bend in the elbow.

- *Wrist movement:* You will move the cane by flexing and extending your wrist, much like a windshield wiper. Your forearm and upper arm should remain stationary while you move the cane. Only your wrist will move.

- *Arc width:* As the cane taps from side to side, the tip will move in an arc in front of the body.

- To protect the entire width of the body, the cane tip should tap the ground approximately two inches beyond each shoulder (or widest part of the body).

- If the arc is too narrow, you may bump into obstacles on the side where it is too narrow.

- If the arc is too wide, the cane tip may obstruct the path for others to walk by. Also, if the arc is too wide, you may lose coverage in front of your body.

- *Agarre:* El *agarre con el dedo índice* se usa con la técnica de dos puntos. Su mano estará en la posición de dar un apretón de manos con el pulgar en la parte superior de la empuñadura del bastón.

- *Posición de la mano y el brazo:* Extienda el brazo como si fuera a estrecharle la mano a alguien. La mano estará aproximadamente a la altura de la cintura y en la línea media del cuerpo. El brazo deberá estar recto con el codo levemente doblado.

- *Movimiento de la muñeca:* Moverá el bastón contrayendo y extendiendo la muñeca, de forma similar a un limpiaparabrisas. Tanto el antebrazo como la parte superior del brazo deberán permanecer fijos mientras mueve el bastón. Solo moverá la muñeca.

- *Amplitud del arco:* Al tocar de lado a lado, la punta del bastón se moverá en forma de arco frente al cuerpo.

- Para proteger el ancho completo del cuerpo, la punta del bastón debe tocar el suelo aproximadamente dos pulgadas más allá de cada hombro (o de la parte más ancha del cuerpo).

- Si el arco es demasiado angosto, es posible que se golpee con obstáculos en el lado donde el arco no alcanza.

- Si el arco es demasiado ancho, la punta puede obstruir el paso a otras personas. Además, podría perder protección frontal.

- *Arc height:* The cane tip should make a very low arc as it taps from side to side. Ideally, the cane tip will be no more than one inch above the ground at the highest point. If the arc is too high, the cane may miss a low obstacle or uneven ground surfaces.

- *Rhythm:* To walk in rhythm with the cane, the cane tip should tap down at the same time as either foot touches the ground. Your foot and your cane should strike the ground together. You need to maintain this rhythm to stay *in step. (See the following explanation of "in step.")*

Walking In Step

- Walking *in step* means the cane tip strikes the ground opposite your leading (front) foot. The cane tip should touch to the right as your left foot steps down. The cane tip should touch to the left as your right foot steps down.

- Walking in step with the cane gives you more time to react to whatever the cane encounters before you reach the obstacle.

- If you are walking *out of step* with your cane, it means that the cane tip is striking in front of your leading foot. This is a concern because you may not

- *Altura del arco:* La punta del bastón debe hacer un arco muy bajo mientras toca de lado a lado. Lo ideal es que la punta no esté a más de una pulgada por encima del suelo en el punto más alto. Si el arco es demasiado alto, el bastón no podrá detectar un obstáculo bajo o superficies desiguales.

- *Ritmo:* Para caminar en ritmo con el bastón, la punta debe tocar el suelo al mismo tiempo que el pie. Es decir, el pie y el bastón deben tocar el suelo simultáneamente. Necesita mantener este ritmo para "caminar llevando el paso." (*Véase la siguiente explicación de "llevando el paso."*)

Cómo Caminar Llevando el Paso

- Se camina *llevando el paso* cuando la punta del bastón toca el suelo en el lado contrario del pie que va adelante. La punta debe tocar el lado derecho al mismo tiempo que pisa con el pie izquierdo. La punta debe tocar el lado izquierdo al mismo tiempo que pisa con el pie derecho.

- Caminar llevando el paso con el bastón le da más tiempo para reaccionar ante cualquier cosa que encuentre con el bastón antes de que usted llegue al obstáculo.

- Si *está fuera de paso*, el bastón tocará en el mismo lado del pie que va adelante. Esto puede ser problemático porque podría no tener tiempo de

have enough time to stop when your cane encounters a drop-off or obstacle.

detenerse cuando su bastón se topa con un desnivel u obstáculo.

Getting Back In Step

- There are three commonly used methods to get back in step when you find that you are out of step.

- The first method is to stop and start over, making sure you start in step. This method will work, but is not efficient as a long-term practice because it will slow you down unnecessarily.

- You can also get back in step by *touching the cane tip down twice on one side* while walking. For this to work, you must maintain *rhythm* with the cane while walking.

  - While walking with your regular gait, touch the cane twice on one side at the same time your foot hits the ground and then swing it to the opposite side.
  - Resume your typical arc movement immediately after you have touched down twice on one side.
  - This method is effective for getting back into step while walking, but it leaves one side of your body unprotected while you touch down twice on the other side.

- You can also try a *military skip-step* to get back in step while walking. This method provides continuous cane coverage in front of the body while walking, but it requires a bit of coordination to do it correctly.

Cómo Recuperar el Paso

- Hay tres métodos comunes que se usan para recuperar el paso.

- El primer método es detenerse y comenzar de nuevo, asegurándose de comenzar en paso. Este método funciona, pero no es eficiente a largo plazo porque lo hará ir más lento innecesariamente.

- También puede recuperar el paso *tocando con la punta del bastón dos veces en el mismo lado* mientras camina. Para que esto funcione, debe mantenerse en *ritmo* con el bastón mientras camina.
  - Mientras camina siguiendo su modo normal de andar, toque el bastón dos veces en un mismo lado mientras da un paso y luego muévalo hacia el lado opuesto.
  - Reanude el movimiento de arco inmediatamente después de tocar dos veces en el mismo lado.
  - Este método es efectivo para recuperar el paso, pero deja un lado del cuerpo desprotegido en el momento en que toca dos veces en el mismo lado.

- También puede intentar dar un *"paso militar,"* o sea un pequeño salto para recuperar el paso. Este método provee protección frontal, pero se necesita un poco de coordinación para lograr hacerlo correctamente.

○ While arcing the cane from side to side while you walk, step forward with one foot. The cane taps down, out of step, with this step.

○ Quickly bring your other foot to the heel of the forward foot, shifting your weight to the rear foot. The cane is in mid-arc for this step.

○ Then quickly step forward again with the first foot. The cane taps down, in step, with this step.

○ Your next footstep should be in step with the cane.

Making Turns

• To maintain cane protection while turning, widen the arc in the direction of your turn. If you are turning to the right (left), make a wider arc to the right (left) until you complete your turn.

Navigating around Obstacles

• To walk around an obstacle using the two-point-touch cane technique, use the cane to check for a clear area on either side of the obstacle. "Clear" the area (check for obstacles) with one arc of the cane with the tip on

○ Mientras mueve el bastón de lado a lado en su recorrido, dé un paso. El bastón tocará el suelo fuera de paso.

○ Mueva el otro pie rápidamente hacia el talón del pie que va adelante para poner su peso sobre el pie que va detrás. En ese momento, el bastón debe estar en el punto que marca la mitad del arco.

○ Luego, cambie rápidamente el peso al primer pie, en efecto dando un pequeño salto al primer pie. En ese momento el bastón tocará el suelo en el lado opuesto y usted recuperará el paso.

○ El próximo paso también estará en paso con el bastón.

Cómo dar Vuelta a la Derecha (Izquierda)

• Para mantener la protección del bastón mientras da vuelta a la derecha o la izquierda, amplíe el arco hacia la dirección deseada. Si va girar a la derecha (izquierda), amplíe el arco hacia la derecha (izquierda) hasta que termine la vuelta.

Cómo Maniobrar Alrededor de Obstáculos

• Para caminar alrededor de un obstáculo usando la técnica de dos puntos, use el bastón para buscar un área despejada a uno de los lados del obstáculo. "Despeje" el área (asegúrese de que no haya obstáculos) con la punta

the ground, sweeping it to the left or right.

- Make a pivot turn toward the cleared area. Check to be sure you are in rhythm and in step as you move around the obstacle. Reestablish your original line of direction after you have passed the obstacle.

Investigating Objects

(See the previous section on Investigating Objects under Diagonal Cane Technique.)

Trailing with the Two-Point-Touch Technique

(See the purposes of trailing in Chapter 1, "Basic Skills.")

- To trail with the two-point-touch technique, start by standing next to the wall. Walk parallel to the wall using the two-point-touch technique.

- Each time the cane arcs toward the wall, make light contact at the baseboard with the cane tip. Be sure to maintain rhythm and stay in step as you trail.

Cane Use in Congested Areas

- When you are in areas that are crowded with people or obstacles, it is helpful to shorten the reach of your cane. This will help prevent your cane from getting in the way of other people. It will also help minimize the contact you make with obstacles.

del bastón en el suelo barriendo hacia la izquierda o la derecha.

- Gire hacia el área despejada. Asegúrese de mantener el ritmo y llevar el paso, mientras se desplaza alrededor del obstáculo. Vuelva a establecer su línea original de dirección después de pasar el obstáculo.

Cómo Examinar Objetos

Rastreo con la Técnica de Dos Puntos

- Para rastrear con la técnica de dos puntos, comience parándose al lado de una pared. Camine paralelo a la pared usando la técnica de dos puntos.

- Cada vez que mueva el bastón hacia la pared, toque ligeramente el zócalo con la punta. Asegúrese de mantener el ritmo y el paso mientras rastrea.

El Uso del Bastón en Áreas Congestionadas

- Cuando esté en áreas con mucha gente u obstáculos, es mejor limitar el alcance de su bastón. Esto ayudará a prevenir que su bastón estorbe a otras personas. También le ayudará a minimizar el contacto con obstáculos.

- To shorten the cane reach, bend your elbow and hold the cane so that the grip is closer to your body. It may be easier to switch to *pencil grasp* while you do this. When an area is crowded, it is a good idea to slow your speed and shorten the length of your stride.

Constant-Contact Technique

- The *constant-contact technique* provides the most tactile feedback of all the cane techniques. This technique makes it easier to detect surface changes on the ground, such as cement or grass, or carpet or tile.

- The *constant-contact technique* also provides earlier detection of drop-offs than other cane techniques. You will want to use constant contact any time you approach stairs or curbs to be sure you detect the drop-offs.

- The *constant-contact technique* is performed exactly like the *two-point-touch technique*, except the cane tip never leaves the ground. The only difference is that there is no arc *height* because the cane tip never leaves the ground.

- *Rhythm* is maintained by stepping down with one foot as the arc reaches its peak on one side.

- Staying *in step* is done by having the arc reach its peak on the opposite side of the leading foot.

- Para limitar el alcance del bastón, doble su codo y sostenga el bastón con la empuñadura más cerca de su cuerpo. Puede ser más fácil cambiar al *agarre de lápiz* mientras hace esto. Cuando el área está congestionada, es mejor caminar más lento y dar pasos más cortos.

Técnica de Contacto Constante

- La *técnica de contacto constante* provee más información táctil que todas las demás técnicas de bastón. Esta técnica facilita la detección de cambios en la superficie del suelo, como cemento, césped, alfombra o azulejos.

- La *técnica de contacto constante* también provee detección más temprana de desniveles que otras técnicas de bastón. Debe usar esta técnica cada vez que se encuentre cerca de escaleras o bordillos para estar seguro de que detectará los desniveles.

- La *técnica de contacto constante* se lleva a cabo exactamente igual que la *técnica de dos puntos*, con la excepción de que la punta del bastón nunca se despega del suelo. La única diferencia es que no se hace un arco hacia arriba porque la punta permanece pegada al suelo.

- El *ritmo* se mantiene pisando justo cuando el arco llega al extremo de cada lado.

- Para continuar *llevando el paso*, haga que el extremo del arco del bastón sea en el lado opuesto al pie que pisa delante.

Getting Back in Step

- To get back in step when using the constant-contact cane technique, you can use a variation of *touching twice on one side. (See the description under Two-Point-Touch Cane Technique, earlier in this chapter).*

- While walking, pause the cane's movement and keep it to one side for an extra footstep. Then swing the cane to the opposite side with the following step.

- You can also get back in step using the *military skip-step. (See the procedure under Two-Point-Touch Cane Technique, earlier in this chapter.)*

Detection and Exploration of Drop-Offs

(For additional terminology relating to stairs, see the section on Negotiating Stairs later in this chapter.)

- Use the constant-contact technique when approaching drop-offs, such as stairs or curbs, to make sure you detect them as early as possible.

- Slow your speed and feel for the cane tip sliding over the edge of the drop-off. Bring the cane to a vertical position and flush against the riser (vertical part) of the step (or curb).

- To check the depth of the drop-off, slide the cane tip vertically up and down the riser of the step (or curb).

Cómo Recuperar el Paso

- Para recuperar el paso mientras aplica la técnica de contacto constante, puede usar una variante de *tocar dos veces en un lado.*

- Mientras camina, pare el movimiento del bastón y manténgalo en un mismo lado mientras da el siguiente paso. Luego, mueva el bastón hacia el lado contrario con el siguiente paso.

- También puede recuperar el paso usando el método de dar un pequeño *"paso militar."*

Cómo Detectar y Examinar Desniveles

- Use la técnica de contacto constante cuando se acerca a desniveles, como escaleras o bordillos, para detectarlos lo antes posible.

- Camine más despacio y trate de sentir cuando la punta del bastón se desliza y desciende por la orilla del desnivel. Ponga el bastón en posición vertical, pegado a la contrahuella (parte vertical) del escalón (o del bordillo).

- Para determinar la profundidad del desnivel, deslice la punta verticalmente hacia arriba y hacia abajo sobre la contrahuella del escalón (o el bordillo).

- To determine the width of a step, slide the cane tip forward along the tread of the first step until you feel the edge of the next step.

Touch-and-Drag Cane Technique

- The *touch-and-drag technique* can be used for *trailing shorelines,* such as a grass line along the edge of a sidewalk. *(See the discussion of shorelines in Chapter 3, "Residential Travel.")* Trailing with the touch-and-drag cane technique is also called *shorelining.*

- To use the *touch-and-drag technique,* position yourself next to and parallel to the shoreline.

- *Touch-and-drag* has much in common with the *two-point-touch technique.* You will start with the same hand and arm position and use the same wrist action to move the cane. You will also maintain rhythm and stay in step with the cane.

- The only difference is that you will make an arc away from the shoreline but you will *drag* the cane tip back toward the shoreline until you make contact with it.

Touch-and-Slide Cane Technique

- The *touch-and-slide cane technique* provides more information about changes in ground surface than the

- Para determinar el ancho del escalón, deslice la punta hacia adelante por la huella (pisada) del primer escalón hasta que sienta la orilla del siguiente escalón.

Técnica de Toque y Arrastre

- La *técnica de toque y arrastre* se puede usar para *rastrear bordes,* como la línea del césped a orillas de una acera. En inglés, esto se conoce como "shorelining."

- Para usar la *técnica de toque y arrastre,* colóquese al lado de la orilla de la acera o pared y paralelo a esta.

- La *técnica de toque y arrastre* es muy parecida a la *técnica de dos puntos.* La posición de la mano y el brazo, y el movimiento de la muñeca son iguales a los indicados en la técnica de dos puntos. También se mantendrá en ritmo y guardará el paso con el bastón.

- La única diferencia es que deslizará la punta del bastón por el suelo hacia la orilla que esté rastreando pero hará un arco cuando se aleje de ella.

Técnica de Toque y Deslizamiento

- La *técnica de toque y deslizamiento* provee más información sobre los cambios en la superficie del suelo

two-point touch technique, but less than *constant contact*. It is often used in bad weather conditions to detect texture changes on the ground; for example, to feel for the cement sidewalk under snow.

- The touch-and-slide technique is similar to the two-point-touch cane technique. You start with the same hand and arm position and use the same wrist action to move the cane. You also maintain rhythm and stay in step with the cane.

- The only difference between *touch-and-slide cane technique* and *two-point-touch cane technique* is in how long the cane tip stays on the ground. With the touch-and-slide technique, the cane tip slides forward along the ground for a short distance after each tap.

- *Procedure for touch-and-slide technique:*
  ○ Slow your pace and touch the cane tip on the ground when the *heel* of your opposite foot steps down.

  ○ Let the cane tip slide forward six to twelve inches as your foot rolls from heel to toe.

  ○ Then arc to the other side and repeat.

que la *técnica de dos toques*, pero menos que la de *contacto constante*. Comúnmente, se usa en condiciones climáticas adversas para detectar cambios de textura en el suelo, como, por ejemplo, detectar el cemento de la acera debajo de la nieve.

- La técnica de toque y deslizamiento es parecida a la técnica de dos puntos. Comience con la misma posición de la mano y el brazo, y use el mismo movimiento de la muñeca para mover el bastón. También se mantendrá en ritmo y guardará el paso con el bastón.

- La única diferencia entre la *técnica de toque y deslizamiento* y la *técnica de dos toques* es el tiempo que la punta del bastón se mantiene en el suelo cuando toca en cada lado. Con la técnica de toque y deslizamiento, la punta del bastón se desliza hacia adelante por una distancia corta después de cada toque.

- *Método para la técnica de toque y deslizamiento:*
  ○ Camine más despacio y toque el suelo con la punta del bastón al momento de pisar con el *talón* del pie contrario.
  ○ Deje que la punta del bastón se deslice entre seis y doce pulgadas hacia adelante mientras el apoyo del pie se desplaza desde el talón hasta los dedos.
  ○ Luego haga el arco hacia el otro lado y repita el procedimiento.

Three-Point-Touch Technique

- The *three-point-touch technique* is used to explore the area to your side while walking.

- With the three-point-touch technique, the cane tip makes contact at three points. The first two points are to the left and right of the body and the third point is to the side of the body.

- *Establishing rhythm and staying in step:* Establishing rhythm and staying in step can be challenging with the three-point-touch technique.
  - To establish rhythm, the feet step down only with the first and third points of cane tip contact.

  - Strike the cane to the left when your right foot steps down.
  - Bring the cane tip to the shoreline while the left foot is in the air.

  - Strike the cane to the right when your left foot steps down.

- There will be a subtle pause in your gait as you use the *three-point-touch technique.*

Additional Phrases for Cane Techniques

- *Check your hand position.*
- *Make sure your hand is centered.*

Técnica de Tres Puntos

- La *técnica de tres puntos* se usa para explorar el área ubicada a su lado mientras camina.

- Con la técnica de tres puntos, la punta del bastón hace contacto en tres puntos distintos. Los primeros dos puntos son a la izquierda y derecha del cuerpo, y el tercer punto es al costado del cuerpo.

- *Cómo establecer el ritmo y mantener el paso:* Establecer el ritmo y mantener el paso puede resultar difícil al usar la técnica de tres puntos.
  - Para establecer el ritmo, pise solo cuando haga contacto con el primer y el tercer punto de contacto del bastón.
  - Toque el punto izquierdo cuando pise con el pie derecho.
  - Mueva la punta del bastón hasta la orilla que esta rastreando cuando el pie izquierdo esté en el aire.
  - Toque un punto a la derecha más allá de la orilla que está rastreando cuando pise con el pie izquierdo.

- Habrá una pausa sutil en su modo de andar cuando use la *técnica de tres puntos.*

Frases Adicionales para las Técnicas de Bastón

- *Verifique la posición de su mano.*
- *Asegúrese de que su mano está en el centro.*

- *Your hand should be in front of your bellybutton.*

- *Only your wrist should be moving.*

- *Try not to roll your wrist as you move it.*

- *Widen (narrow) your arc on both sides.*

- *More (less) arc to the right (left).*

- *Focus on your rhythm!*

- *You are out of step.*

- *Get back in step.*

- *Are you in step?*

- *Su mano debe estar frente a su ombligo.*

- *Solo debe mover la muñeca.*

- *Trate de no girar la muñeca cuando la mueve.*

- *Amplíe (reduzca) el arco a ambos lados.*

- *Más (menos) arco hacia la derecha (izquierda).*

- *¡Concéntrese en su ritmo!*

- *Está fuera de paso.*

- *Recupere el paso.*

- *¿Está usted llevando el paso?*

Negotiating Stairs with a Cane

- It is helpful to know the names for the different parts of the stairs as you learn how to use your cane to navigate them. These include:
  ○ riser: the vertical part of the step

  ○ tread: the part of the stair that you step on
  ○ landing: the platform at the beginning and ending of each flight of stairs

Ascending Stairs

- This cane technique provides information about the height and depth of each step. It also gives advance warning before you reach the landing.

- *Approaching stairs:* When approaching any stairs, always use the *constant-contact cane technique* to be

Cómo Navegar por Escaleras con un Bastón

- Le ayuda saber los nombres de las diferentes partes que conforman una escalera cuando usa su bastón para franquearlas:
  ○ contrahuella: lado vertical de un escalón
  ○ pisada: parte del escalón que uno pisa
  ○ descansillo: plataforma al principio y al final de cada tramo de escaleras

Escaleras Ascendentes

- Esta técnica de bastón provee información sobre la profundidad y el ancho de cada escalón. También le da un aviso antes de llegar al descansillo.

- *Cómo acercarse a las escaleras:* Cuando se aproxime a unas escaleras, siempre use la *técnica de contacto*

sure you are aware of any drop-offs for descending stairs in the area.

- When the cane tip makes contact with the first riser, anchor the cane tip against the riser and walk up to the riser bringing the cane vertical and flush against it.

- Hold the cane in the vertical position and run it along the first riser to each side of your body. This will let you feel the line of the stairs and square off facing the first step.

- To locate the handrail, run the cane vertically along the riser of the first step until it makes contact with the handrail. Move toward the handrail, "clearing" the area (checking for obstacles) with the cane as appropriate.

- *Grasping the cane:* Hold the handrail with the hand nearest to it and hold the cane with your free hand. Grasp the shaft of the cane below the grip. You can use either *thumb grasp* or *pencil grasp* to hold the cane. *(See the section on Grasp Options under Diagonal Cane Technique earlier in this chapter.)*

- *Arm position:* Extend your arm forward until it is straight and parallel to the floor as in the *diagonal cane technique.* Your hand should be directly in front of your shoulder.

constante para asegurarse de encontrar cualquier bajada que indique la presencia de escaleras descendentes en el área.

- Cuando la punta del bastón haga contacto con la primera contrahuella, ancle la punta del bastón allí y camine hasta llegar a ella de manera que ponga el bastón pegado a la contrahuella en posición vertical.

- Mantenga el bastón en posición vertical y deslícelo por la contrahuella hacia la derecha y la izquierda. Esto le permitirá sentir la línea de escaleras y cuadrarse con el primer escalón.

- Para localizar el pasamanos, deslice el bastón verticalmente por la contrahuella del primer escalón hasta que se tope con el pasamano. Muévase hacia el pasamanos y "despeje" el área (verifique si hay obstáculos) con el bastón cuando sea necesario.

- *Cómo agarrar el bastón:* Sostenga el pasamanos con la mano que esté más cerca de él y agarre el bastón con la mano libre. Agarre el bastón por debajo del mango. Puede usar el *agarre con el dedo pulgar* o el *agarre de lápiz* para sostener el bastón.

- *Posición del brazo:* Extienda el brazo hacia adelante hasta que esté recto y paralelo al suelo, como en la *técnica diagonal.* La mano debe estar directamente en frente del hombro.

- *Cane position:* Hold the cane vertically so that the cane tip rests against the front of the second *[or third, depending on which variation is being taught]* riser from the floor. You may also hold the cane in a modified diagonal position with the tip against the top of the third riser.

- *Ascending the stairs:* With each step up you take, the cane tip should make contact with the riser of the stair one *[or two]* steps above.

  ○ Aim for *rhythm* with your footsteps and the cane making contact with the riser.
  ○ To aid your balance, lean slightly forward as you ascend the stairs and place your weight on the balls of your feet.

- *Reaching the landing:* When your cane tip no longer contacts a riser, you have one *[or two]* more step[s] to reach the landing. As you reach the landing, sweep your cane, making one arc with the tip on the landing to clear the area. When you've reached the landing, resume proper cane technique for forward motion.

Descending Stairs

- This cane technique for descending stairs will give a one-step advance warning of the landing.

- *Approaching the stairs:* The approach for descending stairs is very

- *Posición del bastón:* Sostenga el bastón en posición vertical, de manera que la punta toque el frente de la segunda *[o la tercera, dependiendo de cuál variación se esté enseñando]* contrahuella, a partir del suelo. También puede mantener el bastón en posición diagonal modificada con la punta contra la parte superior de la tercera contrahuella.

- *Cómo subir las escaleras:* Con cada paso, la punta del bastón debe hacer contacto con la contrahuella del escalón que está un paso *[o dos]* más arriba.
  ○ Procure mantener el *ritmo* entre los pasos y el bastón tocando la contrahuella.
  ○ Para mejorar su equilibrio, inclínese un poco hacia adelante mientras sube las escaleras y coloque su peso en el antepié.

- *Cuando llega al descansillo:* Cuando la punta del bastón ya no encuentra una contrahuella, usted tiene un escalón *[o dos]* más para llegar al descansillo. Cuando llegue, deslice la punta en forma de arco sobre el descansillo para despejar el área. Cuando llegue, retome el desplazamiento con la técnica de bastón apropiada.

Escaleras Descendentes

- Esta técnica para bajar escaleras le avisará un paso antes de llegar al descansillo.

- *Cómo aproximarse a las escaleras:* La aproximación para bajar las escaleras

similar to the approach for ascending stairs.

- ° Approach the stairs slowly, using *constant-contact technique.*
- ° When your cane tip slides over the drop-off, walk up to the edge, bringing the cane to a vertical position and holding it flush against the riser of the first step. Keep the cane anchored against the riser so that you always know exactly where the drop-off is.

- *Grasp:* The *index finger grasp* is used for descending stairs. Grasp the handrail in one hand and the cane with your free hand.

- *Arm and hand position:* Your arm should be relaxed and positioned straight down the side of your body.

- Your hand should be positioned directly off the side of your hip. As needed, you can flex your wrist to raise the cane tip or relax your wrist to lower the cane tip.

- *Cane position:* The cane should be held in a *modified diagonal position.* The cane tip points down the stairs with the tip approximately at the midline of your body. Try to keep the cane tip one to two inches above the edge of the step just below you.

- *Descending the stairs—standard technique:* As you walk down the stairs, the cane is held in a stationary position. It does not make contact with the stairs as you descend. To

es muy parecida a la aproximación para subirlas.

- ° Acérquese lentamente usando la *técnica de contacto constante.*
- ° Cuando la punta del bastón se deslice sobre la bajada, camine hasta la orilla para que el bastón quede en posición vertical y pegado a la contrahuella. Mantenga el bastón anclado a la contrahuella para que siempre sepa exactamente dónde está la bajada.

- *Agarre:* El *agarre con el dedo índice* se usa para descender las escaleras. Agarre el pasamanos con una mano y el bastón con la otra.

- *Posición del brazo y la mano:* El brazo debe estar relajado y recto al costado de su cuerpo.

- La mano debe estar justo al lado de la cadera. De ser necesario, puede flexionar la muñeca para subir la punta del bastón, o relajar la muñeca para bajarla.

- *Posición del bastón:* El bastón debe estar en una *posición diagonal modificada.* El bastón debe apuntar hacia abajo con la punta aproximadamente en la línea media del cuerpo. Trate de mantener la punta una o dos pulgadas por encima de la orilla del escalón inmediatamente debajo de usted.

- *Cómo bajar las escaleras—técnica estándar:* Mientras baja las escaleras, debe mantener el bastón en una posición fija sin tocar los escalones. Para mantener el equilibrio, inclínese

maintain your balance, lean slightly back and place your weight on your heels as you descend the stairs.

- *Descending the stairs—alternative technique:* This alternative method of descending stairs is usually slower, but it gives you more information about the width and depth of each step. With each step down the stairs, the cane should make contact with the edge of the step below you.

- *Reaching the landing:* The cane tip should contact the landing one step before you do. Clear the landing as soon as the cane tip makes contact and you step down.

un poco hacia atrás y ponga el peso sobre los talones mientras baja.

- *Cómo bajar las escaleras—técnica alternativa):* Este método alterno para bajar tiende a ser más lento, pero le da más información sobre la pisada y contrahuella de cada escalón. En cada escalón, el bastón debe hacer contacto con la orilla del escalón debajo de usted.

- *Cuando llega al descansillo:* La punta del bastón debe tocar el descansillo un paso antes de que usted llegue. En cuanto el bastón toque el descansillo, despéjelo y baje.

Additional Phrases for Negotiating Stairs

- *You are approaching a flight of ascending (descending) stairs.*
- *Find the handrail.*
- *Walk up to the edge of the stairs.*
- *Walk up to the first riser.*
- *Keep your cane anchored at the riser.*

- *Don't forget to clear the landing.*
- *Do stairs make you nervous?*

Frases Adicionales para Navegar Escaleras

- *Se está acercando a un tramo de escaleras ascendentes (descendentes).*
- *Encuentre el pasamanos.*
- *Camine hasta la orilla de las escaleras.*
- *Camine hasta la primera contrahuella.*
- *Mantenga el bastón anclado a la contrahuella.*
- *No olvide despejar el descansillo.*
- *¿Las escaleras lo ponen nervioso?*

3

Residential Travel

At a Glance

Common Characteristics
of Residential Blocks

Cane Use on Sidewalks

Establishing and Maintaining
a Straight Line of Travel

Approaching a Corner

Locating Walkways
and Driveways

Turning onto Intersecting
Sidewalks

Recovery from Veering
into Driveways

Residential Street Crossings

Cane Techniques for Street
Crossings

Recovery from Veers
during Street Crossings

Residential Route Travel

Common Characteristics of Residential Blocks

A residential area is one that consists mostly of houses and buildings where people live. Knowing common characteristics of residential areas will help you when you are traveling there.

Características Comunes de las Zonas Residenciales

Una zona residencial consiste principalmente de casas y edificios de vivienda. Conocer las características comunes de las zonas residenciales lo ayudará a desplazarse por estas.

For additional terms related to residential environments, see Appendix B, "O&M Concepts and Terms."

- *Blocks:* A typical block in a residential area is rectangular in shape and bordered by four different streets. There may be houses or apartment buildings on each side of a residential block.

- *Sidewalks:* The path for pedestrians to walk around the block.

- *Shorelines:* The line where the edge of the sidewalk meets the grass or other surfaces (such as a fence, retaining wall, or ivy) on each side of the sidewalk.

- *Outside shoreline:* The shoreline closest to the street.

- *Inside shoreline:* The shoreline on the other side of the sidewalk, farthest from the street.

- *Parkway:* The strip of grass (or ivy, gravel, or dirt) between the sidewalk and the street.

- *Grass line:* Where the edge of the grass meets the sidewalk.

- *Walkways:* The pathways that lead to the front doors of homes. Walkways intersect the sidewalk and are often the same width as the sidewalk, or narrower. They may be made of concrete, brick or other paving materials.

- *Driveways:* The path for cars to enter and exit a residential property. Driveways will also intersect the sidewalk and be much wider than walkways. Driveways typically slope downward toward the street and

- *Manzanas:* La manzana característica de una zona residencial es rectangular y está bordeada por cuatro calles distintas. Puede haber casas o edificios de apartamentos en cada uno de los lados de una manzana residencial.

- *Acera:* La vía peatonal de una manzana.

- *Orilla de la acera:* El borde entre la acera y el césped u otra superficie (como una cerca, una pared de contención o una hiedra) a ambos lados de la acera.

- *Orilla exterior de la acera:* La orilla o el borde más cercano a la calle.

- *Orilla interior de la acera:* La orilla o el borde del otro lado de la acera, más alejado de la calle.

- *Acera de grama:* La franja de grama, hierba, grava o tierra entre la acera y la calle.

- *Línea del césped:* Donde la grama o el césped se encuentra con la acera.

- *Entrada peatonal:* El camino que lleva a la entrada principal de una casa. Las entradas peatonales unen la acera con la puerta de la vivienda o residencia; por lo general, son del mismo ancho de la acera o más estrechos. Pueden ser de hormigón, ladrillo o cemento, entre otros materiales.

- *Entradas para vehículos:* El camino de entrada y salida para automóviles en una propiedad residencial. Estas entradas también se unen con la acera y son más anchas que las entradas peatonales. Por lo general,

are usually made of concrete like the sidewalk.

- *Alleys:* Narrow streets that cut through the block to allow cars access to backyards or garages. The sidewalks intersecting the alley may or may not have a curb.
- *Parallel traffic:* Cars that you hear moving along your side (the side of the street).
- *Perpendicular traffic:* Cars that you hear passing in the street in front of or behind your body.
- *Corners:* The concrete areas where two sidewalks intersect on a block. A typical block has four corners.
- *Curbs:* The narrow concrete borders around a corner. They may also be found along the side of a street. The height of curbs varies, but they are commonly about six inches high.
- *Curb cuts:* The sloped ramps leading from the corner to the street.
- *Landmarks:* Anything that is unique, permanent and easy to find that will help you identify your location. The best residential landmarks will be near your path of travel and may include fences, fire hydrants, mailboxes or unusual trees. Changes in the sidewalk slope or differences in landscaping along either side of the sidewalk can also be used as landmarks.

las entradas para vehículos tienen una pendiente hacia la calle y están hechas de hormigón, al igual que la acera.

- *Callejones:* Calles estrechas que atraviesan la manzana para que los autos tengan acceso a los patios o garajes. Las aceras que se unen con un callejón a veces tienen bordillos, pero no siempre.
- *Tráfico paralelo:* Los autos que escucha pasar a su lado (el lado de la calle).
- *Tráfico perpendicular:* Los autos que escucha pasar por la calle que tiene de frente o detrás.
- *Esquinas:* Las áreas donde se juntan dos aceras de una manzana. Por lo general, una manzana tiene cuatro esquinas.
- *Bordillos:* Los bordes estrechos de hormigón alrededor de una esquina. También se pueden encontrar a lo largo de los lados de la calle. Usualmente, los bordillos tienen una altura de seis pulgadas, pero esto varía.
- *Rampas:* Sección inclinada de la esquina que conduce a la calle.
- *Puntos de referencia:* Cualquier cosa que sea única, permanente y fácil de encontrar, que lo ayude a identificar su ubicación. Los mejores puntos de referencia en las zonas residenciales estarán cerca de su camino de viaje, como, por ejemplo, cercos, hidrantes, buzones o árboles atípicos. Además, los cambios en la pendiente de la acera o las variaciones del terreno en

cualquier lado de esta pueden servir como puntos de referencia.

Additional Phrases for Residential Characteristics

Frases Adicionales Relacionadas con las Características de Zonas Residenciales

- What kinds of landmarks do you think you could use in a residential area?
- How many sides are there to a typical block?
- How many corners would a typical block have?
- What are some items you might find at a corner?
- Point to your parallel (perpendicular) street.
- Show me your inside (outside) shoreline with the cane.

- ¿Qué puntos de referencia cree que puede usar en una zona residencial?
- Por lo general, ¿cuántos lados tiene una manzana?
- Por lo general, ¿cuántas esquinas tiene una manzana?
- ¿Qué cosas puede encontrar en una esquina?
- Señale la calle paralela (o perpendicular) a usted.
- Muéstreme la orilla interior (exterior) de la acera con su bastón.

Cane Use on Sidewalks

Uso del Bastón en las Aceras

- You may need to get used to using your cane on the sidewalk. At first, you may find that your cane tip sticks on the rough concrete or on the grass to the sides of the sidewalk.
- To keep the cane tip from sticking, touch the cane down as lightly as you can. Your forearm and wrist may get more tired at first, but you will soon get used to it.
- Also, extend your cane hand forward and keep it at waist height as you are walking. This will help make sure that when the cane tip does stick,

- Es posible que lleve tiempo acostumbrarse a usar el bastón en la acera. Al principio, puede ser que la punta del bastón se le atasque en el hormigón áspero, en huecos o en el césped a los lados de la acera.
- Para evitar que la punta se atasque, toque el suelo con el bastón tan sutilmente como pueda. Es posible que al principio sienta que así se le cansan más la muñeca y el antebrazo, pero se acostumbrará en poco tiempo.
- Además, mientras camina, extienda hacia delante la mano con la que sujeta el bastón y manténgala a la altura de la cintura. Esto lo ayudará a

the cane grip won't poke you in the stomach!

- Keep a slight bend in your elbow to help absorb any impact that may occur when the cane tip sticks unexpectedly.

Additional Phrases for Cane Technique on Sidewalks

- *Use a light touch.*
- *Listen to how loudly or softly your cane tip touches down.*
- *Reach forward with your hand.*

Establishing and Maintaining a Straight Line of Travel

- At first you may find that you are frequently veering from one side of the sidewalk to the other. There are several tips to keep in mind to start off in and keep a straight line of travel.

- First, you may trail either shoreline for a few feet using *touch-and-drag technique* to establish a straight line of travel. *(See Chapter 2 on "Canes and Cane Techniques.")* To move toward the center of the sidewalk, make a very tiny angle of adjustment in your line of travel away from the grass line.

- While walking, check your posture for any variations that might cause you to veer. For example, some people have a tendency to shift the

asegurarse de que la empuñadura del bastón no le lastime el estómago, en el caso de que la punta se atascara.

- Mantenga el codo levemente doblado para absorber cualquier impacto que pudiera ocurrir si la punta del bastón se atascara inesperadamente.

Frases Adicionales Relacionadas con las Técnicas de Bastón en Aceras

- *Dé toques ligeros.*
- *Preste atención a la intensidad del sonido que hace su bastón al tocar el suelo.*
- *Extienda la mano hacia delante.*

Cómo Establecer y Mantener una Línea de Desplazamiento Recta

- Al principio puede ser que se desvíe de un lado a otro de la acera mientras camina. Hay varios consejos que debe tener en mente para comenzar a caminar y mantenerse en línea recta.

- Primero, puede utilizar la *técnica de toque y arrastre* para seguir y rastrear la orilla de la acera por una distancia corta para establecer una línea de desplazamiento recta. Para encontrar el centro de la acera, ajuste mínimamente su ángulo de desplazamiento alejándose de la línea del césped.

- Mientras va caminando, verifique que su postura no le haga desviarse. Por ejemplo, algunas personas tienen la tendencia de mover hacia adelante el

shoulder of their cane arm forward while they walk. This can cause a shift in posture that can cause you to veer. Also, keeping your head upright and your face pointing directly forward will help you keep a straight line of travel.

- Many people find that walking at a fast pace helps them maintain a straight line of travel.

- Walking with an even cane arc on each side may also help you keep a straight line of travel. If an arc is much wider on one side, it may cause you to veer in that direction.

Additional Phrases for Maintaining a Straight Line of Travel

- *Point your face forward.*

- *Pull your right (left) shoulder back a little.*

- *Can you walk a little faster?*
- *Try to take longer steps.*
- *Center your hand.*
- *Check your arc width.*
- *Stop!*
- *Move a little to your left (right).*

Approaching a Corner

It is important to use *constant-contact cane technique* whenever you approach a corner. This cane technique provides the earliest detection of drop-offs and

hombro del lado con el que sujetan el bastón. Esto podría causar un cambio en la postura que lo haga desviarse. Mantener la cabeza erguida y el rostro apuntando directamente hacia adelante también lo ayudará a mantener una línea de desplazamiento recta.

- A muchas personas les ayuda caminar a un ritmo acelerado para mantener una línea de desplazamiento recta.

- También es útil asegurarse de que los movimientos del bastón de lado a lado sean uniformes. Si el arco es mucho más ancho en uno de los lados, usted podría desviarse en esa dirección.

Frases Adicionales para Mantener una Línea de Desplazamiento Recta

- *Apunte el rostro directamente hacia adelante.*

- *Eche el hombro derecho (izquierdo) un poco hacia atrás.*

- *¿Puede caminar un poco más rápido?*
- *Intente dar pasos más largos.*
- *Coloque la mano en el centro.*
- *Verifique el ancho del arco.*
- *¡Deténgase! ¡Alto! ¡Pare!*
- *Muévase un poco hacia la izquierda (derecha).*

Al Aproximarse a una Esquina

Es importante utilizar la *técnica de contacto constante* cada vez que se acerque a una esquina. Dicha técnica es la que mejor funciona para detectar los

will help you detect the curb. *(See Chapter 2 on "Canes and Cane Techniques.")*

Corner Detection Clues

There are several types of clues that will alert you to when you are approaching a corner.

- *Time-distance estimation:* As you walk, practice time-distance estimation to help you refine your sense of the length of the block and how long it takes you to reach the end. *(See Chapter 1 on "Basic Skills.")*

- *Traffic sounds:* Listen for the sounds of vehicles in the perpendicular street to gauge your distance from the corner. Also, the sounds of cars slowing to a stop, or making turns from the parallel street can help you estimate your distance from the corner.

- *Air flow:* You may notice a difference in airflow as you approach a corner. It will often feel more open. The air moves more freely at the corner because it isn't blocked by houses.

- *Curb cuts:* The downward slope and possible bumpy texture of a *curb cut* are also clues that you have arrived at the corner.

Additional Phrases for Corner Detection

- *Walk to the next corner.*

desniveles a tiempo y para detectar los bordillos.

Pistas para Detectar las Esquinas

Existen diferentes pistas que le alertarán de que se aproxima a una esquina.

- *Cálculo de tiempo y distancia:* Mientras camina, acostúmbrese a calcular tiempo y distancia para refinar su estimación de cuán larga es la manzana y cuánto tiempo le toma llegar al final.

- *Sonidos del tráfico:* Preste atención al sonido del tráfico en la calle perpendicular para estimar cuán alejado está de la esquina. Además, puede prestar atención a los sonidos de los autos que reducen la velocidad antes de las señales de detención o antes de hacer un viraje desde la calle paralela para calcular la distancia hasta la esquina.

- *Flujo del aire:* Es posible que, al acercarse a la esquina, note una diferencia en el flujo del aire. El espacio parecerá más abierto. El aire fluye libremente en la esquina porque no hay casas que lo obstruyan.

- *Rampas:* La pendiente y posible textura irregular de una rampa son pistas adicionales de que ha llegado a una esquina.

Frases Adicionales para Detectar una Esquina

- *Camine hasta la próxima esquina.*

- *Tell me when you think you are nearing the corner.*

- *How far away do you think the perpendicular traffic is?*

- *Do you feel the slope of the curb cut?*

- *Is there a texture change with this curb cut?*

- *Déjeme saber cuando se esté acercando a la esquina.*

- *¿Cuán lejos cree que está el tráfico perpendicular?*

- *¿Siente la pendiente de la rampa?*

- *¿Nota un cambio en la textura cuando llega a la rampa?*

Locating Walkways and Driveways

- To locate someone's home on a residential block, it is helpful to find their walkway or driveway. Walkways are usually preferable as they will typically lead you to the front door.

- Walkways will extend to the inside shoreline of a sidewalk but they won't always go all the way to the street. Therefore, it is important to follow the inside shoreline of the sidewalk to locate a walkway.

- *Locating walkways:* You can locate a walkway by using *touch-and-drag cane technique* along the inside shoreline of the sidewalk. With this technique, it is important to shorten your stride length so that you don't miss the intersecting walkway.

- Drag the cane tip toward the inside shoreline. When you feel the cane tip extend beyond the inside shoreline, take one more step forward before you begin your turn onto the walkway.

Cómo Ubicar las Entradas Peatonales y las Entradas para Vehículos

- Cuando quiera encontrar una casa en una zona residencial, lo ayudará ubicar la entrada peatonal o la entrada para vehículos. Se prefieren las entradas peatonales pues por lo general conducen a la puerta principal de la casa.

- Las entradas peatonales se extienden hasta la orilla interior de una acera, pero no siempre llegan hasta la calle. Por lo tanto, es importante seguir la orilla interior de la acera para encontrar una entrada peatonal.

- *Cómo ubicar las entradas peatonales:* Puede ubicar una entrada peatonal utilizando la *técnica de toque y arrastre* a lo largo de la orilla interior de la acera. Al usar esta técnica, es importante acortar la distancia de sus pasos para no pasar de largo la entrada peatonal.

- Arrastre la punta del bastón hacia la orilla interior de la acera. Cuando sienta que la punta del bastón se extiende más allá de la orilla interior de la acera, dé un paso hacia adelante antes de dar vuelta hacia la entrada peatonal.

- Continue to use touch-and-drag technique throughout the turn so that you can align yourself with the shoreline of the walkway as you proceed toward the door.

- *Locating driveways:* You can use the same procedure to locate a driveway to someone's home. You can position yourself on either shoreline of the sidewalk because driveways will always extend all the way to the street.

- To tell the difference between a walkway and driveway, explore the width of the openings in the shoreline. Driveways will be much wider than walkways. If you are positioned on the outside shoreline, you can use your cane to feel whether there is a downward slope toward the street, which would indicate a driveway.

Additional Phrases for Locating Walkways and Driveways

- *Which cane technique will you use to locate a walkway?*

- *Try to locate the next walkway (driveway).*

- *How many walkways (driveways) did you pass?*

- *Is that a walkway or a driveway?*

- Siga usando la técnica de toque y arrastre al dar la vuelta, para alinearse con la orilla de la entrada y continuar hacia la puerta.

- *Cómo ubicar las entradas para vehículos:* Puede usar el procedimiento anterior para encontrar la entrada para vehículos de una casa. Puede posicionarse en cualquier orilla de la acera porque las entradas para autos siempre llegan hasta la calle.

- Para poder distinguir entre una entrada peatonal y una entrada para vehículos, explore el ancho de las aberturas. Las entradas para vehículos son mucho más anchas que las entradas peatonales. Si se encuentra en el límite exterior de la acera, puede utilizar el bastón para determinar si hay una pendiente hacia la calle, lo que indica que hay una entrada para vehículos.

Frases Adicionales para Ubicar Entradas Peatonales y Entradas para Vehículos.

- *¿Cuál técnica de bastón usará para localizar una entrada peatonal?*

- *Trate de localizar la próxima entrada peatonal (la próxima entrada para vehículos).*

- *¿Cuántas entradas peatonales (Cuántas entradas para vehículos) pasó en su camino?*

- *¿Esto es una entrada peatonal o una entrada para vehículos?*

- Which shoreline will you follow to locate a walkway (driveway)?

- ¿Cuál orilla de la acera seguirá para encontrar una entrada peatonal (una entrada para vehículos)?

Turning onto Intersecting Sidewalks

- To make a turn at the end of the block it is important to make sure that you do not accidentally confuse a walkway with the intersecting sidewalk.

- To make sure you locate the sidewalk, walk all the way to the corner before you make the turn. As you approach the corner, use *constant-contact cane technique.*

- When you feel the drop-off of the curb, stop and make an *about-face* turn. *(See Chapter 1 on "Basic Skills.")*

- Use *touch-and-drag technique* to follow the parkway until you feel the opening of the intersecting sidewalk. Take one more step forward and continue to use touch-and-drag technique as you make the turn.

- Keep using touch-and-drag technique for a few more feet after you've completed the turn. This will help you start a straight line of travel on the new sidewalk.

Recovery from Veering into Driveways

You may occasionally veer from the sidewalk into an intersecting driveway. It will help to be aware of the clues that you are veering and have proce-

Cómo Dar Vuelta en la Esquina

- Para dar vuelta al final de una acera, es importante asegurarse de que no haya confundido una entrada peatonal con la nueva acera.

- Para estar seguro de que ha encontrado la acera, camine hasta llegar a la esquina antes de girar. Según se va acercando a la esquina, utilice la *técnica de contacto constante.*

- Cuando sienta el desnivel del bordillo, deténgase y dé *media vuelta.*

- Use la *técnica de toque y arrastre* para seguir la acera de grama hasta que sienta la entrada de la acera nueva. Dé un paso más y continúe usando la técnica de toque y arrastre mientras gira.

- Aplique la técnica de toque y arrastre por una distancia corta luego de haber completado el giro. Esto lo ayudará a establecer una línea de desplazamiento recta en la acera nueva.

Cómo Recuperarse si se Desvía Hacia una Entrada para Vehículos

Podría ser que, en ocasiones, se desvíe de la acera hacia una entrada para vehículos. Le ayudará tener en cuanta las pistas que indican un desvío y co-

dures to follow to find the sidewalk again after you have veered.

Relocating the Sidewalk after Veering

- If you veer slightly while crossing a driveway, you may encounter the parkway or someone's yard or fence directly in front of you. This means you are no longer on the sidewalk, and it is either on your left or right side.

- When this happens, stop and maintain your line of direction.

- Use your cane to probe and locate the sidewalk. First, reach with the cane directly toward the three o'clock position and try to drag the tip forward in an arc toward the twelve o'clock position. If you do not feel the concrete of the sidewalk under the cane tip, repeat this procedure toward the nine o'clock position and attempt to drag the cane tip toward the twelve o'clock position.

- When you feel the concrete surface of the sidewalk under the cane tip, align your body with the grass line you encountered, and use touch-and-drag technique as you turn back onto the sidewalk.

Recovery from Veering toward the Street

- When initially veering into a driveway toward the street, you may notice a downward slope under one of your feet. If you continue

nocer los procedimientos para volver a encontrar la acera.

Cómo Relocalizar la Acera si se Desvía de Ella

- Si se desvía ligeramente mientras cruza una entrada para vehículos, puede encontrarse con la acera de grama, con un patio o una cerca directamente frente a usted. Esto significa que ya no está en la acera, sino a la izquierda o a la derecha de esta.

- Si esto ocurre, deténgase y mantenga su línea de dirección.

- Utilice el bastón para explorar y localizar la acera. Primero, extienda el bastón directamente hacia la posición de las tres (en el reloj) e intente arrastrar la punta hacia el frente, haciendo un arco, hacia la posición de las doce. Si no encuentra el hormigón de la acera con la punta del bastón, repita los pasos anteriores hacia la posición de las nueve e intente arrastrar la punta hacia la posición de las doce.

- Cuando sienta la superficie de hormigón, alinéese con la línea del césped y utilice la técnica de toque y arrastre al regresar a la acera.

Cómo Recuperarse si se Desvía Hacia la Calle

- Cuando comience a desviarse hacia la calle al cruzar una entrada para vehículos, notará una pendiente descendente debajo de uno de los

to veer toward the street, you may feel the *lip* of the driveway. This is the edge where the driveway meets the street. There may be a one-half- to one-inch drop-off. Beyond the lip of the driveway, you may feel the rougher asphalt texture of the street. Sounds from traffic in the street may also be noticeably closer.

- To recover from a veer all the way down the driveway to the street, turn your body away from the street, so that you are squared off with the street behind you.

- Walk back up the slope of the driveway until both your feet are on the same level, which indicates you are back on the sidewalk.

- Make a 90-degree (one-quarter) turn back in the direction you were originally headed.

Additional Phrases for Recovery from Veering into Driveways

- *Do you feel a slope under your foot (feet)?*

- *What did you encounter in front of you?*

- *What are clues that you might have veered into a driveway?*

- *What steps should you take to relocate the sidewalk?*

pies. Si continúa desviándose hacia la calle, podría sentir el *borde* de la entrada para vehículos. Es decir, donde se encuentran la calle y la entrada para vehículos. Podría haber un desnivel de media a una pulgada. Más allá del borde sentirá la textura áspera del asfalto de la calle. Los sonidos del tráfico se escucharán mucho más cerca.

- Para recuperarse cuando se haya desviado completamente hacia la calle, voltéese en dirección opuesta a la calle, de manera que quede cuadrado con la calle detrás de usted.

- Regrese a la pendiente de la entrada para vehículos hasta que tenga ambos pies en el mismo nivel, lo cual indica que está de nuevo en la acera.

- Dé un giro de noventa grados, o un cuarto de vuelta, en la dirección que iba inicialmente.

Frases Adicionales para Recuperarse Cuando se Desvía Hacia Entradas para Vehículos

- *¿Siente una pendiente?*

- *¿Que encontró frente de usted?*

- *¿Qué pistas le alertan cuando se desvía hacia una entrada para vehículos?*

- *¿Qué pasos debe seguir para relocalizar la acera?*

Residential Street Crossings

- There are many factors to consider when making street crossings. To make sure you are visible to drivers, it is recommended that crossings be made at intersections whenever possible. Because intersections will vary in terms of shape, size, amount of traffic, and types of traffic controls, you will need to learn a variety of methods for lining up and for knowing when to safely begin your crossings.

- As you learn the steps for street crossings, we will be practicing in areas with very little traffic. You won't begin to cross a street until you determine that there are no cars in the intersection.

Common Characteristics of Residential Streets

- Residential streets commonly have one or two lanes of traffic, though more are possible. The amount of traffic in residential streets will vary depending on the neighborhood and the time of day. Generally, the more lanes a street has, the more traffic you can expect. Other common characteristics of residential streets include the following:

- *Down-curb:* A curb you step down from.

- *Up-curb:* A curb you step up onto.

Cruces en Áreas Residenciales

- Debe considerar muchos factores antes de cruzar una calle. Para asegurarse de que los conductores lo vean, se recomienda cruzar en las intersecciones (esquinas) cuando sea posible. Como las intersecciones varían en forma, tamaño, volumen de tráfico y controles de tránsito, necesitará aprender varios métodos para alinearse y saber cuándo es seguro comenzar a cruzar.

- Mientras aprende los pasos para cruzar la calle, practicará en áreas con muy poco tráfico. No comenzará a cruzar hasta que esté seguro de que no hay autos en la intersección.

Características Comunes de las Zonas Residenciales

- Por lo general, las calles en zonas residenciales tienen uno o dos carriles, aunque podrían tener más. La cantidad de tráfico en las calles residenciales variará en función del vecindario y la hora del día. Normalmente, cuantos más carriles tenga una calle, mayor será la cantidad de tráfico que se puede esperar. Otras características comunes de las calles en áreas residenciales incluyen:

- *Bordillo descendente:* Un bordillo del cual usted se baja.

- *Bordillo ascendente:* Un bordillo al que usted se sube.

- *Gutter:* The part of the street that runs alongside the curb. The gutter usually slopes down toward the curb to collect rainwater and direct it toward drains so that streets won't flood.

- *Camber:* The overall arched shape of most streets, with a gradual slope upward to the middle of the road then downward toward the opposite curb.

- *Crown or crest:* The top of the slope, or middle of the street.

- *Intersection:* The area where two or more streets cross.

- *Plus-shape intersection:* An intersection where the roads that cross are perpendicular to each other and traffic may approach from four directions.

- *T-shape intersection:* An intersection where two streets meet, but one street ends. Traffic approaches the intersection from only three directions.

- *Traffic controls:* Devices used to indicate which cars have the *right of way* (the right to move before other cars or pedestrians) to pass through an intersection. Traffic controls include traffic signals, road signs, and markings on the street surface. Important signs to know about in residential areas include these:
  ○ *Stop sign:* An indication that cars must come to a complete stop before entering the intersection.

- *Cuneta:* La parte de la calle que corre a lo largo del bordillo. Generalmente, la cuneta se inclina hacia abajo en dirección al bordillo para recolectar agua de lluvia y canalizarla hacia el drenaje a fin de evitar que las calles se inunden.

- *Comba o combadura:* La forma arqueada de la mayoría de las calles, con una pendiente ascendente hasta el medio de la calle, que luego desciende hacia el bordillo opuesto.

- *Parte más alta:* El tope de la pendiente o el medio de la calle.

- *Cruce:* Donde se cruzan dos o más calles.

- *Cruce en forma de cruz:* Un cruce en donde las calles son perpendiculares entre sí y donde converge el tráfico que proviene de cuatro direcciones.

- *Cruce en forma de T:* Un cruce en el que dos calles se encuentran, pero una de ellas termina. El tráfico proviene de tres direcciones solamente.

- *Controles de tránsito:* Los aparatos usados para indicar cuáles autos tienen el *derecho de paso* (el derecho de moverse antes que otros autos o peatones) al pasar un cruce. Los controles de tránsito incluyen: semáforos, carteles de carretera y marcas en la superficie de la calle. Las señales importantes de las zonas residenciales que debería conocer son:
  ○ *Señal de alto:* Indica que los autos deben parar antes de cruzar una intersección.

○ *Yield sign:* An indication that drivers must allow approaching traffic the right of way. Yield signs are also placed at some crosswalks to make sure drivers allow pedestrians the right of way.

(See Appendix B, "O&M Concepts and Terms" for more terminology on intersections and traffic controls.)

Direction-Taking for Residential Street Crossings

- There are several ways to line up to cross a residential street. The goal is to establish a line of travel that will point you to the opposite corner. The best methods of direction-taking will depend on the makeup of the intersection and on your level of experience.

- *Aligning with a parkway:* You may line up with the edge of the parkway to establish your line of direction across the street if the grass line points directly to the opposite corner.
  ○ First, locate the parkway grass line farthest from the parallel street and stand parallel to it.

  ○ Use the foot closest to the parkway to align with the grass line. Place your foot on the edge of the concrete next to the grass, so that you feel the grass line directly down the middle of your foot, from your toes all the way to your heel.

○ *Señal de ceder el paso:* Indica que los conductores deben ceder el derecho de paso a los autos que se aproximan. También se colocan en algunos cruces peatonales para asegurarse de que los conductores le cedan el paso a los peatones.

Tomar Dirección para Cruces en Zonas Residenciales

- Hay varias maneras de alinearse para cruzar la calle en una zona residencial. El objetivo es establecer una línea de desplazamiento dirigida directamente hacia la esquina contraria. Los métodos más efectivos de toma de dirección dependerán de la naturaleza de la intersección y del nivel de experiencia que usted tenga.

- *Cómo alinearse con una acera de grama:* Puede alinearse con el borde de la acera de grama para establecer su línea de dirección al cruzar la calle si la línea del césped apunta directamente a la esquina contraria.
  ○ Primero, localice la línea del césped (de la acera de grama) más alejada de la calle paralela y párese paralelo a esta.

  ○ Utilice el pie más cercano a la acera de grama para alinearse con la línea del césped. Coloque el pie en el borde del hormigón pegado al césped, de manera que sienta la línea del césped justo debajo del medio del pie, desde los dedos hasta el talón.

- As an alternative, you can also place the foot closest to the parkway fully on the grass, and bring the inside edge of that foot snugly against the edge of the concrete.
- Finally, adjust your posture so both feet and your hips, shoulders, and face are all pointing in the same direction.

- *Squaring off with the curb:* When the curb line is not rounded, you can use your feet to square off with the curb to establish a straight line of direction across the street.

  - First, position yourself on the corner away from the parallel street, where the curb is more likely to be squared.
  - Place your toes evenly over the edge of the curb so that you feel the line of the curb at the same points under both feet.

  - Then, check your posture to make sure both feet and your hips, shoulders and face are all pointing in the same direction.

- *Straight line of travel:* With experience, your ability to approach the corner with a straight line of travel will improve. If you haven't veered or adjusted your direction on the approach to the corner, you can use this line of travel for crossing the street.

- *Realigning with the inside shoreline:* If you do not feel confident in your line of travel when approach-

- Una alternativa es colocar el pie más cercano a la acera de grama sobre el césped y llevar el borde interior de ese pie contra el borde del hormigón.
- Por último, ajuste su postura para que los pies, las caderas, los hombros y el rostro estén orientados hacia la misma dirección.

- *Cómo cuadrarse con un bordillo:* Cuando la línea del bordillo no sea redondeada, puede usar los pies para cuadrarse con el bordillo y establecer una línea de dirección recta de un lado a otro de la calle.

  - Primero, ubíquese en la esquina lejos de la calle paralela donde es más posible que el bordillo sea cuadrado.
  - Coloque los dedos de los pies uniformemente sobre la orilla del bordillo, de manera que sienta la línea del bordillo en los mismos puntos de cada pie.

  - Luego, verifique su postura para que los pies, las caderas, los hombros y el rostro estén orientados hacias la misma dirección.

- *Línea de desplazamiento recta:* Con la experiencia, mejorará su capacidad para acercarse a una esquina en una línea de desplazamiento recta. Si no se ha desviado ni ha ajustado su dirección al acercarse a la esquina, puede usar esta línea de desplazamiento para cruzar la calle.

- *Cómo realinearse con la orilla interior de la acera:* Si no se siente seguro con su línea de desplazamiento al

ing the curb and don't believe that the parkway or curb can provide you with a straight line of direction, you may use the inside shoreline to establish a straight line of direction to cross the street.

- Turn around and walk away from the corner several feet, back in the direction you came from.
- Face the corner and stand next to and parallel with the inside shoreline. Use touch-and-drag technique along the inside shoreline for several steps to re-establish a straight line. Be sure not to shift your posture or your line of travel as you leave the shoreline and approach the corner.

• *Maintaining a straight line for crossings with no traffic:* After you establish a straight line using one of the direction-taking techniques, you will need to mentally project that line to the opposite corner. It requires a great deal of concentration at first to maintain this mental focus as you complete all of the other steps required for street crossings. Keeping your posture straight and maintaining a fast pace as you cross will also help you to keep a straight line of travel.

Additional Phrases for Direction-Taking at Residential Street Crossings

• *Which method are you going to use to line up?*

acercarse al bordillo y entiende que ni la acera de grama ni el bordillo pueden proveerle una línea de dirección recta, puede usar la orilla interior de la acera para establecer una línea de dirección recta para cruzar la calle.

- Dé la vuelta y aléjese varios pies de la esquina, regresando a la dirección de donde venía.
- Gire el rostro hacia la esquina y párese en paralelo y al lado de la orilla interior de la acera. Utilice la técnica de toque y arrastre a lo largo de la orilla interior de la acera mientras da varios pasos para restablecer la línea recta. Cuando abandone la orilla de la acera y se acerque a la esquina, asegúrese de no cambiar su postura ni su línea de desplazamiento.

• *Cómo mantener una línea recta para los cruces sin tráfico:* Después de haber establecido una línea recta utilizando una de las técnicas de toma de dirección, tendrá que proyectar la línea, mentalmente, hacia la esquina contraria. Al principio, necesitará mucha concentración para mantenerse enfocado en completar todos los pasos para cruzar la calle. Mantener una buena postura y un paso rápido mientras cruza también le ayudará a mantener una línea de desplazamiento recta.

Frases Adicionales para Tomar Dirección en Cruces de Áreas Residenciales

• *¿Qué método usará para alinearse?*

- *Is there a parkway on this corner that you can use?*

- *Try squaring off with the curb.*

- *How might you re-approach the corner with a straight line of travel?*

- *Check your posture from your feet to your head.*

- *Shift your right (left) shoulder forward (back).*

- *Bring your right (left) foot forward (back).*

- *Make sure your face is pointing directly forward.*

- *Turn your head a little to the right (left).*

Cane Techniques for Street Crossings

- The cane techniques for street crossings are meant to provide you with the greatest level of visibility and safety possible.

- *Curb approach:* Use *constant-contact technique* to approach the curb for earliest detection of the drop-off. When you feel the cane slide over the curb, anchor the tip against the curb and bring it to a vertical position as you walk up to it.

- *Clearing the gutter:* With a sweep of the cane tip, use your cane to check that the gutter is clear of debris and safe to step into.

- *Cane on display:* As you wait for the appropriate time to begin your

- *¿Hay una acera de grama que pueda usar en esta esquina?*

- *Intente cuadrarse con un bordillo.*

- *¿Cómo puede volver a acercarse a una esquina en una línea de desplazamiento recta?*

- *Verifique su postura de pies a cabeza.*

- *Mueva su hombro derecho (izquierdo) hacia delante (atrás).*

- *Lleve su pie derecho (izquierdo) hacia delante (atrás).*

- *Asegúrese de que el rostro esté orientado directamente hacia delante.*

- *Gire su cabeza un poco hacia la derecha (izquierda).*

Técnicas de Bastón para Cruzar la Calle

- Las técnicas de bastón para cruzar la calle le ofrecen el mayor nivel de visibilidad y seguridad posibles.

- *Cómo acercarse a un bordillo:* Al acercarse a un bordillo, utilice la *técnica de contacto constante* para detectar a tiempo el desnivel. Deslice el bastón por el bordillo, ancle la punta en el bordillo y ponga el bastón en posición vertical mientras camina hacia él.

- *Cómo despejar la cuneta:* Barra la cuneta con la punta del bastón para verificar que esté libre de obstáculos y que es segura antes de dar un paso.

- *Bastón a la vista:* Mientras espera el momento apropiado para cru-

crossing, hold your cane in a diagonal position so it can be seen by approaching vehicles. The cane tip can be anchored against the curb riser. The cane tip may also be placed on top of the curb near the outside edge of your opposite foot. Your arm should be fairly straight and extended forward so that the cane is held away from the body and not hidden from traffic.

- *Signaling your intent to cross:* The cane technique for signaling that you plan to cross is sometimes called *flagging*. The purpose is to let drivers know that you intend to begin crossing the street. You make two large arcs with your cane before stepping off the curb with the third arc. To start off *in step*, it is important that you step off curb with the foot opposite where the cane tip strikes on the third tap.

- *Cane techniques during the crossing:* You can use the *two-point-touch technique* as you begin your crossing. At the midpoint of the crossing, when you feel the street is starting to slope downward toward the opposite curb, start using *constant-contact technique* to make sure your cane tip locates the up-curb.

- *Clearing the corner:* When your cane tip makes contact with the up-curb, bring the cane vertical and anchor it against the curb as you walk up to it.

zar, sostenga el bastón en posición diagonal de manera que los conductores que se aproximan puedan verlo. La punta del bastón puede anclarse en la contrahuella del bordillo. O por encima del bordillo cerca del pie contrario. Deberá mantener el brazo relativamente derecho y extendido hacia delante para alejar el bastón del cuerpo y hacerlo visible al tráfico.

- *Cómo indicar su intención de cruce:* La técnica del bastón para indicar intención de cruzar se llama, en ocasiones, *señalización para cruzar.* El objetivo es comunicar a los conductores su intención de empezar a cruzar la calle. Antes de bajarse del bordillo, mueva el bastón en forma de dos arcos grandes haga y un tercer arco mientras baja el bordillo. Para comenzar a caminar *llevando el paso*, es importante que se baje del bordillo con el pie opuesto a donde dio el tercer toque con la punta del bastón.

- *Técnicas de bastón para cruzar:* Puede usar la *técnica de dos toques* para empezar a cruzar. A la mitad del cruce, cuando siente que la calle se inclina hacia abajo en dirección al bordillo opuesto, comience a utilizar la *técnica de contacto constante* para asegurarse de que la punta del bastón encuentre el bordillo ascendente.

- *Cómo despejar la esquina:* Cuando la punta del bastón haga contacto con el bordillo ascendente, coloque el bastón en posición vertical y ánclelo

Before stepping up on the sidewalk, sweep the area above the curb with one arc of the cane to verify that you are at the corner and there are no obstacles.

en el bordillo mientras camina hacia él. Antes de subirse a la acera, barra el área sobre el bordillo haciendo un movimiento en arco con el bastón para corroborar que usted esté en la esquina y que no haya obstáculos.

Additional Phrases for Cane Techniques for Street Crossings

- *Which cane technique should you use to approach the down-curb?*

- *Did you remember to clear the gutter?*

- *Position your cane so that it is visible to oncoming cars.*

- *Show me the "flagging" technique.*

- *Only cross when you are sure it is safe.*

- *Which cane techniques should you use while crossing?*

- *Show me how you will approach the up-curb and clear the corner.*

Frases Adicionales para las Técnicas de Bastón para Cruzar la Calle

- *¿Cuál técnica debe utilizar para acercarse a un bordillo descendente?*

- *¿Recordó despejar la cuneta?*

- *Coloque su bastón de manera que los conductores puedan verlo.*

- *Muéstreme la técnica de "señalización para cruzar."*

- *Cruce únicamente cuando esté convencido de que es seguro.*

- *¿Cuáles técnicas debe usar mientras cruza?*

- *Muéstreme cómo acercarse a un bordillo ascendente y despejar la esquina.*

Timing of Street Crossings

The best time to cross streets will vary, depending on the makeup of the intersection and the traffic controls present.

- *All quiet:* As you learn the techniques for residential street crossings, we will practice on streets with very little traffic. You will wait to begin your crossing with *all quiet;* that is, when you cannot hear any cars in the area.

Momento para Cruzar la Calle

El mejor momento para cruzar una calle varía, depende en las características de la intersección y los controles del tráfico.

- *Completo silencio:* Mientras aprende las técnicas para cruzar la calle en zonas residenciales, practicará en áreas con muy poco tráfico. Para cruzar, esperará el momento en que haya *completo silencio;* es decir, cuando no escuche ningún automóvil en el área.

- *All clear:* With more experience, you may begin to cross when it is *all clear;* that is, when you hear cars in the far distance, but no cars are approaching the intersection.

- *Crossing with the surge of near-side parallel traffic* means that you will begin crossing when you hear a car from the near-side parallel lane start to accelerate from a stopped position and move straight through the intersection. Depending on the direction in which you are crossing, the cars in your near-parallel lane may be facing the same direction as you or the opposite direction.

- *Crossing with the flow of near-side parallel traffic* means that you will begin crossing while cars from the parallel traffic lane nearest you are moving through the intersection without slowing, turning, or stopping.

- It is important to note that with the newer hybrid and electric vehicles, you may have only the noise of the tires to let you know that a car is turning or crossing your path of travel. It is especially important, therefore, to be as visible as possible when crossing any street. Be sure to use high-visibility cane techniques, such as holding the cane on display and flagging, and wear clothing that is light or reflective when traveling at night.

- *Área despejada:* Con más experiencia, usted podrá empezar a cruzar cuando esté el *área despejada;* es decir, cuando escuche autos a lo lejos, pero no haya ninguno acercándose al cruce.

- *Cruzar con el inicio o el arranque del tráfico paralelo en el carril más cercano* significa que usted comenzará a cruzar cuando escuche que un auto en el carril paralelo más cercano comienza a acelerar, después de estar en alto, y sigue a lo largo del cruce sin dar vueltas. Los autos en dicho carril pueden ir en la misma dirección que usted o en dirección contraria, dependiendo de la dirección de su desplazamiento.

- *Cruzar con el flujo del tráfico paralelo más cercano* significa que comenzará a cruzar a la vez que los autos en el carril paralelo más cercano pasan por la intersección sin reducir la velocidad ni hacer virajes ni detenerse.

- Es importante notar que con los nuevos vehículos híbridos y eléctricos, usted solamente tiene el ruido de las llantas para saber si un vehículo está dando vuelta o cruzando su camino de viaje. Es especialmente importante, por lo tanto, ser lo más visible posible cuando cruce cualquier calle. Esté seguro de usar técnicas de bastón con alta visibilidad, como poner su bastón en posición visible antes de cruzar, hacer señales para cruzar y usar ropa brillante o reflexiva cuando camina de noche.

Recovery from Veers during Street Crossings

- If you veer during a street crossing, it will typically be in one of two directions: into the perpendicular street or into the parallel street. It is important that you recognize when and where you've veered and make your way to the corner as quickly as possible.

Veers into the Perpendicular Street

- In residential areas, you will usually become aware that you've veered into the perpendicular street when you attempt to clear the corner after a crossing and you feel the parkway instead of the concrete sidewalk. If you veered significantly, you may feel that the crossing took longer than you expected. You may also notice that the angle of the curb line isn't running squarely in front of you, perpendicular to your line of travel, but is slightly diagonal to you.

- To make your way to the intended corner, align with the curb, facing toward your parallel street. Use *three-point-touch cane technique* to trail the curb line and explore above it to locate the corner. When you feel concrete under your cane tip on the third point, your feet may still be one step away from the corner. Take another step, then turn, face the curb and clear the corner before you step up.

Cómo Recuperarse de un Desvío Mientras Cruza la Calle

- Si se desvía mientras cruza la calle, lo más probable es que lo haga hacia la calle perpendicular o la calle paralela. Es importante que reconozca cuándo y hacia dónde se ha desviado para que alcance la esquina lo antes posible.

Desvíos hacia la Calle Perpendicular

- En las zonas residenciales, probablemente se dará cuenta de que se ha desviado hacia la calle perpendicular cuando intente despejar la esquina, después de haber cruzado, y se encuentre con césped en vez de una acera de hormigón. Si se desvió mucho, sentirá que el cruce le tomó más tiempo del esperado. También notará que el ángulo del bordillo no quedará recto frente a usted, perpendicular a su línea de desplazamiento, sino que estará levemente en diagonal.

- Para llegar a la esquina que desea alcanzar, alinéese con el bordillo, de cara a la calle paralela. Para encontrar la esquina, use la *técnica de tres puntos* para rastrear la línea del bordillo y explorar el área sobre este. Cuando sienta que la punta del bastón toca hormigón en el tercer punto, puede ser que se encuentre todavía a un paso de la esquina. Dé otro paso, gire el rostro hacia el bordillo y despeje la esquina antes de subirse.

Veers into the Parallel Street

- In quiet residential areas, veers into the parallel street are usually recognized when you feel that you have walked too far for the street crossing. You may also notice that the street is sloping down to one side instead of in front of you toward the curb as you would expect.

- To correct this veer, you need to make a sharp turn and move rapidly away from the parallel street. You will be aiming to turn a little more than 90 degrees when making this move so that you minimize the time in the street and shorten the distance to return to the corner. Once you have located the curb, you can sweep above the curb line with your cane to see if you have located the corner.

- If you haven't reached the corner, align with the curb, facing the corner, and use the *three-point-touch cane technique* until you make contact with the corner.

Additional Phrases for Recovery from Veers during Street Crossings

- *Does this crossing seem too long?*
- *Do you think you might have veered?*
- *Which way should you turn? Toward your parallel street? Or into the perpendicular street?*

Desvíos hacia la Calle Paralela

- En áreas residenciales tranquilas, puede saber que se ha desviado hacia la calle paralela si siente que ha caminado más de lo esperado para cruzar la calle. También es posible que note que la calle se inclina hacia abajo y hacia un lado en lugar de enfrente de usted en dirección al bordillo como usted esperaría.

- Para corregir este desvío, deberá hacer un giro pronunciado y alejarse rápidamente de la calle paralela. El objetivo es girar un poco más de 90 grados para minimizar el tiempo que pasa en la calle y acortar la distancia hasta la esquina. Una vez que haya encontrado el bordillo, puede barrer con el bastón sobre la línea del bordillo para ver si ha localizado la esquina.

- Si no ha llegado a la esquina, alinéese con el bordillo, de cara a la esquina, y utilice la *técnica de tres puntos* hasta que haga contacto con la esquina.

Frases Adicionales para Recuperarse de un Desvío Mientras Cruza la Calle

- *¿Le parece muy largo este cruce?*
- *¿Cree que se ha desviado?*
- *¿En qué dirección debe girar? ¿Hacia la calle paralela a usted? ¿Hacia la perpendicular?*

- What are clues that you might have veered into the perpendicular (parallel) street?

- How will you correct from a veer into your perpendicular (parallel) street?

- ¿Cuáles son las pistas que le alertan de un desvío hacia la calle perpendicular (paralela)?

- ¿Cómo puede corregir un desvío hacia la calle perpendicular (paralela)?

Residential Route Travel

- *Route travel* means getting from your starting point to your desired destination. It requires you to apply all the orientation and mobility techniques you have learned to new residential blocks and intersections. While you are walking, you will need to maintain good cane skills while also concentrating and using all available cues and landmarks in your surroundings to keep track of your location.

- *Mental mapping:* To aid your orientation, it will help to form a *mental map* of the route you intend to walk.
  ◦ You can start by visualizing the route directions as the shape of a letter, such as I, L, U, or Z.
  ◦ Then add the street names and compass directions to each leg of the route. For example, you might visualize an *L-shaped* route that starts by walking north on Main Street and then turning east on Orange Street.
  ◦ Finally, add any known landmarks or points of interest to your mental map of the route.

Desplazamiento de su Ruta en Zonas Residenciales

- El *desplazamiento de su ruta* se refiere a llegar a un destino deseado desde un punto de partida. Para esto, deberá aplicar las técnicas de orientación y movilidad aprendidas al encontrarse con intersecciones y manzanas residenciales nuevas o desconocidas. Mientras camina, deberá usar el bastón correctamente al mismo tiempo que se concentra y usa las pistas y puntos de referencia disponibles a su alrededor para mantenerse ubicado.

- *Mapa mental:* Para orientarse mejor, le ayudará crear un *mapa mental* de la ruta que va a seguir.
  ◦ Puede comenzar visualizando las direcciones de la ruta como si fueran letras. Por ejemplo, I, L, U o Z.
  ◦ Luego añada los nombres de las calles y los puntos cardinales a cada tramo de la ruta. Por ejemplo, puede visualizar una ruta *en forma de L* que comienza caminando hacia el norte por la calle Main y luego dobla al este para continuar por la calle Orange.
  ◦ Por último, añada a su mapa mental cualquier punto de referencia o punto de interés que conozca.

* *Use of traffic to aid orientation:*
To help you remain oriented while
walking a route, it is helpful to keep
track of the location of your parallel street. For example, as you walk
north on Main Street, you may note
that you hear parallel traffic to
your right. This can be useful if you
accidentally get turned around in a
driveway and need to re-establish
the direction you were originally
facing. Once you relocate the sidewalk, all you will need to do is turn
your body so that parallel traffic
sounds are on your right again.

* *Use of the sun to establish your
direction:* If you are not carrying a
compass, you can use the sun to determine the direction you are facing.
   ◦ The sun always rises in the east and
   sets in the west.
   ◦ For those who live in the northern
   hemisphere, the sun appears to
   move in an arc through southern
   sky during the day. In the morning
   hours, it will be in the southeast
   sky; at noon, it will be due south;
   and in the afternoon, it will be in
   the southwest sky.
   ◦ In fall and winter, the sun will
   appear to be lower in the sky than
   during spring and summer.

   ◦ For those who live in the southern
   hemisphere, the sun will appear to
   move through the northern sky,
   and at noon it will be due north.

* *Cómo usar el tráfico para orientarse
mejor:* Ubicar la calle paralela es
muy útil para mantener su orientación mientras se desplaza. Por
ejemplo, mientras va caminando por
la calle Main, podría escuchar tráfico
paralelo a su derecha. Esto podría
ayudarlo a restablecer la dirección de
su ruta si, accidentalmente, se desvía
por una entrada para vehículos y
debe restablecer su línea de dirección original. Una vez que encuentre la acera, lo único que tiene que
hacer es girar el cuerpo de manera
que los sonidos del tráfico paralelo
vuelvan a estar a su derecha.

* *Cómo usar el sol para establecer su
dirección:* Si no tiene brújula, puede
usar el sol para determinar la dirección en la que va.
   ◦ El sol siempre sale por el este y se
   esconde por el oeste.
   ◦ Para los que viven en el hemisferio norte, durante el día, el
   sol parece moverse en forma de
   arco por el sur del cielo. Por la
   mañana, el sol se encontrará en
   el sureste del cielo; al mediodía
   estará en el sur; y por la tarde,
   estará en el suroeste.
   ◦ Durante el otoño y el invierno, el
   sol parecerá estar en una posición
   más baja que durante la primavera
   y el verano.
   ◦ Para los que viven en el hemisferio
   sur, el sol parecerá moverse hacia el
   norte del cielo y, el mediodía, habrá
   llegado al norte.

Additional Phrases for Residential Route Travel

- *What is the shape of the route?*

- *What directions are you traveling in on this route?*

- *How many streets will you cross? What are their names?*

- *What landmarks do you expect to encounter on this route?*

- *Face the sun.*

- *Where should the sun be at this time of day?*

- *If it is noon and you feel the sun on the front of your face (back of your head, what direction are you facing?*

- *If it is 10:00 a.m. and you feel the sun on the right (left) side of your head, what direction are you facing?*

- *Here is the route I would like you to try.*

Frases Adicionales para el Desplazamiento en Zonas Residenciales

- *¿Cuál es la forma de la ruta?*

- *¿En qué direcciones se desplazará a lo largo de esta ruta?*

- *¿Cuántas calles tendrá que cruzar? Dígame los nombres.*

- *¿Cuáles puntos de referencia espera encontrar?*

- *Gire el rostro hacia el sol.*

- *¿Dónde debería estar el sol a esta hora del día?*

- *Si es mediodía y siente el calor del sol en la cara (detrás de la cabeza), ¿en qué dirección orientado el rostro?*

- *Si son las diez en la mañana (10:00 a.m.) y siente el sol en el lado derecho (izquierdo) de la cabeza, ¿en qué dirección orientado el rostro?*

- *Esta es la ruta que quiero que intente.*

4

Business Travel

At a Glance

Common Characteristics
   of Business Blocks

Establishing and Maintaining
   a Straight Line of Travel

Approaching a Corner

Recovery from Veering
   Into Driveways

Locating Business Entrances

Revolving Doors

Seeking Assistance
   to Locate Businesses

Seeking Assistance
   Inside Businesses

Elevators

Escalators

Business Street Crossings

Direction-Taking for Business
   Street Crossings

Common Characteristics of Business Blocks

Blocks in business areas have many similar elements to residential blocks, but there are significant differences in their characteristics.

- *Sidewalks:* Business area sidewalks are usually much wider than those in residential areas. You'll notice the

Características Comunes de las Manzanas Comerciales

Las manzanas comerciales se asemejan bastante a las residenciales, pero existen diferencias significativas entre ambas.

- *Aceras:* Las aceras de los sectores comerciales tienden a ser más anchas que las de las zonas residenciales. Notará

For additional terms related to business environments, see Appendix B, "O&M Concepts and Terms."

absence of grass lines. The paved sidewalk will usually extend from the building line all the way to the curb.

- *Inside shoreline:* On the inside shoreline of the sidewalk, you will often find a line of buildings with entrances to a variety of shops and businesses. Or, you may pass parking lots and gas stations.

- *Outside shoreline:* On the outside shoreline of the sidewalk you will find the drop-off of the curb that runs parallel to the street. Instead of a parkway, there will typically be a variety of items located near the curb, including planters, parking meters, light poles, newspaper stands and business signs. These items are often referred to as *street furniture*.

- *Driveways:* Driveways intersecting business area sidewalks are usually much wider than those in residential areas because there needs to be room for cars to enter and exit the driveways at the same time. Driveways in business areas will usually lead into a parking lot, parking garage, or gas station.

- *Alleys:* Business areas may also have alleys, to allow traffic to have access to rear entrances of buildings or parking areas. Alleys may or may not have curbs on the sidewalks. Clues that you've reached an alley are a sense of openness and a breeze coming from your inside shoreline.

que no hay líneas de césped. La acera pavimentada suele extenderse desde la línea de edificios hasta el bordillo.

- *Orilla interior de la acera:* En la orilla interior de una acera, a menudo encontrará la línea de edificios con entradas a una variedad de tiendas y negocios. También podría pasar por estacionamientos y gasolineras.

- *Orilla exterior de la acera:* En la orilla exterior de una acera, encontrará la bajada del bordillo que corre paralelo a la calle. En vez de una acera de grama, habrá, por lo general, una variedad de objetos cerca del bordillo, entre estos maceteros, parquímetros, postes, quioscos de periódicos y letreros. Estos objetos suelen denominarse *mobiliario urbano*.

- *Entradas para vehículos:* Las entradas para vehículos que cruzan las aceras de los sectores comerciales tienden a ser más anchas que las de las zonas residenciales, pues se necesita espacio para que los automóviles entren y salgan al mismo tiempo. Por lo general, en los sectores comerciales, estas entradas conducen hacia estacionamientos, garajes o gasolineras.

- *Callejones:* Los sectores comerciales también podrían tener callejones para permitir que el tráfico vehicular acceda a las entradas traseras de edificios o estacionamientos. Las aceras de algunos callejones podrían tener bordillos. Hay pistas que le dejan saber que ha llegado a un callejón, como, por ejemplo, una

- *Corners:* The corners in business areas may seem much larger than those in residential areas because there are no parkways. There may be one curb cut, pointing diagonally toward the intersection, or two curb cuts, with one directed toward both the parallel and perpendicular streets.

- *Traffic:* A big difference in business areas is the greater amount of vehicular traffic. Initially, you may find the increased traffic sounds overwhelming. With experience, though, traffic sounds will be very helpful for maintaining orientation and your line of travel.

- *Landmarks:* Business blocks have some different types of *landmarks* than residential blocks. As before, the best landmarks will be near your path of travel. You can check for differences in building materials of the shops on the inside shoreline, such as wood, brick or stucco walls. You can also look for anything distinctive on the outside shoreline that will help you identify your location, such as store signage, mailboxes, or newspaper stands.

Establishing and Maintaining a Straight Line of Travel

- *Trailing:* You can trail the building line on your inside shoreline for a

sensación de amplitud y una brisa que proviene del interior.

- *Esquinas:* Las esquinas de los sectores comerciales podrían parecer mucho más grandes que las de las zonas residenciales, pues no hay aceras de césped. Podría haber una rampa que apunte diagonalmente hacia la intersección o dos rampas, una de ellas que apunte a la calle paralela y otra a la perpendicular.

- *Tráfico:* Los sectores comerciales se caracterizan por un flujo vehicular alto. Al principio, podría sentirse abrumado por el aumento en el ruido del tráfico. Sin embargo, con la experiencia, el ruido del tráfico le ayudará a orientarse y a mantener su línea de desplazamiento.

- *Puntos de referencia:* Las zonas comerciales tienen *puntos de referencia* distintos a los de las zonas residenciales. Como se mencionó anteriormente, los mejores puntos de referencia serán los que estén cerca de su línea de desplazamiento. Puede usar como puntos de referencia diferencias entre los materiales de construcción de los comercios, tales como madera, ladrillo o acabados de estuco. También puede buscar algo distintivo en la orilla exterior que lo ayude a identificar su ubicación, como letreros de tiendas, buzones o quioscos de periódicos.

Cómo Establecer y Mantener una Línea de Desplazamiento Recta

- *Rastreo:* Camine a lo largo de la línea de edificios en la orilla interior por

few feet using *touch-and-drag tech-nique. (See Chapter 2 on "Canes and Cane Techniques.")* After a few feet, make a tiny adjustment in your line of travel away from the building line toward the center of the sidewalk. When you estimate that you have reached the center of the sidewalk, make a slight adjustment in your line of travel in the opposite direction to straighten your line of travel so that it is parallel to the traffic.

- *Auditory alignment:* The traffic sounds in the parallel street can help you to establish and keep a straight line of travel on the sidewalk.

  ○ Listen to all the traffic sounds in the parallel street as they ap-proach and pass by your side. Some people picture the paral-lel traffic sounds as a *"wall of sound."* The goal is to align your body with this "wall" so that you hear the loudest traffic sounds directly off of your shoulder.

  ○ If you hear parallel traffic sounds cross the front part of your body, you are angled toward the paral-lel street. If you hear the traffic sounds cross the back plane of your body, you are angled away from traffic.

- *Posture:* While walking, check your posture for any variations that might cause you to veer. Make sure your

una distancia corta, utilizando la *técnica de toque y arrastre.* Luego de caminar algunos pies de distan-cia, haga un pequeño ajuste en su línea de desplazamiento, de manera que se aleje de la línea de edificios y se dirija hacia el centro de la acera. Cuando crea que ha llegado al centro de la acera, haga un leve ajuste en su línea de desplazamiento, en dirección opuesta, de modo que esta quede recta y paralela al tráfico.

- *Alineación auditiva:* Los sonidos del tráfico de la calle paralela lo pueden ayudar a establecer y man-tener una línea de desplazamiento recta en la acera.
  ○ Escuche todos los sonidos del trá-fico de la calle paralela al acercarse y pasar a su lado. Algunas personas visualizan los sonidos del tráfico paralelo como un *"muro de sonido".* El objetivo es alinear el cuerpo con este "muro" de tal manera que los sonidos más fuertes de tráfico suenen directamente a la altura del hombro.
  ○ Si escucha los sonidos del tráfico paralelo cruzar frente a usted, está orientado hacia la calle paralela. Si escucha los sonidos del tráfico cruzar detrás de usted, está orientado en dirección opuesta al tráfico paralelo.

- *Postura:* Mientras camina, verifique que su postura no le haga desviarse. Asegúrese de que la cara, los hom-

face, shoulders, hips, and feet are all pointing the same direction.

- Walking at a fast pace and keeping an even cane arc to each side will help you maintain a straight line of travel. *(See Chapter 3 on "Residential Travel" for more detail on establishing and maintaining a straight line of travel.)*

- *Corrections from sidewalk veering:*

  - If you veer toward your *inside shoreline*, you will likely encounter a building, parking lot, or driveway. If this happens, make a small adjustment in your line of travel toward your parallel street until you believe you have reached the center of the sidewalk. Then, readjust your line of travel very slightly in the opposite direction to straighten out.
  - If you veer toward your *outside shoreline*, you may encounter a variety of *street furniture*. Be sure to correct your line of travel away from your parallel street if you encounter any street furniture. If you try to adjust your line toward the street as you move around the obstacles, you risk stepping off the curb and into your parallel street.

Additional Phrases for Maintaining a Straight Line of Travel on the Sidewalk

- *Trail the building line to start your line of travel.*

bros, las caderas y los pies apunten hacia la misma dirección.

- Caminar a un paso rápido y mantener estable el arco del bastón es útil para mantener una línea de desplazamiento recta.

- *Ajustes para no desviarse de su ruta en la acera:*

  - Si vira hacia la *orilla interior*, es probable que se tope con un edificio, un estacionamiento o una entrada para vehículos. Si esto sucede, ajuste un poco su línea de desplazamiento y diríjase hacia la calle paralela hasta que entienda que ha llegado al centro de la acera. Entonces, haga un ligero ajuste, en dirección opuesta, para enderezarse.
  - Si vira hacia la *orilla exterior*, podría toparse con una variedad de *mobiliario urbano*. Asegúrese de corregir su línea de desplazamiento y alejarse de la calle paralela si se encuentra con cualquier tipo de mobiliario urbano. Si trata de ajustar su ruta hacia la calle a la vez que esquiva los obstáculos, correrá el riesgo de bajarse de la acera y llegar a la calle paralela.

Frases Adicionales para Mantener una Línea de Desplazamiento Recta en la Acera

- *Rastree la línea de edificios para comenzar su línea de desplazamiento.*

- *Align your body so that the parallel traffic is on your right (left).*

- *While walking, keep listening to the traffic sounds and adjust your alignment as necessary.*

- *Do you hear traffic crossing in front (back) of your body?*

- *Adjust your line of travel a little to your right (left).*

- *Alinee su cuerpo de manera que el tráfico paralelo quede a su derecha (izquierda).*

- *Mientras camine, esté atento a los sonidos del tráfico y ajuste su ruta cuando sea necesario.*

- *¿Oye el tráfico pasar frente a usted (detrás de usted)?*

- *Ajuste su ruta de desplazamiento un poco hacia la derecha (izquierda).*

Approaching a Corner

- As in residential areas, you must always try to anticipate an upcoming corner. In some ways, corner detection may be easier in business areas because you will have more audible cues than in residential areas. As with all drop-offs, be sure to use *constant-contact cane technique* when approaching corners.

Acercándose a una Esquina

- Al igual que en las zonas residenciales, siempre tiene que intentar predecir cuándo se acerca a una esquina. De cierto modo, detectar las esquinas en sectores comerciales podría ser más fácil, dado que usted tendrá más señales audibles que en las zonas residenciales. Como con todos los desniveles, asegúrese de usar la *técnica de contacto constante* con el bastón cada vez que se aproxime a una esquina.

Corner Detection Clues

- *Traffic sounds:* Listen for traffic in your perpendicular street to estimate your distance from the corner. The sound of cars stopping or turning in the parallel street may also be clues that you are nearing the corner.

- *Pedestrians:* In business areas you are more likely to encounter other pedestrians at a corner waiting to cross the street. You may hear

Claves para Detectar Esquinas

- *Sonido del tráfico:* Escuche los sonidos del tráfico provenientes de la calle perpendicular para que calcule la distancia entre usted y la esquina. El sonido de los autos que se detienen o viran en la calle paralela también podría ser una pista de que se aproxima a una esquina.

- *Peatones:* En las zonas comerciales, es muy probable que se tope con otros peatones que esperan para cruzar la calle en una esquina. Podría

people talking as you approach the corner.

- *Air flow:* You may notice increased airflow as you approach a corner. It will often feel more open, and the air moves more freely at the corner because it isn't blocked by buildings.

- *Curb cuts:* As in residential areas, you may feel the slope and textured surface of a curb cut that are cues that you have arrived at the corner.

- *Time-distance estimation:* As in residential areas, continued practice of time-distance estimation will help you anticipate your arrival at a corner.

Recovery from Veering Into Driveways

As in residential areas, you may occasionally veer from the sidewalk into an intersecting driveway. The clues that you are veering and the steps to relocate the sidewalk will be a little different than what you experienced in residential areas. *(See Chapter 3 on "Residential Travel" for more on recovery from veering into driveways.)*

Recovery from Veering toward the Street

- The best clue that you are veering toward the street will be either a

escuchar personas hablando mientras se acerca a la esquina.

- *Flujo de aire:* Notará que el flujo de aire aumentará cuando se aproxima a una esquina. Por lo general, experimentará una sensación de amplitud; el aire fluye con mayor libertad en una esquina porque los edificios no lo obstruyen.

- *Rampas:* Al igual que en las zonas residenciales, podría sentir la pendiente y textura diferente de una rampa, lo cual indica que ha llegado a una esquina.

- *Cálculo de distancia y tiempo:* Así como en las zonas residenciales, la práctica continua de calcular la relación tiempo-distancia lo ayudará a predecir cuándo se acerca a una esquina.

Cómo Recuperar la Dirección Cuando se Desvíe Hacia una Entrada para Vehículos

Al igual que en las zonas residenciales, podría desviarse de la acera hacia una entrada para vehículos que la cruce. Los indicios de que se ha desviado y los pasos para reubicarse en la acera serán un poco distintos a los que usaría en una zona residencial.

Cómo Recuperar la Dirección si se Desvía hacia la Calle

- La mejor pista de que se está desviando hacia la calle será la pendi-

downward or lateral (sideways) slope of the driveway.

- ○ The slope may be much more noticeable than in residential areas because of the absence of parkways. The closer you are to the street, the steeper the downward slope you will experience.

- ○ If you have veered all the way to the street, you may feel the lip of the driveway and the change in texture from the concrete of the driveway to the asphalt of the street.
- ○ You may also notice that your parallel traffic sounds are much too close.
- To correct your veer, make a small angle of adjustment away from the street until you feel that both feet are level. Then, adjust your line of travel so that you are aligned with the parallel traffic.

Recovery from Veering away from the Street

- In business areas, if you veer into a driveway away from the street, you will likely encounter the side of a building or find yourself in a parking lot or gas station. You may also notice a change in texture from the concrete sidewalk to an asphalt parking lot. If you veer into a parking lot for a long distance, you may notice that the parallel traffic sounds are too far away, and you may even begin to encounter cars that are parked in the lot.

ente lateral o descendiente de una entrada para vehículos.

- ○ La pendiente puede ser mucho más evidente en zonas comerciales, en comparación con las residenciales, debido a la ausencia de aceras de césped. Cuanto más se acerque a la calle, más pronunciadas serán las pendientes.
- ○ Si se desvió por completo hacia la calle, sentirá el comienzo de la entrada para vehículos y el cambio de textura del hormigón al asfalto de la calle.
- ○ También se dará cuenta de que los ruidos del tráfico están demasiado cerca de usted.
- Para recuperar la dirección, aléjese de la calle hasta que sienta que ambos pies estén al mismo nivel. Luego, ajuste su línea de desplazamiento, de manera que quede alineado con el tráfico paralelo.

Cómo Recuperar la Dirección si se Aleja de la Calle

- En las zonas comerciales, si se desvía hacia una entrada para vehículos en dirección contraria a la calle, es probable que se tope con el lado de un edificio o que se encuentre en un estacionamiento o una gasolinera. Se dará cuenta, además, de un cambio en la textura del suelo, del hormigón de la acera al asfalto del estacionamiento. Si se desvía hacia un estacionamiento y recorre una distancia larga, podría notar que el ruido del

- If you encounter a building directly in front of you, you will need to align with the building facing toward the street. Use *touch and drag technique* along the building line until you feel the end of the building line. Make the turn around the corner of the building to reposition yourself on the sidewalk.

- If you veer into a parking lot or gas station, turn and face the parallel traffic so that it is perpendicular to you.
  - Use *constant-contact technique* and carefully walk toward the traffic sounds. Move around parked cars or gas station pumps as necessary.

  - If you encounter a planter or fence that surrounds the gas station or parking lot, you will need to find the driveway to relocate the sidewalk. Use *touch-and-drag technique* to trail the fence or planter until you feel the opening for the driveway. Then turn and face the traffic again.

  - When you begin to feel the driveway slope downward and hear that traffic sounds are becoming closer, you have relocated the sidewalk. Realign yourself so that the parallel

tráfico paralelo está muy lejos y hasta podría comenzar a toparse con automóviles estacionados.

- Si se encuentra con un edificio directamente en frente de usted, necesitará alinearse con el edificio orientado hacia la calle. Use la *técnica de toque y arrastre* y deslícese a lo largo de la línea de edificios hasta que llegue al final de la misma. Vire en la esquina del edificio para reposicionarse en la acera.

- Si se desvía hacia un estacionamiento o una gasolinera, gire y colóquese de frente al tráfico paralelo, de modo que este quede perpendicular con usted.
  - Use la *técnica de contacto constante* y camine con cuidado hacia los sonidos del tráfico. Desplácese entre los autos estacionados o las bombas de gasolina, según sea necesario.

  - Si se topa con un macetero o una cerca que rodea una gasolinera o un estacionamiento, necesitará encontrar la entrada para vehículos para relocalizar la acera. Utilice la *técnica de toque y arrastre* para deslizarse a lo largo de la cerca o del macetero hasta que sienta el comienzo de la entrada para vehículos. A continuación, haga un viraje y vuelva a orientarse hacia el tráfico.

  - Cuando comience a sentir el desnivel de la entrada para vehículos y escuche que el ruido del tráfico se acerca cada vez más, habrá relocalizado la acera. Colóquese de

traffic is on the correct side of your body and resume your travel.

manera que el tráfico paralelo esté del lado correcto de su cuerpo y continúe su trayecto.

Locating Business Entrances

Cómo Localizar las Entradas a Establecimientos Comerciales

Common Features of Entrances

Características Comunes de las Entradas Comerciales

- To locate the entrance to a business, it is helpful to be aware of common features that may be around the doors.

- Many entrances to buildings are recessed, meaning they are set back a few feet from the building line. There may be a doormat in front of the entrance. Also, the ground surface in front of the door may be made of a different material than the sidewalk, such as brick or tile, which will have a different texture that you can feel with your cane.

- The door itself will likely be made of a different material than the building walls, so you may hear your cane tip encounter wood or a metal kick plate at the bottom of the door.

- Many businesses have decorative plants in pots or planters to the sides of the entrance door.

- Also, be alert to any consistent sounds or smells in the vicinity of the business you are seeking, for example the smell of baked goods or the sound of trickling water from a fountain.

- Para localizar la entrada de un negocio, es útil tener en cuenta qué objetos suelen estar cerca de las puertas.

- Varias entradas de edificios son empotradas, lo que significa que están a unos pies de distancia hacia el interior de la línea de edificios. Puede haber una alfombra en la entrada del negocio. Además, la superficie del suelo enfrente de la puerta podría estar hecha de un material distinto al de la acera, como, por ejemplo, ladrillo o azulejo, y tendrá una textura distinta que podrá sentir con el bastón.

- Es probable que el material de la puerta sea distinto al de las paredes del edificio, así que podría escuchar que la punta del bastón toca madera o una placa de metal al pie de la puerta.

- Muchos negocios tienen plantas decorativas en maceteros o en jardineras a los lados de la entrada.

- Además, debe estar atento a cualquier sonido u olor constante en las proximidades del negocio que busca, como, por ejemplo, el olor de productos de panadería o el sonido del chorro de una fuente.

Locating Entrances

- A combination of *hand trailing* and of *touch-and-drag technique* will help in locating business entrances. With the touch-and-drag technique, you will be feeling for the openings of recessed entrances and for different ground surfaces that are clues that you may be near a door.

- You should also be listening for the cane tip encountering different surfaces, such as wood or a metal kick plate along the bottom of the door. Trailing with your hand will also help you identify different door surfaces and locate the door handle or knob.

Revolving Doors

Revolving doors pose additional challenges for entering and exiting businesses. However, conventional doors will usually be located nearby for anyone who has difficulty managing a revolving door.

Approaching a Revolving Door

- In countries where traffic moves on the right-hand side of the road, revolving doors will most commonly turn in a counterclockwise direction, so it is a good idea to approach them from the right side, trailing the building line. This will allow you to locate the rounded housing surrounding the

Cómo Localizar Entradas

- Combinando las *técnicas de rastreo* y de *toque y arrastre* podrá encontrar las entradas de los establecimientos comerciales. Con la técnica de toque y arrastre, busque aberturas de las entradas empotradas y diferencias en la superficie del suelo que sirvan como pistas de que está cerca de una puerta.

- También deberá prestar atención a los sonidos que hace la punta del bastón al tocar distintos tipos de superficies, tales como madera o una placa de metal al pie de la puerta. Además, rastrear le ayudará a identificar puertas de distintos materiales y a localizar la perilla.

Puertas Giratorias

Las puertas giratorias plantean un desafío para entrar y salir de los establecimientos comerciales. Sin embargo, por lo general, habrá puertas convencionales en las inmediaciones para cualquier persona que tenga dificultad para usar la puerta giratoria.

Qué Hacer al Acercarse a una Puerta Giratoria

- En países donde el tráfico se mueve por el lado derecho de la carretera, es común que las puertas giratorias giren en contra de las manecillas del reloj. Por lo tanto, es una buena idea acercarse a ellas por el lado derecho, mientras rastrea la línea de edificios. Esto le permitirá localizar la estructura

revolving door, which usually pro-
trudes from the building line.

- Position yourself so that your right
shoulder is aligned with the edge of
the housing. Your cane should be
held in your right hand in a vertical
not-in-use position so that it does
not accidentally get caught in the
moving doors or trip anyone exiting
the revolving doors.

- In areas where the revolving door
turns in a clockwise direction, you
would approach them from the left
side and position yourself so that
your left shoulder is aligned with the
edge of the housing.

Entering a Revolving Door

- Use *upper body protective technique* with your left arm. Gradually
pivot your body to the right until
the palm of your left hand comes
in light contact with the rubber
weather stripping on the edges of
the moving doors.
  - *[If the doors move in a clockwise
    direction]* Use upper body protec-
    tive technique with your right arm.
    Gradually pivot your body to the
    left until the palm of your right
    hand comes in light contact with
    the rubber weather stripping on
    the edges of the moving doors.

cilíndrica que rodea la puerta, la cual
suele sobresalir de la línea de edificios.

- Colóquese de manera que tenga el
hombro derecho alineado con el
filo (borde) de la estructura cilíndrica de la puerta. Debe sostener el
bastón con la mano derecha en una
posición vertical, igual a cuando no
lo está utilizando, para que no se
atore accidentalmente en las puertas
en movimiento ni ocasione que una
persona que esté saliendo se tropiece.

- En lugares donde las puertas giran en
dirección de las manecillas del reloj,
debería acercarse a ellas por el lado
izquierdo y posicionarse de manera
que el hombro izquierdo esté alineado con el filo (borde) de la estructura
cilíndrica de la puerta.

Cómo Entrar a una Puerta Giratoria

- Utilice la *técnica de protección
alta* con el brazo izquierdo. Poco a
poco, gire el cuerpo hacia la derecha hasta que la palma de la mano
izquierda haga contacto con el
burlete de goma en los bordes de
las puertas giratorias.
  - *[Si las puertas se mueven en direc-
    ción de las manecillas del reloj]*
    Use la técnica de protección alta
    con el brazo derecho. Poco a poco,
    gire el cuerpo hacia la izquierda
    hasta que la palma de la mano
    derecha haga contacto con el bur-
    lete de goma en los bordes de las
    puertas giratorias.

- As the doors go by, you can establish a rhythm and gauge the speed of their movement.

- When ready to enter, make a quick right turn immediately after you feel the weather stripping contact your left hand. Keep your left palm in contact with the door as you follow it.
  - *[If the doors move in a clockwise direction]* When ready to enter, make a quick left turn immediately after you feel the weather stripping contact your right hand. Keep your right palm in contact with the door as you follow it.

Exiting a Revolving Door

- As you move, use your right elbow to trail the inside wall of the revolving door, keeping your cane vertical and close to your body. As soon as you feel the opening in the interior wall, exit quickly and take two or three steps forward using *two-point-touch* or *constant-contact technique.*

  - *[If the doors move in a clockwise direction]* As you move, use your left elbow to trail the inside wall of the revolving door.

- You may also feel a change in air flow and temperature when it is time to exit the revolving door.

- A medida que las puertas giren, establezca un ritmo y estime la velocidad del movimiento de las puertas.

- Cuando esté listo para entrar, gire inmediatamente a la derecha luego de que sienta que el burlete le toca la mano izquierda. Mantenga la palma izquierda en contacto con la puerta mientras la sigue.
  - *[Si las puertas se mueven en dirección de las manecillas del reloj]* Cuando esté listo para entrar, gire inmediatamente a la izquierda luego de que sienta que el burlete le toca la mano derecha. Mantenga la palma derecha sobre la puerta mientras la sigue.

Cómo Salir de una Puerta Giratoria

- Mientras camina, use el codo derecho para rastrear la pared interna de la puerta giratoria y mantenga el bastón en posición vertical y pegado al cuerpo. Tan pronto como sienta la abertura en la pared interna, salga rápido y dé dos o tres pasos hacia el frente, usando la *técnica de dos puntos* o la de *contacto constante.*
  - *[Si las puertas giran en dirección de las manecillas del reloj]* Mientras camina, use el codo izquierdo para rastrear la pared interna de la puerta giratoria.

- También podría sentir un cambio en el flujo de aire y en la temperatura al aproximarse a la salida de la puerta giratoria.

Additional Phrases for Revolving Doors

- *Is the door moving or stationary?*

- *Push the door if it is not moving.*

Frases Adicionales Relacionadas con las Puertas Giratorias

- *¿La puerta está en movimiento o estática?*

- *Empuje la puerta si no está en movimiento.*

Seeking Assistance to Locate Businesses

- *Calling ahead for information:* To minimize the time it will take you to locate a business, you can call ahead to get information regarding its location. Helpful information to provide and questions to ask might include these:

  ◦ *I am blind (visually impaired) and I need some assistance locating your business.*
  ◦ *What is your address?*
  ◦ *What is the nearest cross street?*
  ◦ *Which side of the street are you on? The north? (south, east, west)*
  ◦ *Are you on or near a corner?*

  ◦ *What are the businesses next door to you?*
  ◦ *Is there anything distinctive about the entrance? For example, is the door set back from the building line? Is there at mat in front of the door?*
- *Asking for directions while en route:* Sometimes you may wish to ask

Cómo Buscar Ayuda para Localizar Establecimientos Comerciales

- *Llame de antemano para solicitar información:* Para reducir el tiempo que le tomará localizar un negocio, puede llamar de antemano y solicitar información sobre su ubicación. Algunos datos útiles que puede proporcionar y algunas preguntas que puede hacer incluyen:
  ◦ *Soy ciego (impedido visual) y necesito ayuda para localizar su negocio.*

  ◦ *¿Cuál es su dirección?*
  ◦ *¿Cuál es la esquina más cercana?*
  ◦ *¿De qué lado de la calle se encuentra? ¿Al norte? (sur, este, oeste)*
  ◦ *¿Está en una esquina o cerca de alguna esquina?*
  ◦ *¿Qué negocios se encuentran a su lado?*
  ◦ *¿La entrada tiene alguna característica especial? Por ejemplo, ¿la puerta se encuentra empotrada? ¿Hay alguna alfombra frente a la puerta?*
- *Pida direcciones cuando esté en camino:* A veces es posible que

other pedestrians for directions to find your destination.

○ To capture the attention of a passerby, it is a good idea to stand near a building with your back to the wall. In this position you can hear people walking toward you from both directions.

○ When you hear someone approaching, be assertive and specific in calling out for assistance. For example, you might say, "Excuse me, can you help me find the bakery?"

• *Effective questioning:* Sometimes well-intentioned people provide unhelpful information, such as "It's over there." By asking specific questions you can minimize this problem and help get the information you need. Examples of helpful information to provide, and questions to ask include the following:

○ *I am looking for 200 Main Street (give specific address).*

○ *I am looking for Rivera's Furniture (give specific name of business).*

○ *Is it on this side of the street? Or the other side of the street?*

○ *Is it this way? (point in one direction) Or that way? (point in opposite direction)*

○ *Is it near the corner or the middle of the block?*

○ *How many doors away is it?*

necesite pedir direcciones a otros peatones para llegar a su destino.

○ Para atraer la atención de un transeúnte, es buena idea pararse cerca de un edificio con la espalda hacia la pared. En esta posición, podrá escuchar a las personas caminar hacia usted desde ambas direcciones.

○ Cuando escuche que alguien se acerca, hable con confianza y sea específico al solicitar ayuda. Por ejemplo, podría decir, "Disculpe, ¿podría ayudarme a encontrar la panadería?"

• *Haga preguntas efectivas:* En ocasiones, las personas, aunque bien intencionadas, proveen información poco útil, tal como "está allí." Al hacer preguntas específicas, puede minimizar este problema y obtener la información que necesita. Algunos ejemplos de información útil que puede proveer y preguntas que puede hacer incluyen:

○ *Busco el número 200 de la calle Main (indique la dirección específica).*

○ *Estoy buscando la Mueblería Rivera (indique el nombre específico del negocio).*

○ *¿Se encuentra en este lado de la calle o al otro lado de la calle?*

○ *¿Es en esta dirección (señale hacia una dirección) o en aquella dirección (señale en dirección opuesta)?*

○ *¿Se encuentra cerca de la esquina o en el medio de la cuadra?*

○ *¿A cuántas puertas de distancia se encuentra?*

○ *Can you see if the door is set back from the building line or has anything distinctive near it?*

• *Seeking assistance to cross the street:* If you are not confident in your ability to safely cross a particular street, it is a good idea to seek assistance from another pedestrian.

○ If there are few pedestrians in the area, place yourself so that your back is against the corner of the building facing the intersection. In this position, you will be able to hear pedestrians approaching from both sidewalks that approach the corner.

○ If there are several pedestrians in the vicinity, position yourself near the corner, facing the street you wish to cross.

○ When you hear someone nearby, be assertive and specific about what you need, for example, "Can you please help me cross Main Street?" When someone agrees to assist, you can ask to hold their arm and have them guide you across the street.

Seeking Assistance Inside Businesses

• Once you enter the doorway of a business, cautiously move forward a few steps using the *congested-area cane technique,* then pause. *(See Chapter 2 on "Canes and Cane Techniques.")*

○ *¿Puede ver si la puerta está empotrada o si tiene alguna característica distintiva?*

• *Solicite ayuda para cruzar la calle:* Si no confía en su capacidad para cruzar una calle en particular, de forma segura, es buena idea pedirle ayuda a otro peatón.

○ Si hay pocos peatones en el área, colóquese con la espalda contra la esquina del edificio frente al cruce. En esta posición, podrá escuchar a los peatones que se acercan desde las dos aceras que se aproximan a la esquina.

○ Si hay varios peatones en los alrededores, colóquese cerca de la esquina, orientado hacia la calle que quiere cruzar.

○ Cuando escuche a alguien cerca, hable con confianza y sea específico acerca de lo que necesita. Por ejemplo, "Por favor, ¿podría ayudarme a cruzar la calle Main?" Cuando alguien acepte ayudarlo, puede pedirle que le permita sujetarse de su brazo para que lo guíe mientras cruzan la calle.

Cómo Solicitar Ayuda dentro de los Establecimientos Comerciales

• Cuando entre a un negocio, utilice la *técnica de bastón para áreas congestionadas* y, con cautela, é varios pasos hacia el frente y deténgase luego.

- Moving forward will keep you from blocking other people who wish to enter or exit the business. Using the *congested-area cane technique* while walking slowly will help you respond quickly if you encounter an obstacle. Listen carefully for sounds that might assist you in locating assistance, such as people talking, items being placed in a bag, or the ring of a cash register. Move carefully in the direction of these sounds, being prepared to encounter and move around obstacles.

- Many times, someone working in the store will see you enter and inquire if you need assistance. If you do not hear any helpful sounds and no one approaches you, it is perfectly appropriate to call out for assistance, for example, "Excuse me, is there someone who can help me?"

Elevators

Locating the Elevator

- Clues that you are near an elevator include the chime of the bell when an elevator arrives, the swish of the doors opening, and the sounds of nearby people waiting to board or exiting the elevator. If none of these clues are available, consider seeking assistance to locate the elevator.

- Caminar hacia adentro del establecimiento evitará que bloquee el paso a las personas que deseen entrar o salir del negocio. Usar la *técnica de bastón para áreas congestionadas* mientras camina lentamente le ayudará a responder con rapidez si se topa con un obstáculo. Escuche con atención los sonidos que puedan ayudarle a encontrar ayuda, como gente hablando, objetos que se están colocando dentro de bolsas o el sonido de una caja registradora. Muévase con cuidado en dirección a esos sonidos y esté preparado para toparse con obstáculos y esquivarlos.

- A menudo, un empleado de la tienda lo verá entrar y le preguntará si necesita ayuda. Si no oye ningún sonido útil y nadie se le acerca, es perfectamente apropiado pedir ayuda. Por ejemplo, puede decir, "Disculpe, ¿hay alguien que me pueda ayudar?"

Ascensores

Cómo Localizar el Ascensor

- Algunas pistas de que se está acercando a un ascensor incluyen: el timbre de una campana cuando llega el ascensor, el sonido de las puertas abriéndose y los sonidos de las personas cercanas que están esperando para entrar o salir del ascensor. Si no escucha ninguna de estas pistas, considere solicitar ayuda para localizar el ascensor.

- You can also search for an elevator by trailing the wall with *touch-and-drag technique* and *hand trailing* until you locate the recessed doors and feel the frame of the elevator jamb.

Calling the Elevator

- When using an elevator, you first need to make sure the elevator arrives at your floor and that it is heading in the direction—up or down—that you want to go.

- The call buttons are usually located on the wall to the side of an elevator or positioned between two elevators. For modern elevators, the call buttons are placed forty-two inches above the floor. The top button is for calling an elevator that will be going up, and the bottom button is for calling an elevator going down.

- To locate the call button, align yourself with the wall near the elevator and use hand trailing to search for it. If you hear others waiting for the elevator near you, you may ask someone to push the up or down call button for you.

Waiting for the Elevator

- If you are positioned along the wall next to the elevators it will be easy to locate and enter one when it arrives.

Entering the Elevator

- There is usually an audible chime to signal that the elevator has ar-

Cómo Llamar el Ascensor

- Cuando vaya a usar un ascensor, primero necesita asegurarse de que el ascensor llegue hasta el piso donde usted se encuentra y que vaya en la dirección deseada, ya sea hacia arriba o hacia abajo.

- Los botones de llamada suelen estar en la pared al lado del ascensor o entre dos ascensores. En el caso de los ascensores modernos, los botones de llamada están localizados a cuarenta y dos pulgadas del piso. El botón superior es para llamar a un ascensor que suba y el botón inferior es para llamar a un ascensor que baje.

- Para localizar el botón de llamada, alinéese con la pared cercana al ascensor y use la técnica de rastreo para encontrarlo. Si escucha a otras personas esperando por el ascensor, puede pedirle a alguien que presione el botón de llamada para usted.

Esperando por el Ascensor

- Si está ubicado cerca de la pared al lado de los ascensores será fácil localizarlos y entrar en uno cuando llegue.

Cómo Entrar a un Ascensor

- Por lo general, se puede escuchar un timbre que indica la llegada del

rived at your floor. When you hear the elevator doors open, pause and listen for people exiting the elevator before you begin to enter. Locate the entrance to the elevator using *touch-and-drag technique* along the wall.

- Enter the elevator using *constant-contact cane technique* to ensure that the floor of the elevator is present and that it is level with the building floor outside. It is also a good idea to use the *congested-area cane technique* to minimize the chance that your cane will be in the way of others exiting or entering the elevator. Use a light touch with your cane to prevent the tip from sticking as it glides over the grooved metal threshold of the elevator.

- You may want to position your free hand to your side to catch the elevator doors if they begin to close while you are entering. Once you've stepped over the threshold, turn around and face the door.

Calling the Desired Floor

- If you hear others in the elevator with you, the easiest way to call your floor is to ask someone to push the number button for the desired floor.

- If you are alone, you will need to locate the elevator control panel, which is usually placed on the wall to one or both sides of the elevator

ascensor a la planta donde usted se encuentra. Cuando escuche que las puertas del ascensor se abren, haga una pausa y escuche con atención a las personas que salen del ascensor antes de entrar. Localice la entrada del ascensor usando la *técnica de toque y arrastre* a lo largo de la pared.

- Entre al ascensor usando la *técnica de contacto constante* para asegurarse de que el piso del ascensor está ahí y de que esté nivelado con el piso del edificio. También es buena idea usar la *técnica de bastón para áreas congestionadas* para disminuir la probabilidad de que el bastón impida la salida o entrada de otras personas. Toque ligeramente con el bastón para prevenir que la punta se atore mientras la desliza sobre el umbral acanalado de metal del ascensor.

- Se recomienda colocar la mano libre a su lado para detener las puertas del ascensor si comienzan a cerrarse mientras entra. Una vez que pase el umbral, voltéese en dirección hacia la puerta.

Cómo Seleccionar el Piso Deseado

- Si escucha que hay otras personas en el ascensor, la manera más fácil de seleccionar un piso es pedirle a alguien que presione el botón por usted.

- Si está solo, deberá localizar el panel de control del ascensor, que suele encontrarse en la pared a un lado, o a ambos lados, de la puerta

door. In modern elevators, the buttons will have tactile raised characters for numbers as well as braille labels next to the buttons.

- The pattern of the button layout will vary from elevator to elevator, but there are some common features. For example:
  - The numbers are typically laid out in columns with the higher floors on top.
  - The button for the main floor will often have a raised tactile star next to it.
  - The open-door and close-door buttons and the alarm button are usually grouped at the bottom of the elevator control panel.

Identifying the Correct Floor

- In some newer elevators, there are verbal announcements to identify the floor when the elevator stops. If you don't hear floor announcements, it is perfectly acceptable to ask others in the elevator on which floor the elevator has stopped.

- If you are alone in the elevator, you can identify the floor that it has stopped on by locating the raised and braille floor designations that should be located just outside of the elevator on both sides of the jamb, typically 60 inches from the floor.

- To locate the floor markings, stand near either side of the door. When the door opens, slide one foot forward onto the threshold next to

del ascensor. En los ascensores modernos, los botones tendrán números táctiles en relieve, al igual que braille al lado de los botones.

- El patrón del panel de botones puede variar de ascensor a ascensor, pero hay algunas características comunes. Por ejemplo:
  - Los números suelen colocarse en columnas con los pisos más altos en la parte superior.
  - El botón para la planta baja, por lo general, tendrá al lado una estrella táctil en relieve.
  - El botón de alarma y los botones para abrir y cerrar las puertas suelen agruparse en la parte inferior del panel de control del ascensor.

Cómo Identificar el Piso Correcto

- Algunos ascensores nuevos tienen anuncios verbales para identificar la planta cuando se detiene el ascensor. Si no escucha los anuncios, es perfectamente aceptable preguntar a otros en el ascensor en que piso se han detenido.

- Si está solo en el ascensor, puede identificar en qué piso se detuvo, localizando los números táctiles y en braille, que deberían estar ubicados justo afuera del ascensor en ambos lados del marco, por lo general a sesenta pulgadas del piso.

- Para encontrar las placas indicadoras del piso, párese cerca de cualquier lado de la puerta. Cuando las puertas se abran, deslice un pie hacia delante

the door to block it from closing. With the palm of one hand flat on the elevator jamb, sweep your hand upward until you locate the floor designation plate. If you have located the correct floor, exit the elevator using *congested-area constant- contact technique.*

Additional Phrases for Using Elevators

- *Find the call button.*
- *Locate the floor designation markers.*

- *Explore the elevator control panel to determine the layout of the buttons.*

Escalators

Locating the Escalators

- You may be able to identify the location of the escalators from the mechanical humming sounds of their movement. Also, the sound of footsteps on the metal platform in front of the escalators may be very distinctive. If it is too noisy to hear the escalators, consider seeking assistance to locate them.

Before Boarding an Escalator

- Before you board an unfamiliar escalator, it is very important to

sobre el umbral junto a la puerta para impedir que se cierren. Con la palma de una mano sobre el marco del ascensor, deslice la mano hacia arriba hasta que encuentre la placa de designación del piso. Si ha llegado al piso correcto, salga del ascensor usando la *técnica de bastón para áreas congestionadas* y la *de contacto constante.*

Frases Adicionales Relacionadas con el Uso de Ascensores

- *Encuentre el botón de llamada.*
- *Encuentre las placas de designación de piso.*
- *Explore el panel de control del ascensor para determinar la distribución de los botones.*

Escaleras Eléctricas

Cómo Localizar las Escaleras Eléctricas

- Puede identificar la ubicación de las escaleras eléctricas por el zumbido mecánico que hacen. Otro distintivo es el sonido de pisadas sobre la plataforma de metal enfrente de las escaleras eléctricas. Si hay demasiado ruido y no puede escuchar las escaleras eléctricas, considere buscar ayuda para localizarlas.

Antes de Subirse a una Escalera Eléctrica

- Antes de subirse a una escalera eléctrica desconocida, es muy importante

determine two things: whether it is moving toward or away from you, and whether it is moving up or down.

○ To identify if an escalator is moving toward or away from you, place your free hand on the moving handrail and let it run under your fingers to identify the direction. If the handrail is moving away from you, then you may board. If the handrail is moving toward you, you cannot board, and people will be getting off the escalator there.

○ Next, you will need to check if the escalator is going up or down. Sometimes you can tell this by feeling the handrail rise or lower as it moves away. If that isn't possible, move closer to the edge of the metal platform and extend your cane tip onto the escalator steps. If the escalator is going up, your cane tip will rise up then drop sharply off each rising step. If the escalator is going down, you will feel your cane tip being gently nudged upward as each step emerges and pushes against the tip.

Boarding the Escalator

• One option for boarding a moving escalator is to just step on and then adjust your position forward or backward as necessary, if you feel the steps separate under your feet.

que determine dos cosas: si se acercan a usted o si se alejan, y si suben o bajan.

○ Para identificar si una escalera eléctrica se mueve hacia usted o en la dirección contraria, coloque su mano libre sobre el pasamanos móvil y deje que se deslice por debajo de sus dedos para identificar la dirección. Si se aleja de usted, puede subirse. Si el pasamanos se mueve hacia usted, no podrá subirse pues habrá personas bajando de las escaleras eléctricas por ese extremo.

○ Después, necesitará verificar si las escaleras eléctricas suben o bajan. A veces, esto se puede determinar sintiendo si el pasamanos sube o baja a medida que se aleja. Si esto no es posible, acérquese al borde de la plataforma de metal y extienda la punta del bastón sobre los escalones. Si las escaleras eléctricas suben, la punta del bastón se elevará y caerá bruscamente sobre cada escalón ascendente. Si las escaleras bajan, sentirá presión en la punta del bastón levemente hacia arriba, cada vez que surja un nuevo escalón.

Cómo Subirse a las Escaleras Eléctricas

• Una opción para subirse a las escaleras eléctricas es simplemente subirse y luego ajustar la posición hacia adelante o hacia atrás, según sea necesario, en caso de que sienta que los escalones se separan debajo de los pies.

- You may also use the toe of one foot to help you time your step onto the escalator. This procedure allows you to feel exactly when the escalator step has emerged from under the platform and place your entire foot on one step, avoiding the movement of the steps separating under your feet.
  - Use your cane to locate the very edge of the platform. Bring your cane to a vertical position and walk up to it. Put your free hand onto the handrail and let it run under your fingers.
  - Place your weight on one foot and bring the toes of your other foot forward off the platform just far enough to feel the moving escalator underneath. You will feel a very slight bump as the edge of each step emerges underneath your toes and begins to separate from the next step.
  - Immediately after you feel two steps separate under your toes, place your full weight on that foot and step onto the escalator. Your foot will land entirely on one step.

Preparing to Disembark the Escalator

- As you are riding on the escalator, hold your cane in a vertical position with the tip on the step in front of you. If you are descending, you may also place one foot over the edge of the step to feel when it flattens out.

- También podría usar los dedos de un pie para calcular cuándo puede montarse en las escaleras eléctricas. Este procedimiento le permitirá sentir con exactitud cuándo va a surgir un nuevo escalón y colocar el pie completo sobre el escalón para evitar que se separen los escalones debajo de sus pies.
  - Use el bastón para ubicar el borde exacto de la plataforma. Coloque el bastón en posición vertical y camine hacia ella. Pose la mano libre sobre el pasamanos y permita que este corra por debajo de los dedos.
  - Coloque su peso sobre un pie y mueva los dedos del otro pie hacia delante, fuera de la plataforma, hasta que sienta el movimiento de las escaleras eléctricas debajo de los dedos. Podrá sentir cada vez que el borde de un nuevo escalón emerja por debajo de los pies y comience a separarse del siguiente escalón.
  - Inmediatamente después de que sienta que se separan dos escalones debajo de usted, coloque todo su peso en ese pie y súbase a las escaleras eléctricas. El pie completo se posará sobre un escalón.

Cómo Bajarse de las Escaleras Eléctricas

- Mientras esté en las escaleras, sujete el bastón en posición vertical con la punta sobre el escalón adelante de usted. Si está descendiendo, también puede colocar un pie sobre el borde del escalón para sentir el momento en que los

If you are ascending, you may place one foot on the step above you to feel the steps flatten out.

- Be prepared to step off the escalator when you feel the handrail leveling out. Simultaneously, the steps will be flattening out and you will feel your cane lower (if you are ascending) or rise (if you are descending). Walk forward a few steps using *constant-contact* or *two-point-touch cane technique* before proceeding on your route.

Additional Phrases for Escalator Travel

- *Locate the edge of the platform.*
- *Is the handrail moving toward or away from you?*
- *Is the escalator moving up or down?*

- *Get ready to step off when you are near the top (bottom).*
- *Take your step now!*

Business Street Crossings

As in residential travel, there are many factors to consider when making street crossings in business environments. Intersections will also vary in shape, but they are likely to be larger and have much more traffic than you experienced before. There will also be different types of traffic light controls to become familiar with. You will need to learn new

escalones se aplanan. Si está ascendiendo, puede colocar un pie en el escalón siguiente con el mismo propósito.

- Prepárese para bajarse de las escaleras cuando sienta que el pasamanos cambie a una posición horizontal. Simultáneamente, los escalones se aplanarán y sentirá que el bastón se baja (si usted está subiendo) o se levanta (si usted está bajando). Dé unos pasos hacia adelante usando la *técnica de contacto constante* o la *técnica de dos puntos* antes de continuar con su ruta.

Frases Adicionales Relacionadas con el Uso de Escaleras Eléctricas

- *Encuentre el borde de la plataforma.*
- *¿El pasamanos se mueve hacia usted o en dirección contraria?*
- *¿Las escaleras están subiendo o bajando?*

- *Prepárese para bajar cuando se acerque al final.*
- *¡Dé un paso ahora!*

Cómo Cruzar la Calle en Sectores Comerciales

Al igual que en las zonas residenciales, hay muchos factores que considerar antes de cruzar la calle en sectores comerciales. La forma de los cruces variará aunque en general son más grandes y con mayor tráfico que en las zonas residenciales. También tendrá que familiarizarse con distintos tipos de semáforos y necesitará aprender

methods for lining up and for knowing when it is safe to begin crossing.

Characteristics of Business Area Intersections

- *Width of streets:* Business area street crossings may be as narrow as two lanes of traffic or as wide as six lanes or more. In general, the wider the street, the greater volume of traffic you can expect.

- *Traffic volume:* The volume of traffic refers to the number of cars passing a particular point, at a particular time. It is often described in subjective terms, such as *heavy, moderate,* or *light* volume. At an intersection, one street may have heavy traffic volume while traffic on the other may be quite light. Business crossings are usually easier if there is a moderate to heavy traffic volume in your parallel street.

- *Dedicated right-turn lanes:* A dedicated right-turn lane separates right-turning cars from cars going straight through the intersection. It is typically indicated by a solid painted line in the road near an intersection.

- *Dedicated left-turn lanes:* A dedicated left-turn lane separates left-turning cars from vehicles going straight through the intersection. It is usually indicated by a solid

nuevos métodos para alinearse y saber cuándo es seguro cruzar.

Características de los Cruces en Sectores Comerciales

- *Ancho de las calles:* Los cruces en zonas comerciales pueden ser tan estrechos como dos carriles de tránsito o tan anchos como seis carriles o más. En general, cuanto más ancha sea la calle, mayor será el volumen de tráfico que se puede esperar.

- *Volumen de tráfico:* El volumen de tráfico se refiere al número de autos que pasan por un punto particular, en un momento. Se suele describir en términos subjetivos, como, por ejemplo, tráfico *pesado, moderado* o *liviano.* En un cruce, una calle podrá tener un volumen de tráfico pesado, mientras que el tráfico en la otra podrá ser bastante liviano. Cruzar las calles en sectores comerciales tiende a ser más fácil si hay un volumen de tráfico moderado o pesado en la calle paralela.

- *Carriles exclusivos para girar a la derecha:* Un carril exclusivo para girar a la derecha separa a los autos que van a doblar a la derecha de los que van a continuar derecho por el cruce. Suelen indicarse con una línea sólida pintada en la calle cerca de un cruce.

- *Carriles exclusivos para dar vuelta a la izquierda:* Los carriles exclusivos para dar vuelta a la izquierda separan a los autos que van a doblar hacia la izquierda de los que van a continuar

painted white line on the road near an intersection.

- *Traffic medians:* Some streets may have traffic *medians,* a narrow solid or painted strip in the middle of the road that separates the traffic traveling in different directions. Solid medians may have a place to allow pedestrians to stop and wait before finishing the street crossing.

- *Right-turn traffic islands:* Right-turn traffic islands are solid objects that are sometimes found in intersections to separate the cars in the dedicated right-turn lane from the vehicles going straight through the intersection. In most cases, pedestrians can wait on right-turn islands before they finish their crossings.

- *Intersection shapes:* As in residential areas, business area intersections come in a variety of shapes. The most common shape you will encounter is the *plus-shaped* intersection, similar to those you experienced in residential areas. *(See Appendix B, "O&M Concepts and Terms," for more terminology relating to intersections.)*

Characteristics of Traffic Lights

(See Appendix B, "O&M Concepts and Terms," for more terminology relating to traffic lights.)

- *Traffic lights:* Traffic lights are placed in intersections to signal drivers when they can proceed through the intersection. A system of three dif-

derecho por el cruce. Suelen identificarse por una línea blanca sólida pintada en la calle cerca del cruce.

- *Medianas:* Algunas calles pueden tener *medianas,* una franja estrecha sólida o pintada en el medio de la calle, que separa el tránsito que viaja en direcciones opuestas. Las medianas sólidas pueden ofrecer espacio para que los peatones se detengan y esperen antes de terminar de cruzar.

- *Islas para girar a la derecha:* Las islas para girar a la derecha son objetos que a veces se encuentran en los cruces para separar a los autos del carril exclusivo para girar a la derecha de los que van a continuar derecho por el cruce. En la mayoría de los casos, los peatones pueden esperar en estas isla santes de terminar de cruzar.

- *Diversas formas de cruces:* Al igual que en las zonas residenciales, los cruces en los sectores comerciales varían en su forma. Los más comunes que encontrará son los cruces *en forma de cruz,* similares a los de las zonas residenciales.

Características de los Semáforos

- *Semáforos:* Los semáforos se colocan en los cruces para indicar a los conductores cuándo pueden proseguir. Se utiliza un sistema de luces de tres

ferent light colors is used to direct traffic. If the red light is showing, then drivers must stop. When the yellow light is lit, then drivers must prepare to stop if it is safe, but many drivers will speed up through the intersection instead. If the light is green, drivers may continue through the intersection.

- *Protected turn signals:* Some traffic light controls may have left- or right-turn arrows that direct traffic that is turning through the intersection. These signals are called "protected" because no vehicles or pedestrians are allowed to move into the path of this traffic while it is turning.

- *Cycle:* A cycle includes one complete sequence of all possible traffic light displays (known as *phases).*

- *Phase:* A phase is a portion of the traffic light cycle referring to the segment of traffic (including pedestrian traffic) that has the *right of way* (the right to move before other cars or pedestrians).

- *Simple phasing:* Traffic lights with simple phasing have just two phases in a cycle. For example, the first phase may consist of northbound and southbound traffic moving together, while the east and westbound vehicles wait. The second phase would consist of the east and westbound traffic moving while the north and southbound vehicles wait.

colores para dirigir el tránsito. Cuando hay una luz roja, los conductores deben detenerse. Una luz amarilla significa que los conductores deben prepararse para detener la marcha; sin embargo, muchos conductores hacen lo contrario y tienden a acelerar. Cuando hay luz verde, los conductores pueden continuar su camino por el cruce.

- *Fase exclusiva (o protegida):* Algunos semáforos tienen flechas que indican giros hacia la izquierda o hacia la derecha para dirigir el tránsito que va a girar en el cruce. Estas señales se llaman "protegidas" porque no se permite el paso de vehículos ni peatones cruzando el paso de estos autos mientras hacen el viraje.

- *Ciclo:* Un ciclo incluye una secuencia completa de todos los cambios de luz posibles (conocidos como *fases).*

- *Fase:* Una fase es una parte del ciclo del semáforo y se refiere al segmento del tráfico (incluyendo el tránsito peatonal) que tiene el *derecho de paso* (el derecho a circular antes que otros carros o peatones).

- *Fase simple:* Los semáforos de fase simple solo tienen dos fases por ciclo. O sea, la primera fase podría ser para el tránsito en dirección al norte y al sur que circulan a la misma vez, mientras que los vehículos que se dirigen al este y al oeste esperan. La segunda fase sería para la circulación del tránsito en dirección al este y al oeste mientras que los vehículos que van hacia el norte y el sur esperan.

- *Complex phasing:* With the addition of *protected turn signals*, a traffic light cycle may have as many as eight different phases. There are many variations of traffic light phasing. For example, *split phasing* is a signal design that gives a green light for all vehicles moving in one direction (including turns), followed by a phase for all movement in the opposite direction.

- *Pre-timed traffic light:* Pre-timed traffic signals have preset, fixed times and sequence for each phase of the cycle. While there may be pedestrian signals at intersections with pre-timed traffic lights you will not find pedestrian push buttons for the signals *(see the next section on Pedestrian Signals).*

- *Actuated traffic lights:* Traffic signals that are able to detect whether vehicles are at the intersection waiting to proceed are called *actuated* signals. Actuated signals vary the traffic phases from cycle to cycle, depending on how many vehicles are present in each lane of the intersection.
  - A *fully actuated traffic light is a* signal with vehicle detectors at each approach lane to the intersection. They will usually have pedestrian push buttons at all the crosswalks *(see the next section on Pedestrian Signals).*
  - A *semi-actuated traffic light* is usually found at the intersection of

- *Fase compleja:* Si se le añaden las *señales protegidas,* un ciclo de un semáforo puede tener hasta ocho fases. Existen muchas variaciones de fases de semáforos. Por ejemplo, las *fases divididas* representan una configuración de señal que le da luz verde a todos los vehículos que se mueven en una sola dirección (incluso los que van a hacer un giro o dar vuelta), seguidos por una fase para circular en la dirección contraria.

- *Semáforos con ciclos fijos:* Las señales de tránsito *con ciclos fijos* tienen secuencias de duración constante y preestablecida para cada fase del ciclo. Aunque puede que haya señales de peatones en los cruces con semáforos con ciclos fijos, no encontrará pulsadores peatonales para estas señales.

- *Semáforos accionados:* Los semáforos que detectan si hay vehículos en el cruce que esperan para continuar el camino se denominan semáforos *accionados.* Las fases de tránsito de las señales accionadas varían en cada ciclo y dependen de cuántos vehículos estén presentes en cada carril del cruce.
  - Un *semáforo totalmente accionado* es una señal con detectores vehiculares en cada carril de aproximación al cruce. Suelen tener pulsadores en todos los cruces peatonales.
  - Un *semáforo semiaccionado* se encuentra, por lo general, en el cruce

a *major* (main) street and a *minor* (smaller) street. It will have vehicle detectors on the minor street only. The major street will have a green light as long as no traffic is detected in the minor street and no pedestrians are waiting to cross. Semi-actuated traffic light signals typically have pedestrian push buttons only to cross the major street.

de una *calle principal* con una *secundaria*. Solo habrá detectores vehiculares en la calle secundaria. La calle principal tendrá luz verde, siempre y cuando no se detecte tráfico en la calle secundaria y no haya peatones esperando para cruzar. Las señales de los semáforos semiaccionados suelen tener pulsadores peatonales solo para cruzar la calle principal.

Characteristics of Pedestrian Signals

Características de las Señales de Peatones

- *Pedestrian Lights:* Pedestrian light signals are placed at some crosswalks to make street crossings safer for pedestrians. Pedestrian lights have three phases*: Walk, flashing Don't Walk,* and *solid Don't Walk.*

- *Luces peatonales:* Estas señales se colocan en algunos pasos peatonales para que los cruces sean más seguros para los peatones. Constan de tres fases*: "Walk," "Don't Walk" con luz intermitente,* y *"Don't Walk" con luz sólida.*

- The *Walk* phase lasts for the amount of time it is safe to *begin* the crossing. The signal may show the word "Walk" or show a white or green lighted symbol of a walking person.

- La fase de *"Walk"* dura el tiempo en que es seguro *comenzar* a cruzar. La señal puede mostrar la palabra "Walk" o un símbolo iluminado en blanco o verde de una persona caminando.

- The *flashing Don't Walk* phase is often symbolized by a flashing red upright hand or the words "Don't Walk" flashing in red. This informs the pedestrian that the safe period for crossing is ending soon.

- La fase *"Don't Walk" con luz intermitente* se suele identificar con una mano abierta iluminada en un rojo parpadeante o las palabras "Don't Walk" en el mismo color con iluminación en rojo parpadeante. Esto informa a los peatones que el periodo seguro para cruzar terminará pronto.

- The *solid Don't Walk* interval comes next and is indicated by a

- El intervalo de *"Don't Walk" con luz sólida* es el que le sigue al de la luz

symbol of a red upraised hand or the words "Don't Walk" in red. This signals to pedestrians that they should have completed the crossing and that the opposing traffic movement will begin.

- *Leading pedestrian interval (LPI):* At some intersections, the Walk signal appears a few seconds before the green traffic signal to give pedestrians more time to complete the crossing. However this can cause additional challenges for the traveler with a visual impairment who relies on hearing the parallel traffic surge to identify when to begin crossing.

- *Pedestrian push buttons:* Some pedestrian lights have push buttons mounted on the side of a signal pole that must be pushed to trigger the pedestrian light. If the button is not pushed, there may not be enough time to complete the street crossing. The best time to push the button is when the perpendicular traffic is moving. This will usually ensure that the next pedestrian Walk interval coincides with the fresh green light of the parallel traffic moving straight.

- *Accessible pedestrian signals (APS):* Some pedestrian signals provide additional information, such as audible tones or words or vibrating tactile surfaces to help pedestrians with visual impairments know when it is

intermitente y se caracteriza por el símbolo de una mano abierta en luz roja sólida o las palabras "Don't Walk," también en rojo sólido. Esto les indica a los peatones que deberían haber terminado de cruzar, ya que los vehículos volverán a circular.

- *Intervalos de ventaja peatonal:* En algunos cruces, la señal de "Walk" aparece unos segundos antes que la señal de luz verde de tránsito se ilumine y así dar a los peatones más tiempo para cruzar. Sin embargo, esto puede significar un reto adicional para personas con impedimentos visuales que dependen del ruido del tráfico paralelo para identificar cuándo deben comenzar a cruzar.

- *Botón peatonal:* Algunas luces peatonales tienen pulsadores colocados a un lado del poste que se presionan para activar la luz peatonal. Si no se presiona el botón, puede que no haya tiempo suficiente para terminar de cruzar. El mejor momento para presionar el botón es mientras el tráfico perpendicular esté circulando. Por lo general, esto asegurará que el próximo intervalo de "Walk" coincida con el cambio a luz verde para el tráfico paralelo moviéndose en línea recta.

- *Señales peatonales accesibles (APS, por sus siglas en inglés):* Algunas señales de peatones proporcionan información adicional, entre ellas tonos o mensajes verbales, o superficies vibratorias para ayudar a peatones

safe to begin crossing. It is always wise to use traffic sounds to verify when it is safe to cross.

con impedimentos visuales a saber cuándo es seguro cruzar la calle. Siempre es aconsejable escuchar los sonidos del tráfico para verificar si es prudente cruzar.

Direction-Taking for Business Street Crossings

Como Tomar Dirección para Cruzar Calles en Zonas Comerciales

- *Auditory direction-taking:* To cross business streets, traffic sounds will help you to line up, often referred to as *auditory direction-taking.* As in residential travel, the goal is to establish a line of travel that will point you toward the opposite corner. The best approach to auditory direction-taking depends on your skill and preferences and on the amount of traffic at the intersection.

- *Toma de dirección auditiva:* Para cruzar calles comerciales, el sonido del tráfico le ayudará a trazar su ruta; generalmente, a esto se le conoce como *toma de dirección auditiva.* Al igual que cuando se recorren zonas residenciales, el objetivo es establecer una línea de desplazamiento que lo oriente hacia la esquina opuesta. El mejor método para tomar dirección auditiva dependerá de sus destrezas, preferencias y la cantidad de tráfico presente en el cruce.

- *Aligning with the "wall of sound":* Aligning with the "wall of sound" *(described in the section on Establishing and Maintaining a Straight Line of Travel earlier in this chapter)* helps you start and keep a straight line of travel on the sidewalk.

- *Alinearse con el "muro de sonido":* Alinearse con el "muro de sonido" le ayudará a establecer y mantener una línea de desplazamiento recta en la acera.

- *Squaring-off with the "wall of sound":* As with aligning with the "wall of sound," you will want to listen to all of the traffic sounds in the perpendicular street. The goal is to square your shoulders to the perpendicular traffic at its loudest point. If you hear perpendicular traffic sounds crossing either the

- *Cuadrarse perpendicularmente con el "muro de sonido":* Al igual que al alinearse con el "muro de sonido," deberá prestar atención a los sonidos del tráfico de la calle perpendicular. El objetivo es alinear los hombros con el tráfico perpendicular en el punto en que el sonido es más fuerte. Si los sonidos del tráfico perpendicu-

left or right side of your body, you will need to make adjustments because you are not fully squared facing the traffic.

- *Aligning with an "angle of adjustment":* This method of alignment requires you to listen for one car from your near-side parallel traffic lanes. You then make a small angle of adjustment from where you hear this car toward your opposite corner. The degree of the adjustment will vary slightly depending on how far away you hear the car. The farther away you hear the car, the smaller the degree of your adjustment. The lane of traffic that you hear the car in will also affect your angle of adjustment. If you hear the car in the lane closest to you, your angle adjustment will be smaller than if the car is in a lane farther away.
  - *Counterclockwise crossings:* If you are crossing in a *counterclockwise* direction, you need to isolate the sound of one car from your near-side parallel traffic lanes. This car will be traveling in the same direction as you are. Track the sound of that car through the intersection to the point where you *last* clearly hear it. You will need to make a small angle of adjustment toward the *right* of that point to align facing the opposite corner.

  - *Clockwise crossings:* If you are making a *clockwise* crossing, when

lar suenan como si cruzaran el lado izquierdo o derecho de su cuerpo, necesitará hacer algunos ajustes, pues no estará completamente alineado hacia el tráfico.

- *Alinearse con un "ángulo de ajuste":* Este método requiere prestar atención y escuchar a un automóvil localizado en uno de los carriles más cercanos de tránsito paralelo. Luego, ajuste su ángulo levemente, partiendo del lugar desde el cual escucha el auto y dirigido hacia la esquina contraria. El grado del ajuste variará dependiendo de cuán lejano esté el sonido del auto. Cuanto más lejos se escuche, menor será el grado de ajuste. El carril donde esté el auto también afectará el ángulo de ajuste. Si escucha que el auto está en un carril más cercano a usted, el ángulo de ajuste será menor que si el carro estuviera en un carril más lejano.
  - *Cruces en el sentido opuesto a las manecillas del reloj:* Si está cruzando *en dirección opuesta a las manecillas del reloj,* necesita aislar el sonido de uno de los autos que se encuentren en cualquiera de los carriles de tránsito paralelo. Ese auto viajará en la misma dirección que usted. Siga este sonido a lo largo del cruce hasta el lugar donde lo escuchó con claridad por *última* vez. Necesitará ajustar un poco su ángulo hacia la *derecha* de ese punto para quedar de frente a la esquina contraria.
  - *Cruces en el sentido de las manecillas del reloj:* Si está cruzando *en*

you isolate one car from your near-side parallel traffic lanes, the car will be traveling in the opposite direction from you. In this case, you will isolate the point where you *first* clearly hear the car. You will need to make a small angle of adjustment toward the *left* of that point so that you will be facing the opposite corner.

la direccion de las manecillas del reloj, necesitará aislar el sonido de uno de los autos que se encuentren en cualquiera de los carriles de tránsito paralelo. Ese auto viajará en dirección opuesta a usted. En este caso, aísle el punto donde lo escuchó con claridad por *primera vez*. Necesitará ajustar un poco su ángulo hacia la *izquierda* de ese punto para quedar de frente a la esquina contraria.

Additional Phrases for Direction-Taking at Business Street Crossings

Frases Adicionales para Tomar Dirección al Cruzar Calles en Zonas Comerciales

- *Do you hear traffic crossing the front or back (left side or right side) of your body?*

- *Is the near-side parallel traffic moving in the same direction as you? Or the opposite direction?*

- *Which lane of traffic do you think that car was in? The lane nearest to you? Or farther over?*

- *Point to where you last (first) clearly heard that car.*

- *Make a small angle of adjustment from that car and point to where you think the opposite corner is.*

- *Now check to see if you are facing that direction.*

- *¿Escucha el tráfico cruzar enfrente o detrás de usted (a su izquierda o derecha)?*

- *¿El tráfico paralelo en el carril más cercano está moviéndose en la misma dirección que usted o en la dirección contraria?*

- *¿En cuál carril cree que estaba ese auto? ¿En el carril más cercano a usted o en el más lejano?*

- *Señale el lugar donde escuchó claramente ese auto por última (primera) vez.*

- *Ajuste un poco su ángulo utilizando el auto como referencia y señale hacia donde cree que está la esquina contraria.*

- *Ahora compruebe si está orientado hacia esa dirección.*

- *Adjust your line a little to the right (left).*

- *Ajuste un poco la línea de desplazamiento hacia la derecha (izquierda).*

Timing for Traffic Light Crossings

Momento para Cruzar con Semáforos

- It is usually recommended that you cross with a *fresh green* traffic light, which means the traffic light has just turned green. This will help to make sure that you have enough time to complete your crossing before the traffic light turns red. If you attempt to cross with a *stale green* traffic light, it means the light has been green for several seconds and you may not have enough time to finish the crossing.

- To cross with a *fresh green* traffic light, listen for the sounds of idling traffic in your near-side parallel traffic lanes. If you are crossing in a *counter-clockwise* direction, the cars will be behind you and to the left, traveling in the same direction as you. If you are making a *clockwise* direction crossing, the cars will be ahead of you and a little to the right, traveling in the opposite direction from you.

- When you hear these cars begin to surge through the intersection, it is an indicator that the traffic light has turned green. It is a good idea to wait just until the vehicles travel to the center of the street to make sure

- Por lo general, se aconseja cruzar la calle con una luz *verde nueva*, o sea, cuando el semáforo acaba de cambiar a verde. Esto lo ayudará a asegurarse de que tendrá el tiempo suficiente para cruzar antes de que el semáforo cambie a rojo. Si decide cruzar con una luz *verde que no es nueva*, esto implica que la luz ha estado verde por varios segundos y que, tal vez, no le dé el tiempo para terminar de cruzar.

- Para cruzar con una luz *verde nueva*, esté atento a los sonidos del tráfico detenido en los carriles más cercanos del tráfico paralelo. Si va a cruzar hacia la izquierda *(sentido contrario a las manecillas del reloj)*, los autos estarán detrás de usted y hacia su izquierda, viajando en la misma dirección que usted. Si va a cruzar hacia la derecha *(mismo sentido que las manecillas del reloj)*, los autos estarán delante suyo y un poco hacia la derecha, viajando en dirección opuesta a usted.

- Cuando escuche que estos autos comienzan a circular por el cruce, esto indica que la luz ha cambiado a verde. Es una buena idea esperar hasta que los vehículos viajen al centro de la calle para asegurarse de que los carros no estén simple-

that cars are not simply turning right on a red light.

mente virando a la derecha con luz roja.

Additional Phrases for Timing Business Street Crossing

Frases Adicionales Relacionadas con el Cruce de Calles en Sectores Comerciales

- *Is this a fresh or stale green traffic light?*

- *¿Esta es una luz verde nueva o una luz verde que lleva ya tiempo encendida?*

- *Point to where the near-side parallel traffic is coming from.*

- *Señale el lugar de donde proviene el tráfico paralelo cercano.*

- *Tell me when you hear the surge of the near-side parallel traffic.*

- *Notifíqueme cuando escuche que el tráfico paralelo cercano comience a circular.*

- *Do you hear any cars turning? In which direction are they turning?*

- *¿Escucha que algunos autos están virando? ¿Hacia cuál dirección están virando?*

When *Not* to Cross the Street

Cuándo *No* Cruzar la Calle

It is as important to know when *not* to cross as it is to know when to cross. These are a few important safety reminders:

Saber cuándo *no* debe cruzar la calle es tan importante como saber cuándo sí se puede. Estos son algunos recordatorios de seguridad importantes:

- Do not use buses to time your crossings because they may start to cross the intersection during a stale green light.

- No utilice autobuses para calcular cuándo cruzar porque estos podrían cruzar con una luz verde que no es nueva.

- Do not cross when you hear sirens.

- No cruce si oye sirenas.

- Do not cross if you hear masking noises that prevent you from hearing traffic clearly, such as a lawn mowers or leaf blower.

- No cruce si hay ruidos que le impidan escuchar el tráfico claramente, como cortadoras de césped o sopladores de hojas.

- Do not cross just because someone else is crossing or tells you it is okay.

- No cruce simplemente porque otra persona esté cruzando o le diga que lo puede hacer.

- Do not wave cars on if you believe they are waiting for you to cross. Instead, step back or otherwise indicate you don't intend to cross immediately.

- Do not stay in the waiting position if you hear a large truck making a right turn in front of you. Step back in case the truck accidentally drives over the curb when turning.

- No haga señales a los autos si cree que están esperando a que usted cruce. En cambio, dé un paso hacia atrás o indique que no tiene intención de cruzar inmediatamente.

- No permanezca en la posición de espera si escucha que un camión grande dobla hacia la derecha frente a usted. Dé un paso hacia atrás en caso de que el camión se suba a la acera, accidentalmente, al doblar en la esquina.

5

Using Public Transit

At a Glance

Bus Travel	Rapid Rail and Light Rail Systems

Bus Travel

Common Characteristics of Public Buses

Although public buses will look different in different cities or towns, they have certain characteristics that are usually similar.

- *Entrance door:* In most cases, the entrance door is located at the very front of the bus, across from the driver. Some bus entrances have a few steps and others may have a low floor with no steps. When needed, a ramp or lift usually can be deployed to assist in boarding the bus. Handrails will usually be placed inside the bus on each side of the door to assist you in boarding.

- *Fare box:* The fare box is usually located next to the driver's seat, a step

Los Viajes en Autobús

Características Comunes de los Autobuses Públicos

Aunque los autobuses públicos son diferentes en cada ciudad, todos comparten ciertas características semejantes.

- *Puerta de entrada:* En la mayoría de los casos, la puerta de entrada está en la parte delantera del autobús, del lado opuesto al conductor. Algunas entradas tienen un par de escalones y otras tienen un piso bajo sin escalones. Cuando es necesario, a menudo se puede desplegar una rampa de acceso o ascensor para ayudarle a subir al autobús. Dentro del autobús, habrá pasamanos a cada lado de la puerta para ayudarle.

- *Máquina para pagar el billete:* Esta máquina suele ubicarse al lado del

or two in front of you as you enter the bus. The top of the box usually has slots for paying with coins, bills, or transit cards.

- *Center aisle:* If you are facing the fare box, to your left will be an aisle that runs down the center of the bus. You will find bench seating on each side of the aisle, with windows above each of the seats.

- *Seating for passengers with disabilities:* The seats closest to the door are usually reserved for passengers with disabilities. These seats may be facing the aisle, instead of facing forward like the rest of the seats.

- *Vertical poles:* If the bus is crowded, you may not be able to find a seat. Vertical poles are placed near the entrance and along each side of the center aisle and horizontal poles are placed above head height so that standing passengers have something to hold to aid their balance.

- *Stop request cords and strips:* On public transit buses, passengers must signal to the driver that they want to get off at an upcoming bus stop. In some buses, *stop request cords* are hung horizontally along the top of the windows from the front to the back of the bus. To request that the driver stops at the next arriving bus stop, you simply pull down on the

asiento del conductor, a un paso o dos frente a usted, al entrar al autobús. La parte superior de la máquina, por lo general, tiene unas ranuras para pagar con monedas, billetes o tarjetas de transporte.

- *Pasillo central:* Si está de frente a la máquina para pagar el billete, a su izquierda habrá un pasillo que recorre el centro del autobús. Encontrará asientos con ventanas a cada lado del pasillo.

- *Asientos para pasajeros con discapacidad:* Generalmente, los asientos más cercanos a la puerta se reservan para los pasajeros discapacitados. Estos asientos pueden estar de cara al pasillo o, por el contrario, mirando hacia delante como el resto.

- *Barandas verticales:* Si el autobús está lleno, puede que no consiga asiento. Hay barandas verticales que se sitúan cerca de la entrada y a lo largo de cada lado del pasillo central mientras que las horizontales están a la altura de la cabeza para que los pasajeros de pie tengan de dónde sujetarse y puedan mantener el equilibrio.

- *Cuerdas y bandas de solicitud de parada:* En los autobuses de transporte público, los pasajeros deben indicarle al conductor cuando quieran bajarse en la próxima parada. En algunos autobuses, las *cuerdas de solicitud de parada* cuelgan de forma horizontal a lo largo de las ventanas desde la parte frontal hasta la trasera. Para solicitar que el conductor se

cord. You may hear an automated audible announcement that a stop has been requested. Other buses have strips of tape running vertically between the windows or horizontally under the windows that can be pushed to request the next stop.

- *Automated voice announcements:* Many modern buses have automated voice announcements that alert passengers to upcoming stops.
- *Exit doors:* Most public buses have exit doors in the middle of the bus. However, in most cases, it will be acceptable for you to exit through the same door you entered.

Concepts Related to Bus Travel

- *Bus routes:* Public buses run along designated routes, making stops at regularly scheduled places. In some cases you may be able to reach your destination with one bus, but often you may need to make one or more transfers to other bus lines.

- *Bus schedules:* Bus schedules vary among routes lines, but typically stay fixed during weekdays. Service on weekends and holidays is often more limited than during the week.

- *Fares:* Fares for travel will vary among bus companies. Seniors and

detenga en la próxima parada, simplemente tiene que tirar de la cuerda hacia abajo. Puede que oiga una señal sonora automática que indica que se ha solicitado una parada. Otros autobuses tienen bandas de cinta alrededor de las ventanas que pueden presionarse para solicitar que el autobús se detenga en la próxima parada.

- *Anuncios de voz automáticos:* Muchos autobuses modernos tienen anuncios de voz automáticos que anuncian las próximas paradas.
- *Puertas de salida:* En la mayoría de los autobuses, las puertas de salida se encuentran en el centro. Sin embargo, en la mayoría de los casos, es permisible salir por la misma puerta por la que entró.

Conceptos Relacionados con el Viaje en Autobús

- *Rutas de autobús:* Los autobuses públicos tienen rutas designadas y hacen paradas en lugares programados. En algunos casos, es posible que pueda llegar a su destino con un solo autobús, pero, con frecuencia, puede que necesite hacer trasbordo a otras líneas de autobús.

- *Horario del autobús:* Los horarios de los autobuses varían según la línea, aunque lo habitual es que no cambien durante la semana. El servicio en el fin de semana y en días de fiesta suele ser más limitado que durante la semana.

- *Tarifas:* Las tarifas para viajar son diferentes en cada compañía de autobús.

passengers with disabilities are often eligible for reduced fares. Depending on the city or bus company, you may pay your fare in cash or with a prepaid transit card.

Las personas de edad avanzada y los pasajeros con discapacidad suelen tener derecho a tarifas reducidas. Dependiendo de la ciudad o la compañía del autobús, puede pagar la tarifa en efectivo o mediante una tarjeta de transporte prepagada.

Planning a Bus Trip

- *Sources of information:* Public transit companies usually have a telephone number for information about bus schedules, routes, and fares. Print schedules may be available and often have a map of routes, with information regarding bus stop locations and times of operation. Most bus companies also have bus route and schedule information available on the Internet. Many transit companies have online software and smart phone applications that will assist you in planning your route.

- *Information you will need to plan your trip:* When using one of these resources to plan a trip, you will need to provide your starting address or intersection, the address of your destination, and the time you wish to travel or arrive.

- *Information you will need to record:* The transit company will give you the location of the starting bus stop, the bus number, the time the bus will arrive, and the direction the bus is traveling. The transit company will also provide the time you will arrive

Cómo Planificar un Viaje en Autobús

- *Fuentes de información:* Las compañías de transporte público suelen tener un teléfono de información para consultar horarios de autobús, rutas y tarifas. Se puede conseguir los horarios impresos que suelen incluir un mapa de las rutas, con información acerca de las paradas y las horas de operación. La mayoría de las compañías también tienen disponibles, en Internet, las rutas y la información sobre los horarios. Muchas tienen programas en el Internet y aplicaciones para teléfonos que podrán ayudarle a planificar la ruta.

- *Información que necesitará para planificar el viaje:* Cuando use uno de estos métodos, necesitará proporcionar la dirección o intersección de partida, la dirección del destino y las horas de salida y llegada que desee.

- *Información que necesitará anotar:* La compañía de transporte le indicará el lugar de la parada de salida, el número del autobús, la hora en que llegará y la dirección a la que va. También le proveerá la hora en que llegará a la parada de

at your destination bus stop, the specific location of the arrival bus stop, and any directions you will need to walk to your destination. If you need to take more than one bus, you will also need to know the number of the new bus and the location of the new bus stop, if it is different from where you get off the first bus.

Bus Stops

- Most bus lines have predetermined places where they will stop along a route to pick up or drop off passengers. However, bus drivers may not stop unless someone is waiting at a bus stop or a passenger on the bus signals for the bus to stop.

- *Features:* Bus stops may be designated by a pole with a sign. They may also have a bench or shelter.

- *Location:* Bus stops are commonly located near intersections. How near a stop is to the corner depends on whether it is before or after the intersection. If the bus stop is before the intersection, the stop will typically be close to the corner. If the stop is after the intersection, it will usually be at least a bus-length away from the corner so that the bus does not block the intersection when it stops. In some cases, bus stops are placed in the middle of a block or in front of schools, agencies, or shopping centers.

destino, la ubicación específica de esa parada y cualquier indicación necesaria para caminar hasta el destino. Si necesita tomar más de un autobús, deberá conocer el número del siguiente autobús que deberá tomar y dónde queda la parada, si es diferente de donde se bajó del primero.

Paradas de Autobús

- La mayoría de las líneas tienen lugares específicos en su ruta donde se detienen para recoger o dejar pasajeros. Sin embargo, puede que el conductor del autobús no se detenga a menos que una persona esté esperando en la parada o un pasajero lo solicite.

- *Características:* Las paradas de autobús se identifican por un poste con un letrero de autobús. Pueden tener un banco o un refugio.

- *Ubicación:* Las paradas de autobús se suelen ubicar cerca de los cruces. La distancia de una parada hasta la esquina depende de si está antes o después del cruce. Si la parada está antes del cruce, la encontrará con frecuencia cerca de la esquina. Si la parada está después del cruce, se situará, por lo general, al menos a una distancia suficiente para que el autobús pueda detenerse sin bloquear la intersección. En algunos casos, las paradas se ubican en el medio de una cuadra o delante de escuelas, oficinas o centros comerciales.

- *Locating the bus stop:* The most efficient method for finding a bus stop is to obtain information on its location before you travel. Most important, find out the specific corner (northwest, northeast, southwest, or southeast) of the intersection on which it is located and the direction the bus will be traveling as it arrives. With this information, you can narrow your search to one side of one corner of the intersection.

- *Search pattern:* To locate the bus stop, start at the corner and use *touch-and-drag technique* to follow the curb line as you look for a bus stop sign, bench, or shelter. Use a wider arc than normal so that you cover more territory as you explore. Trail the curb walking away from the corner for a distance at least the length of a bus. If you do not find the bus stop, head back toward the corner, but positioned closer to the inside shoreline as you search.

- *Waiting for a bus:* As you wait for a bus, stand near the bus sign pole, facing the direction that the bus will be arriving from. Have your cane visible as the bus approaches so that it is clear to the driver that you are waiting to be picked up, rather than just resting at the bus stop.

- *Cómo encontrar la parada:* El método más eficaz para encontrar la parada es obtener información sobre su ubicación antes de viajar. Más importante es encontrar dónde está la esquina exacta del cruce (noroeste, noreste, suroeste o sureste) y la dirección de donde vendrá el autobús cuando llegue. Con esta información, puede reducir su búsqueda a un lado de una de las esquinas del cruce.

- *Patrón (o método) de búsqueda:* Para encontrar una parada, comience en la esquina y use la *técnica de toque y arrastre* para seguir el borde de la acera mientras busca el letrero de la parada del autobús, un banco para sentarse, o un refugio. Utilice un arco más amplio de lo normal para que pueda cubrir más espacio al explorar. Rastree el bordillo desde la esquina hasta una distancia que cubra, al menos, la medida de un autobús. Si no encuentra la parada, vuelva hacia la esquina, pero sitúese más cerca de la orilla interior mientras busca.

- *Al esperar el autobús:* Mientras espera el autobús, colóquese cerca del poste de la parada, enfrentando la dirección en la que llegará el autobús. Haga visible el bastón para que el conductor tenga claro que está esperando ser recogido y no piense que está simplemente descansando en la parada.

Communicating with the Bus Driver

- It is possible that buses traveling different routes may share a bus stop and that not all of buses will be headed to your destination. Therefore, before you board the bus, it is a good idea to verify that the bus is heading to your destination. For example you can ask, "Does this bus go to Main and First Street?"

- As you board, ask the driver to alert you when you reach your destination stop. For example, "Will you let me know when we get to Main and First Street?"

Boarding the Bus

- *Locating the door:* The entrance door is at the front of the bus. If the driver sees your white cane as the bus arrives, he or she will probably stop the bus so that the doors are in front of you. Listen for the sound of the doors when they open and head toward them, using *touch-and-drag* or *constant-contact technique* as appropriate.

- *Stepping onto the bus:* Hold the cane in a vertical position in your left hand and check the distance between the curb and the floor of the bus. Then, while still holding your cane vertically, continue to extend it forward to determine if there are steps. If you do not feel the riser of a step, quickly clear the floor of the bus with one sweep of the cane and

Comunicación con el Conductor del Autobús

- Es posible que varios autobuses compartan una parada y que no todos se dirijan a su destino. Por lo tanto, es una buena idea que antes de subir al autobús confirme si el autobús se dirige al destino que usted desea. Por ejemplo, puede preguntar: "¿Este autobús va a la calle Main y la calle Primera?"

- Cuando entre, pídale al conductor que le avise cuando llegue a su parada de destino. Por ejemplo, "¿Podría avisarme cuando lleguemos a la calle Main y la calle Primera?"

Cómo Abordar el Autobús

- *Cómo encontrar la puerta:* La puerta de entrada está en la parte delantera del autobús. Si el conductor ve su bastón blanco, él o ella se detendrá para que las puertas queden de frente a usted. Escuche el sonido de las puertas cuando abren y diríjase hacia ellas. Use la *técnica de toque y arrastre* o la *técnica de contacto constante*, según convenga.

- *Cómo subirse al autobús:* Sujete el bastón en posición vertical con la mano izquierda y verifique la distancia desde el bordillo hasta el piso del autobús. Después, mientras aún sostiene el bastón verticalmente, continúe extendiéndolo hacia adelante para determinar si hay escalones. Si no siente la contrahuella de un escalón, despeje rápido el piso del autobús con

step on. If there are steps, use your cane in your left hand to identify the location of each riser as you board. With your right hand, locate and use the handrail on the right side of the door. Often, the handrail on the right will lead you to the fare box.

- *Locating a seat:* As you board, ask the driver if the seat nearest the door is free. It is a good idea to sit near the driver and as close to the door as possible. Being positioned near the door, with your cane visible, will serve as a reminder to the driver to announce your requested stop. Sitting near the door will also make it easier for you to exit the bus.

Exiting the Bus

- Immediately after the bus has stopped, stand, face the front, and use *constant contact technique* to locate the door where you entered. If you sat in the seat nearest the door, the door should be only one step forward and then immediately to your right.

- If there are stairs, hold the handrail with one hand and use *descending stair cane technique* with your other hand.

- When you reach the last step, hold your cane vertically and check the distance between the bus floor and

un movimiento lateral con el bastón y avance. Si hubiera escalones, use el bastón con la mano izquierda para identificar la altura mientras entra. Use la mano derecha para encontrar la baranda al lado derecho de la puerta. A menudo, podrá guiarse hasta la máquina para pagar el billete usando la baranda de la derecha.

- *Cómo encontrar un asiento:* Al entrar, pregúntele al conductor si el asiento más cercano está libre. Es una buena idea sentarse cerca del conductor, tan próximo a la puerta como sea posible. Para ayudar a que el conductor recuerde anunciarle su parada, ubíquese cerca de la puerta con el bastón visible. La salida también será más fácil si se sienta próximo a la puerta.

Cómo Salir del Autobús

- Inmediatamente después de que el autobús haya parado, levántese del asiento, y use la *técnica de contacto constante* para encontrar la puerta por la que entró. Si estaba en el asiento más cercano a la puerta, debería dar un solo paso hacia adelante y después seguir inmediatamente hacia la derecha.

- Si hay escalones, agarre la baranda con una mano y, con la otra, aplique la *técnica para bajar escaleras*.

- Cuando llegue al último escalón, sujete el bastón de forma vertical y verifique la distancia entre el piso del

the curb or street. Clear the curb by making one arc sweep with your cane before stepping down.

autobús y el bordillo o la calle. Despeje el bordillo haciendo un movimiento lateral con el bastón antes de bajar.

Rapid Rail and Light Rail Systems

Sistemas de Ferrocarriles y Trenes Ligeros

Common Characteristics of Rapid and Light-Rail Systems

Características Comunes de los Sistemas de Ferrocarriles y Trenes Ligeros

- *Rapid rail trains:* Rapid rail trains (also called *rapid transit)* are made up of railcars that are linked together, with each car capable of holding 100 or more passengers. The trains run on steel tracks and are operated separately from street traffic because of their large size and high speeds. In urban areas, rapid rail lines often run in underground subway tunnels or on elevated above-ground railways. In suburban areas, rapid rail may operate on ground-level tracks separated from street traffic.

- *Light rail trains:* Like rapid rail trains, light rail trains consist of one or several railcars linked together, such as streetcars or trolleys, but they are usually narrower, lighter weight and carry fewer passengers per car. Light rail vehicles also travel on steel tracks, but often operate alongside street traffic.

- *Railcars:* Each railcar will have one or more doors on each side to allow multiple passengers to enter and exit the train quickly.

- *Ferrocarriles:* Los ferrocarriles se componen de vagones unidos entre sí, cada uno con una capacidad de cien o más pasajeros. Estos trenes circulan sobre carriles de acero y separados del tráfico vehicular debido a su gran tamaño y alta velocidad. En las zonas urbanas, se suele tender las líneas del ferrocarril por túneles subterráneos o por vías elevadas sobre el nivel del suelo. En las zonas suburbanas, el ferrocarril puede desplazarse sobre vías al nivel del suelo pero separados del tráfico vehicular.

- *Trenes ligeros:* Al igual que los ferrocarriles, los trenes ligeros se componen de uno o varios vagones unidos entre sí (por ejemplo, un tranvía) pero, por lo común, son más estrechos, menos pesados y transportan un número menor de pasajeros. Los trenes ligeros también circulan sobre vías de acero, pero, con frecuencia, operan junto al tráfico de vehículos.

- *Vagones:* Cada vagón tendrá una o más puertas a cada lado para permitir que varios pasajeros puedan entrar y salir del tren con rapidez.

○ *Seats:* Seats will be located on either side of a long central aisle inside the railcar, with windows above the seats. The seats may face the aisle or the front or back of the car. Designated seating for passengers with disabilities is usually located near the entrances.

○ *Poles:* Vertical poles for standing passengers to hold are often positioned in the center of the aisle in front of the doors and along each side of the aisle next to the seats. Horizontal poles running above head height provide additional handholds.

○ *Partitions:* Waist-high partitions are sometimes found on each side of railcar entrances to separate the seating area from the entrance.

○ *Voice announcements:* Rapid rail and light-rail stops usually have voice announcements of upcoming stations, either automated or from a conductor. If you can't hear the announcements, you can count the number of stops to your destination.

○ *Emergency buttons or cords:* Rapid and light rail trains often have a button or cord in the railcars that passengers can use to signal an emergency and notify the conductor if the train needs to be stopped. In some cases, when the alarm is sounded, the conductor may

○ *Asientos:* Encontrará asientos con ventanas a cada lado del pasillo central en el interior del vagón. Los asientos pueden estar orientados hacia el pasillo, hacia el frente o hacia la parte trasera del vagón. Los asientos designados para uso de pasajeros discapacitados suelen estar cerca de las entradas.

○ *Barandas:* Los pasajeros que estén de pie podrán sujetarse de las barandas verticales que hay en el centro del pasillo, delante de las puertas y a lo largo de cada lado, cerca de los asientos. También podrán agarrarse de las barandas horizontales situadas por encima de la cabeza.

○ *Divisiones:* Algunas veces, encontrará separadores a la altura de la cadera, a cada lado de las entradas del vagón, para separarlas de la zona de los asientos.

○ *Anuncios por megafonía:* Tanto los ferrocarriles como los trenes ligeros suelen avisar las paradas mediante anuncios de voz que pueden provenir del conductor o ser automáticos. Si no puede oír los anuncios, cuente el número de paradas hasta su destino.

○ *Botones o cuerdas de emergencia:* Los vagones de los ferrocarriles y trenes ligeros suelen tener un botón o cuerda que usan los pasajeros para informar sobre una emergencia y notificar al conductor en caso de que deba detener el tren. En algunos casos, cuando suene la

communicate with the passenger through in intercom to determine the nature of the emergency.

- *Rail stations:* Rapid and light rail trains are boarded from platforms at transit stations. While some light rail stations may be found at street level, both light and rapid rail platforms may also be underground or elevated above street level.

  - Underground and elevated platforms will require you to ascend or descend stairs, escalators, or an elevator to reach your desired platform.
  - Depending upon the number of rail lines passing through a specific station, there may be from one to several platforms from which passengers board the trains.
  - Rail stations tend to vary significantly in size and layout, but some cities have similarities in station design throughout their system, which may aid your orientation.

- *Platforms:* Platforms are often constructed in a long, narrow, rectangular shape to accommodate the length of the trains.

  - A single-track platform will have trains pulling in and leaving from one side only. The other side of a single-track platform will likely be a wall.

alarma, el conductor puede comunicarse con el pasajero a través del intercomunicador para evaluar la naturaleza de la emergencia.

- *Estaciones de tren:* Para acceder a ferrocarriles y a trenes ligeros se utilizan los andenes de las estaciones de transporte. Mientras que algunos trenes ligeros pueden encontrarse en la calle, los andenes de los trenes ligeros y de los ferrocarriles también pueden estar bajo tierra o elevados sobre el nivel del suelo.

  - Necesitará subir o bajar escaleras para llegar a los andenes subterráneos y elevados, o usar escaleras mecánicas o un ascensor para alcanzar el andén que vaya a usar.
  - Dependiendo del número de líneas de tren que pasen por una estación determinada, habrá uno o más andenes por los que los pasajeros pueden subir a los trenes.
  - Las estaciones de tren suelen tener tamaños y diseños diferentes, pero, en algunas ciudades, el diseño de sus estaciones comparte similitudes que pueden ayudarle a orientarse.

- *Andenes:* Los andenes suelen tener una forma larga, estrecha y rectangular para acomodarse a la longitud de los trenes.

  - Un andén de una sola vía tendrá trenes que lleguen y salgan solamente de un lado. Al otro lado de un andén de una sola vía probablemente habrá un muro.

○ If the platform has tracks on both sides, you must determine on which side of the platform your train will arrive.

○ Because platforms are typically elevated above the tracks, there will be a significant drop-off on one or both sides. Tactile warning tiles will usually be placed along the edge of platforms to alert passengers of the drop-off.

○ Platforms may have seating areas for waiting passengers and designated areas for passengers with disabilities to board.

• *Fare options:* Normally, fare for rail travel must be paid in advance of boarding the train. Most transit companies have options for purchasing rail fares, including buying them over the Internet or from fare machines at the stations. Information about options and procedures for purchasing fares for rail transportation can be obtained by calling the transit company or by accessing their website.

○ Some rail systems allow for purchase of transit tokens or tickets. Others require you to buy a transit card that can be loaded with cash value for one or more fares.

○ Si el andén tiene vías a ambos lados, deberá comprobar a cuál lado del andén llegará su tren.

○ Debido a que los andenes suelen estar elevados por encima de las vías, habrá un desnivel considerable entre vía y andén en uno o ambos lados. El borde de los andenes tendrá una franja táctil de aviso para alertar a los pasajeros de la ubicación del borde entre andén y vía.

○ Los andenes pueden tener una zona para que los pasajeros se sienten mientras esperan, así como zonas designadas para que los pasajeros con discapacidad embarquen.

• *Opciones de tarifa:* Por lo general, la tarifa para viajar en tren debe pagarse antes de entrar al tren. La mayoría de las compañías ofrece varias opciones para pagar la tarifa, incluso a través de Internet o desde máquinas expendedoras en las estaciones. Podrá obtener la información acerca de las opciones y procedimientos para comprar los boletos de tren llamando a la compañía de transporte o accediendo a su sitio web.

○ Algunos sistemas ferroviarios permiten la compra de boletos o bonos de transporte. Para otros, necesitará comprar una tarjeta de transporte que puede recargarse con dinero en efectivo y será válida para uno o más viajes.

○ Fare options may include buying a single trip, a full day's travel, or weekly or monthly passes.

○ Discounted fares for seniors and passengers with disabilities are commonly available.

• *Turnstiles:* You will usually need to pass through a *turnstile*, which acts as a gate, before reaching your desired platform. Fare payment is usually conducted at turnstiles, using a prepaid transit card, ticket, or token. In most cases, you will not be able to pass through the turnstile without making payment.

Familiarization to a Local Rail System

• *Review of a transit map:* To understand a city's rail system, it is helpful to review a transit map. Some transit companies may already have tactile or enlarged maps available for passengers with visual impairments. With a map, you can learn the number and names of the city's rail lines, the general directions in which each line travels, the locations of the stations, and where the rail system connects to the city's bus system.

• *Familiarization with a station:* When using rapid or light rail, it is helpful to become familiar with the stations on the routes that you will

○ Las opciones de tarifa pueden ser: un solo viaje o pases de un día, una semana o un mes.

○ Las personas de edad avanzada y los pasajeros con discapacidad disponen, por norma general, de tarifas con descuento.

• *Torniquetes de entrada:* Es usual que, antes de llegar al andén, necesite pasar por un *torniquete*, que funciona como una puerta previa al andén. El pago de la tarifa suele efectuarse en o cerca de los torniquetes. Para ello, puede usar una tarjeta de transporte prepagada, un boleto o un bono. En la mayoría de los casos, no podrá pasar el *torniquete* sin realizar el pago.

Familiarización con el Sistema Ferroviario Local

• *Examine el mapa de transporte:* Un mapa de transporte es útil para entender el sistema ferroviario de una ciudad. Algunas compañías disponen de mapas con relieve o con letra grande para los pasajeros con deficiencia visual. Con un mapa, puede aprender los números y nombres de las líneas de tren de la ciudad, los lugares que recorre cada línea, la ubicación de las estaciones y el lugar donde el sistema ferroviario conecta con el de autobuses.

• *Familiarización con una estación:* Familiarizarse con las estaciones de las rutas que usa con más frecuencia es útil a la hora de usar un ferrocarril o

use most frequently. Some outdoor stations may be small and all on one level with a single platform. Subway stations may be very complex in layout, with platforms on multiple levels, requiring navigation of stairs, escalators, or elevators to locate the platforms. In these cases, be prepared to spend more time exploring and learning the layout of the station.

- *Familiarization with the entrances to a station:* Depending upon the size of the station, there may be more than one entrance with access from more than one street. Initial exploration can start at one entrance to the station. Look for any landmarks or architectural features that will help you locate the entrance for future travel.

- *Location of fare machines in elevated and outdoor stations:* At street-level and elevated stations, the fare machines are often located near the entrances. You may encounter them during your familiarization process with the entrance. In some stations, the fare machines may be placed at the end or the middle of a boarding platform. In these cases, asking for assistance to locate the fare machines may be most efficient. A systematic search of the platform may be also be used to locate the fare machines.

tren ligero. Algunas estaciones en el exterior pueden ser pequeñas y tener un solo nivel y andén. Las estaciones de metro pueden tener un diseño muy complejo, con andenes en numerosos niveles. Esto requiere el uso de escaleras, escaleras mecánicas o ascensores para encontrar los andenes. Esté preparado en estos casos porque le tomará más tiempo explorar y conocer el diseño de la estación.

- *Familiarización con las entradas de una estación:* Dependiendo del tamaño de la estación, puede haber una o más entradas con acceso desde una o más calles. Puede empezar la exploración inicial en una entrada de la estación. Busque puntos de referencias o detalles arquitectónicos que le ayuden a encontrar la entrada en su próximo viaje.

- *Ubicación de las máquinas expendedoras de boletos en estaciones elevadas y exteriores:* Estas máquinas suelen encontrarse cerca de las entradas en las estaciones que están a nivel de la calle y en las que están elevadas. Puede que las encuentre durante el proceso de familiarización con la entrada. En algunas estaciones, las máquinas expendedoras de boletos pueden estar colocadas al final o en el centro de un andén. En estos casos, es más eficaz pedir ayuda para encontrarlas. Al hacer una búsqueda sistemática del andén, puede que también encuentre las máquinas.

- *Location of the fare machines in subway stations:* In subway stations, fare machines can usually be found on one of the perimeter walls of the station, between the entrance and the turnstiles. Trailing the walls with *touch-and-drag technique,* along with *hand trailing,* is an effective approach to locating the fare machines and familiarizing yourself with the layout of the subway station.

- *Location of the turnstiles:* Listening for possible auditory clues, such as the clatter of the rotating metal bars of the turnstile or the sounds of people walking in a specific direction, may help you locate the turnstiles. In subway stations, if you continue to trail the walls of the station, you will most likely eventually encounter turnstiles. In some cases, seeking assistance may help you locate the turnstiles more quickly. When you've found the turnstiles, explore for important features such as where to tap or swipe a transit fare card or insert a token or ticket.

- *Location of the platform:* Audible clues, such as the sounds of passengers heading toward the platform may be of assistance in locating a platform. However, in large stations with multiple platforms, soliciting assistance may be the most efficient method to locate the correct platform for your train.

- *Ubicación de las máquinas expendedoras de boletos en estaciones subterráneas:* En las estaciones subterráneas, las máquinas expendedoras suelen estar en uno de los muros en el perímetro de la estación, entre la entrada y los torniquetes. Un método eficaz para localizar las máquinas y familiarizarse con el diseño de la estación subterránea es rastrear las paredes con la *técnica de toque y arrastre* y la *técnica de rastreo.*

- *Ubicación de los torniquetes de entrada:* Es posible que escuche sonidos que puedan ayudarle a ubicar los *torniquetes,* como el ruido de las barras al girar o el sonido de la gente caminando en un sentido determinado. En las estaciones subterráneas, si sigue rastreando las paredes, probablemente, encontrará en algún momento los torniquetes. En algunos casos, solicitar ayuda puede ayudarle a ubicar los torniquetes más rápido. Cuando los haya encontrado, explore las características más importantes, como, por ejemplo, por dónde debe pasar la tarjeta de transporte o insertar un bono o boleto.

- *Ubicación del andén:* Las pistas sonoras, como el sonido de los pasajeros dirigiéndose hacia el andén, pueden ayudarle a encontrarlo. Sin embargo, en las estaciones grandes con multitud de andenes, pedir ayuda puede ser el método más eficaz para dar con el andén correcto.

- *Familiarization with a platform:* If time allows, you may familiarize yourself with the platform by walking around its perimeter.
  - *Establish a reference point:* First, establish a reference point, such as the point where you first entered the platform. This may be the end of a flight of stairs, an escalator, or an elevator. As you explore, you will return to the reference point frequently to determine the distances and relative locations of the objects you encounter.

  - *Explore the perimeter:* To explore the perimeter of the platform, use *constant-contact cane technique* to locate the tactile warning strips placed along the edge of the platform by the tracks. Explore the width of the tactile warning strip so that you are aware of your distance to the drop-off of the platform. Using *constant-contact* or *touch-and-drag technique*, trail the seam of the tactile warning strips where it meets the regular platform flooring. Your feet should not be on the tactile warning strips at any point while you are exploring the platform perimeter. By walking carefully around the perimeter, you can get a sense of the length and width of the platform and whether it has a single track or tracks on each side. Note the location of any benches, stairs, escalators, or elevators that you

- *Familiarización con un andén:* Si el tiempo lo permite, puede familiarizarse con el andén caminando alrededor de su perímetro.
  - *Establecer un punto de referencia:* Primero, establezca un punto de referencia, como el lugar por el que entró al andén. Este puede estar al final de unas escaleras, de una escalera mecánica o de un ascensor. Mientras explora, vuelva al punto de referencia varias veces para calcular las distancias y la ubicación relativa de los objetos que encuentre.

  - *Explore el perímetro:* Cuando explore el perímetro del andén, use la *técnica de contacto constante* para localizar la franja táctil de aviso situada a lo largo del borde del andén. Explore el ancho de la franja táctil de aviso para que tenga conciencia de la distancia que lo separa del borde del andén. Utilizando la *técnica de contacto constante* o la de *toque y arrastre*, rastree el punto donde la franja táctil de aviso termina y comienza el suelo normal. Mientras explora el perímetro del andén, no debería pisar en ningún momento la franja táctil de aviso. Al caminar con cuidado alrededor del perímetro tendrá una idea de la longitud y el ancho del andén y de cuantas vías hay a cada lado. Fíjese en la ubicación de cualquier banco, escalera, escalera mecánica o ascensor que pueda

may hear or encounter while walking around the perimeter.

○ If you hear or encounter someone in your path of travel, excuse yourself and carefully walk around them, moving away from the platform edge. If you hear a train approaching, stop and step away from the warning strip to avoid obstructing passengers from boarding and exiting the train.

- *Availability of assistance:* The availability of assistance will likely vary from station to station. In some cases, assistance may be found from security staff, platform attendants, and train conductors. Other rail passengers may also be a good source of assistance for locating platforms or boarding cars as needed.

Boarding Rapid and Light Rail Trains

- *Waiting for the train:* Waiting at the midpoint of a platform, behind the tactile warning strips, is most likely to ensure that you will be in a good position to board when your train arrives. This is where you are likely to hear the majority of people waiting for the train's arrival.

- *Locating an entrance:* As soon as you hear the train come to a complete stop, listen and move toward the sounds of an opening door. You may also hear people exiting from or moving toward a door.

oír o encontrar mientras camina por el perímetro.

○ Si oyera o encontrara a alguien en su línea de desplazamiento, discúlpese y pase por su lado con cuidado sin acercarse al borde del andén. Si oye que se acerca un tren, deténgase y aléjese de la franja táctil de aviso para evitar tropezar con los pasajeros que entren y salgan del tren.

- *Ayuda disponible:* Es probable que la disponibilidad de ayuda varíe de una estación a otra. En algunos casos, puede encontrar ayuda recurriendo al personal de seguridad, los empleados en los andenes y los operadores del tren. También puede recurrir a otros pasajeros para encontrar el andén y el vagón que necesite.

Cómo Abordar Ferrocarriles y Trenes Ligeros

- *Esperar el tren:* La mejor forma de asegurarse de que está en la posición correcta cuando llegue el tren es esperar en un punto central del andén, detrás de la franja táctil de aviso. Aquí es donde podrá oír que está la mayoría de las personas que esperan la llegada del tren.

- *Cómo encontrar la entrada:* En cuanto oiga que el tren se ha detenido, escuche y camine en dirección al sonido de una puerta que se abre. También puede oír cuando la gente entre o salga por una puerta.

º Walk forward using *constant-contact cane technique* until you feel the drop-off of the platform. Keeping your cane tip anchored at the drop-off of the platform, bring your cane vertical and walk up to it.

º Quickly align with the train, facing the direction in which you heard the doors.

º Use the hand closest to the train to trail the side of the railcar while using *touch-and-drag cane technique* with your other hand to follow the edge of the platform. When you feel an opening in the railcar, you must quickly verify that it is a door and not just a gap between two cars.

• *Verifying an entrance:* Holding your cane in a vertical position, extend it into the opening and press the tip down to verify the presence of a floor. If the tip drops down and does not contact a floor, then you are probably at a gap between two rail-cars, and you must continue trailing the train until you have confirmed you have reached a door.

• *Stepping on to the train:* After you verify the presence of the floor, face the opening and quickly slide the cane tip toward your feet to check the width of the gap between the platform and the floor of the train. This will also alert you to any differences in height between the

º Camine hacia adelante usando la *técnica de contacto constante* hasta que sienta el borde del andén. Mantenga la punta de su bastón fija sobre el borde del andén, ponga el bastón en forma vertical y camine hasta allí.

º Alinéese rápido con el tren, enfrentando la dirección en la que oiga las puertas.

º Use la mano más cercana al tren para rastrear la pared exterior del vagón mientras con la otra aplica la *técnica de toque y arrastre* para seguir el borde del vagón. Cuando sienta una abertura en el vagón, deberá comprobar rápidamente que no es un hueco entre dos vagones, sino una puerta.

• *Cómo comprobar la entrada:* Mantenga el bastón en posición vertical, extiéndalo hacia la entrada y presiónelo hacia abajo para comprobar que hay piso. Si baja la punta y no encuentra el piso, entonces probablemente se trate de un hueco entre dos vagones y tendrá que seguir rastreando el tren hasta que se asegure de haber encontrado una puerta.

• *Cómo subirse al tren:* Después de comprobar que hay piso, sitúese de frente a la entrada y deslice con rapidez la punta del bastón hacia los pies para verificar el ancho del hueco entre el andén y el piso del tren. Este movimiento también le alertará de una posible diferencia

platform and the floor of the rail-car. Sweep your cane in one arc to clear the area and quickly step into the car.

- *Locating a seat:* You will usually find seats immediately to each side of a door. You may need to maneuver around a short partition to locate the seats by the door.

  ○ Using *congested-area constant-contact cane technique,* proceed cautiously until you make contact with a seat.

  ○ When possible, select a seat near a door on the side of the train where you expect to exit.

  ○ If the train is crowded, quickly use your cane to locate one of the vertical poles between the doors or along the sides of the aisle to hold onto while standing.

- *Exiting the train:* In some cases, you will exit the train on the opposite side from where you boarded. Listen to hear where the doors open and passengers are exiting when the train stops at your destination station.

  ○ Stand and cautiously move toward the exit doors, using *congested-area constant-contact technique.* Be prepared to excuse yourself if you encounter people with your cane.

en altura entre el andén y el piso del vagón. Dé una barrida con su bastón para despejar la zona y entre al vagón.

- *Cómo encontrar un asiento:* Normalmente, encontrará los asientos enseguida que entre a cada lado de la puerta. Quizás necesite maniobrar alrededor de una pequeña división para encontrar los asientos junto a la puerta.

  ○ Utilice la *técnica de contacto constante para áreas conges-tionadas* y continúe con precaución hasta que haga contacto con un asiento.

  ○ Cuando sea posible, elija un asiento cerca de la puerta en el lado del tren por donde espera salir.

  ○ Si el tren está lleno de gente, utilice rápidamente el bastón para encontrar una de las barandas verticales entre las puertas o a lo largo de los lados del pasillo para agarrarse mientras esté de pie.

- *Cómo salir del tren:* En algunos casos, saldrá del tren por el lado opuesto al que entró. Cuando el tren haya parado en su estación de destino, escuche para saber por dónde se abren las puertas y salen los pasajeros.

  ○ Colóquese y muévase con precaución hacia las puertas de salida mediante el uso de la *técnica de contacto constante.* Discúlpese si se topa con personas al usar el bastón.

○ Proceed until you feel the gap between the floor of the train and the platform. Use your cane to quickly check for height differences and the width of the gap between the platform and floor of the train.

○ Clear the platform with one sweep of your cane and step off of the train.

○ Continúe hasta notar el hueco entre el piso del tren y el andén. Use el bastón para verificar rápido la diferencia en altura y ancho del hueco.

○ Despeje el andén con un movimiento circular del bastón y baje del tren.

6

Skills for Travelers with Low Vision

At a Glance

Visual Skills Training	**Intersection Analysis**
Glare Remediation	**Shopping Strategies**
Portable Magnifier Use	**Verification Cane Technique**
Monocular Use	**(V-Tech)**

Visual Skills Training

There are a variety of skills that people with low vision need to learn to combine the use of their vision with other orientation and mobility skills.

- *Spotting* refers to visually locating a target, such as spotting a room number sign near a door.

- *Fixation* is keeping your gaze in a constant direction. For example, at an intersection, you might fixate

Entrenamiento en Técnicas Visuales

Las personas con baja visión necesitan aprender varias técnicas para combinar el uso de su vista con otras técnicas de orientación y movilidad.

- *Detección* significa localizar visualmente un objetivo como, por ejemplo, encontrar la ubicación del número de una habitación cerca de una puerta.

- *Fijación* es mantener la mirada en una dirección constante. Por ejemplo, en un cruce, puede fijar su mirada en

---

For additional terms related to visual travel skills, see Appendix A, "Vision, Disability, and Medical Terminology."

your gaze on the pedestrian light until it changes to "Walk."

- *Tracing* means visually following a stationary line in the environment. Tracing can be useful in many situations, such as the following:
  - *Tracing to maintain a straight line of travel:* Indoors you can visually trace a contrasting baseboard along a wall to help direct you in a straight line of travel. In a long hallway, there may also be a row of lights along the ceiling you can follow. Outdoors, you may be able to visually trace the contrasting grass line along the edge of the sidewalk, fences, or rows of hedges or even crosswalk lines to maintain your line of travel.

  - *Tracing to locate doorways:* As you trace a baseboard, be aware of any openings or breaks in the line that might indicate there is a door or hallway. Outdoors, you can trace a building line or row of windows at head level, looking for changes in contrast that might be an entrance. You can trace the line along the top of a fence to locate any changes that might help you find the gate opening.

  - *Tracing to locate intersecting sidewalks, walkways, or driveways:* Outdoors, you can trace the grass line, fences, or rows

una señal para peatones hasta que cambie a "Walk."

- *Seguimiento* se refiere a seguir con la vista una línea inmóvil en el entorno. El seguimiento puede ser útil en muchas situaciones, como, por ejemplo:
  - *Seguimiento para mantener una línea de desplazamiento recta:* En interiores, siga con la vista la línea de un zócalo a lo largo de la pared para ayudarle a caminar en línea recta. En un pasillo largo, puede también seguir visualmente una fila de luces en el techo. En exteriores, tal vez pueda seguir con la mirada la línea del césped a lo largo del borde de una acera, un vallado, o una hilera de arbustos o incluso las líneas del paso de peatones para mantener su línea de desplazamiento.

  - *Seguimiento para encontrar entradas:* Cuando siga un zócalo con la vista, fíjese en cualquier abertura en la línea ya que puede indicar la presencia de una puerta o un pasillo. En exteriores, puede seguir la línea de un edificio o una fila de ventanas a la altura de la cabeza. Busque cambios en el contraste para encontrar una entrada. Puede seguir una línea a lo largo de la parte superior de una verja para encontrar cualquier cambio que le ayude a dar con la entrada.

  - *Seguimiento para encontrar cruces de aceras, caminos peatonales, o entradas para vehículos:* En exteriores, siga la línea del césped, las

of hedges to look for breaks or openings in the line that might be intersecting sidewalks, walkways, or driveways.

○ *Tracing to locate a street sign or pedestrian light across a street:* To locate a street sign or pedestrian light across the street, you can visually trace a crosswalk line to the opposite curb, then trace the curb line until you see a pole, then trace up the pole until you are able to see the sign or light.

○ *Tracing to locate home addresses:* In residential areas, home addresses are commonly placed by front doors, along the front eaves of the home, and along curbs. To locate an address near the front door, you can often trace the walkway to the front door, then trace along the outside edge of the door until you can spot an address. If you don't find the address near the door, scan vertically in an upward direction until you locate the front eave (the lower edge of the roof that projects out past the wall of the building) and trace along the eave to look for an address. If you still haven't found the address, trail the curb line facing the street looking for an address painted along the curb.

○ *Tracing to locate business or store names:* In many strip malls

vallas o las filas de arbustos para encontrar aberturas en la línea que puedan indicarle que hay un cruce de aceras, entradas peatonales, o entradas para vehículos.

○ *Seguimiento para encontrar un letrero o una señal para peatones en una calle:* Para encontrar un letrero o una señal para peatones en una calle, primero siga con la mirada una línea que se extienda desde el paso de peatones hasta el bordillo opuesto, siga con la mirada el bordillo y, cuando vea un poste, sígalo hacia arriba hasta que sea capaz de ver la señal o la luz.

○ *Seguimiento para encontrar direcciones de domicilios:* En zonas residenciales, los números de las casas suelen situarse cerca de la puerta principal, a lo largo de los aleros o a lo largo de los bordillos. Para encontrarlos, a menudo podrá seguir con la mirada el camino hasta la entrada. Continúe luego por el borde exterior de la puerta hasta que detecte el número. Si no lo encuentra cerca de la puerta, explore de forma vertical hacia arriba hasta que encuentre el alero frontal (parte inferior del tejado que sobresale de la pared del edificio) y síga buscando el número. Si todavía no lo ha encontrado, siga la línea del bordillo que está frente a la calle y busque una dirección pintada a lo largo del bordillo.

○ *Seguimiento para encontrar los nombres de comercios:* En muchos

and indoor malls, the names of businesses are placed in a horizontal line above the entrances. You can scan vertically from the ground up to locate the bottom line of the signs, then trace along the line to locate the different business names.

- *Tracking* involves visually following a moving target, such as tracking a car to see if it turns or travels through the intersection.
  - ○ It is sometimes helpful to track people, too. For example, it is helpful to track the person standing in line in front of you to know when he or she moves and you can move forward in the line.
  - ○ Tracking pedestrians can also give you clues to the location of drop-offs. For example, a sudden change in height of a person you are tracking can provide you with a clue that they may have stepped up or down a curb or flight of stairs.
- *Scanning* refers to purposeful head and eye movements to search for something.
  - ○ Scanning in a horizontal line is helpful for locating vertical objects, such as the pole of a pedestrian light.
  - ○ Scanning in a vertical line helps to locate horizontal targets, such as a retail sign placed over a business entrance.

centros comerciales, los nombres de los comercios se colocan en línea horizontal por encima de las entradas. Explore desde el piso hacia arriba para encontrar el borde inferior de los letreros, después siga la línea horizontalmente para encontrar los nombres de los distintos negocios.

- Por otro lado, también se puede hacer seguimiento visual de objetos en movimiento, como *seguir* a un auto para ver si gira o si atraviesa un cruce.
  - ○ Algunas veces, seguir a personas también es práctico. Por ejemplo, seguir a una persona que está delante de usted en una fila es útil para saber cuándo debe avanzar.
  - ○ Seguir a los peatones también puede darle pistas sobre la ubicación de desniveles. Por ejemplo, un cambio súbito en la altura de una persona a la que está siguiendo puede hacerle saber que ha subido o bajado un bordillo o unas escaleras.
- *Exploración* visual se refiere a realizar movimientos sistemáticos con la cabeza y los ojos para encontrar algo.
  - ○ La exploración en línea horizontal es útil para encontrar objetos verticales, como una señal para peatones.
  - ○ La exploración en línea vertical le ayuda a encontrar objetos horizontales, como un letrero de una tienda situado sobre la entrada de un negocio.

- *Systematic scanning pattern for hallways and sidewalks:* As you walk down a hallway or sidewalk, use a systematic scanning pattern to look for possible hazards and for information to aid your orientation. One effective approach is to use a scanning pattern that alternates slowly scanning in a vertical line, shifting your gaze far to near, with scanning in a horizontal line from left to right.

  ○ *Far to near:* First, direct your gaze forward, and slowly shift your gaze from the far distance to near. As you do this, look for any objects at head level that could be hazardous to you, such as a tree limb extending over the sidewalk. Next check for mid-level objects that could obstruct your path of travel, for example, a trashcan that is left on the sidewalk. Then, as you shift your gaze to near, check for ground-level changes, such as areas with an uneven sidewalk, that could cause a problem.

  ○ *Left to right:* After you have scanned far to near, next scan from left to right. This will be helpful in identifying possible hazards, such as a car entering or exiting a driveway. Scanning from left to right will also give you the opportunity to search for objects in the environment that are outside your

- *Patrón de exploración sistemática para pasillos y aceras:* Mientras recorra un pasillo o acera, utilice el patrón de exploración sistemática para buscar posibles peligros e información que le ayude a orientarse. Un método eficaz es utilizar una forma de exploración que alterne gradualmente entre la exploración en línea vertical, mientras cambia la mirada de lejos a cerca, y la exploración en línea horizontal, de izquierda a derecha.

  ○ *De lejos a cerca:* En primer lugar, dirija su mirada hacia adelante y, despacio, desplace la mirada de lejos a cerca. Cuando lo haga, busque cualquier objeto a la altura de la cabeza que le pueda resultar peligroso, como la rama de un árbol que se extienda por la acera. Después, verifique los objetos a una altura intermedia que puedan obstruirle el paso, como, por ejemplo, un bote de basura que haya sido dejado en la acera. Luego, cuando desvíe su mirada hacia una distancia cercana, compruebe si hay cambios a nivel del suelo, como espacios de la acera en mal estado, ya que pueden ser problemáticos.

  ○ *De izquierda a derecha:* Después de que haya explorado de lejos a cerca, pase a explorar de izquierda a derecha. Esto le servirá para identificar posibles peligros, como un automóvil que salga de una entrada o que vaya a entrar por esta. Con la exploración de izquierda a derecha tendrá también la oportunidad de

direct path of travel that may serve as landmarks for future references. For example, you may notice that there is only one house on the block with a white picket fence.

- *Systematic scanning pattern for previewing an unfamiliar room:* As you enter an unfamiliar room, move out of the doorway slightly and pause. Take a moment to scan the perimeter of the room, starting from the entrance. Take note of any significant features along the walls that can help you maintain your orientation as you move through the room. Especially note any significant features near the entrance so that you can easily find it to exit the room.

- *Systematic scanning patterns for street crossings:* The purpose of using systematic scanning patterns at street crossings is to increase your safety while crossing the street. The scanning pattern will vary for crossings in clockwise and counterclockwise directions. It is approached lane by lane. The goal is to visually identify any cars that may cross your path of travel *before* you step into that lane. These scanning patterns are for typical plus-shaped intersections with two-way traffic. Scanning

encontrar objetos en el entorno que estén fuera de su línea de desplazamiento y que puedan servirle como puntos de referencia en el futuro. Por ejemplo, puede notar que hay una sola casa en la cuadra con vallas blancas.

- *Patrón de exploración sistemático para familiarizarse con una habitación desconocida:* Cuando entre a una habitación desconocida, aléjese de la puerta un poco y deténgase. Explore visualmente el perímetro de la habitación con la entrada a la habitación como punto de inicio. Tome nota de cualquier característica importante a lo largo de las paredes que pueda ayudarle a mantener la orientación cuando se desplace por la habitación. Note en particular cualquier característica importante cercana a la entrada para que pueda encontrarla fácilmente cuando desee salir.

- *Patrón de exploración visual sistemático para cruzar calles:* El fin de un patrón de exploración sistemático para cruzar una calle es aumentar la seguridad mientras se cruza la calle. El patrón de exploración será distinto para cruces a la derecha o a la izquierda (en el sentido de las manecillas del reloj o en el sentido contrario). Se hace carril por carril. El objetivo es identificar de forma visual cualquier automóvil que pueda invadir su línea de desplazamiento *antes* de que

patterns must be adapted for different shaped intersections and for streets with one-way traffic.

° *Scanning for clockwise-direction crossings:* Before you step off the curb, scan to your left for any moving traffic in your near perpendicular traffic lanes. As you approach the middle of the crossing, scan over your shoulder to your right to check for any left-turning vehicles from your far parallel traffic lanes. Then scan directly to your right for any cars in your far perpendicular lanes that might cross your path. Next, scan forward and to your right for possible cars from your near parallel traffic lane that might be turning right. Finally, scan directly forward to check for your up-curb.

° *Scanning for counterclockwise direction crossings:* Before you step off the curb, scan over your shoulder to the left for any cars turning right from your near parallel traffic lanes. Next, scan directly to your left for any cars from your near perpendicular traffic lanes that might cross your path. Then, scan ahead and to your left for any cars turning

usted cruce ese carril. Estos patrones de exploración se usan en cruces en forma de cruz con tránsito en ambos sentidos. También pueden adaptarse a cruces con distinta forma y a calles de una sola dirección.

° *Exploración para cruces hacia la derecha:* Antes de bajarse del bordillo, explore visualmente a su izquierda por si vienen carros por carriles perpendiculares más cercanos a usted. Al acercarse a la mitad del cruce, explore a la derecha por encima de su hombro para comprobar si algún auto de los carriles paralelos más lejos de usted intenta girar a la izquierda. Luego, explore justo a su derecha para verificar los autos de los carriles perpendiculares más lejanos que puedan cruzarse en su camino. Después, explore hacia delante y a la derecha para ubicar los autos en el carril paralelo más cercano a usted que pudieran estar girando a la derecha. Por último, explore directamente hacia adelante para comprobar la elevación del bordillo hasta la acera.

° *Exploración para cruces hacia la izquierda:* Antes de bajarse del bordillo, explore por encima de su hombro hacia la izquierda para comprobar si algún auto de los carriles paralelos más cercanos a usted ha girado a la derecha. Después, explore justo a su izquierda para ubicar cualquier auto de los carriles perpendiculares más cercanos que pueda cruzarse en su camino. Luego,

left from your far parallel traffic lanes. Before entering the second half of the crossing, scan to your right to check for any moving cars in your far perpendicular lanes. Finally, scan directly forward to locate the up-curb.

- *Blur interpretation:* This technique involves the use of educated guesses, based on knowledge of general characteristics of an object, to interpret what you are seeing. For example, from a distance you might see a blurry, large, blue rectangular-shaped object with a rounded top at a residential corner. Based on these features and its location, you might guess that the object is a postal mailbox.

- *Visual closure* is the ability to interpret what you are seeing when you cannot see the entire object. For instance, if you are attempting to read a street sign, but a tree branch is blocking part of the sign, you may not be able to see all the letters at once. If you can see the first letters, "UNIV," and the last letters, "ITY," you might conclude the street name is "University."

- *Visual preview and planning* involves using a variety of visual skills to view a large area and plan a safe path

explore hacia delante y a su izquierda para avistar los autos en los carriles paralelos más lejos de usted que puedan girar a la izquierda. Antes de adentrarse a la segunda mitad del cruce, explore a la derecha para identificar cualquier auto en movimiento en los carriles perpendiculares más lejos de usted. Por último, explore de forma fija hacia adelante para comprobar la ubicación de la elevación del bordillo hasta la acera.

- *Interpretación de una imagen borrosa:* Esta técnica permite interpretar la imagen borrosa de un objeto, usando su conocimiento previo de las características generales de ese objeto. Por ejemplo, desde lejos puede ver en la esquina de una zona residencial un objeto borroso, grande, azul, rectangular y con la parte superior redondeada. Basándonos en estas características y su ubicación, podría suponer que el objeto es un buzón.

- *Cierre visual* es la capacidad de reconocer un objeto cuando no puede verlo por completo. Por ejemplo, si intenta leer una señal en la calle que se encuentra parcialmente bloqueada por la rama de un árbol, quizás no sea capaz de ver todas las letras al mismo tiempo. Si puede ver las primeras letras, "UNIV," y las últimas, "DAD," podría llegar a la conclusión de que la calle se llama "Universidad."

- *Las técnicas de exploración visual anticipada y planificación* requieren el uso de una variedad de técnicas vi-

of travel. For example, at a shopping mall, you might visually *trace* the business signage along the tops of the shops to identify a store you wish to visit. Using blur interpretation, you might identify the Disney Store at a distance by recognizing the large, red mouse ears surrounding the entrance. To plan a safe route to the Disney Store, you would need to carefully *scan* the area between the store and yourself to identify any potential obstacles along the way, such as vendor stands, bench seating, or other shoppers.

- *Eccentric viewing* is a technique that is used if there is a central blind spot in your vision. The goal is to find the area closest to your central vision that is best for viewing. This involves purposely shifting your gaze very slightly away from the object you wish to see. If you do not know your best area for eccentric viewing, start by looking directly at the object you wish to see. Then, using a clock-face system, methodically shift your gaze away and around the object in small increments. Start by shifting slightly above the object toward twelve o'clock and seeing whether the object appears any clearer. Then shift your gaze toward one o'clock and continue all around your field of vision. Note at which clock points the object seems clearest. Those are your best areas for eccentric viewing.

suales para explorar una zona amplia y planificar una línea de desplazamiento segura. Por ejemplo, en un centro comercial, puede *seguir* con la mirada los letreros a lo largo de la parte superior de las tiendas para identificar cuál quiere visitar. Al utilizar la interpretación de una imagen borrosa, es posible que distinga la tienda de Disney a lo lejos, al reconocer la entrada rodeada de unas orejas de ratón grandes y rojas. Para planificar una ruta segura hasta la tienda de Disney, necesitaría *explorar*, con cuidado, la zona entre usted y la entrada para advertir cualquier posible obstáculo a lo largo del camino, como quioscos, bancos u otros clientes.

- *Visión excéntrica* es una técnica que se usa cuando existe un punto ciego en el centro de la visión. El objetivo es encontrar la zona más cercana a la visión central que provea la mejor visión. Esto requiere alejar levemente la mirada del objeto que desea ver. Si desconoce cuál es su mejor zona de visión excéntrica, comience por mirar directamente el objeto que quiere ver. Luego, como si se tratara de un reloj, aleje la mirada de forma sistemática y analice cada una de las posiciones alrededor del objeto. Comience por alejar la mirada hacia las doce en punto y observe si el objeto aparece más claro. Después, cambie su mirada hacia la una en punto y continúe por todo el campo visual. Fíjese en qué puntos del reloj el objeto parece más claro, pues estos corresponden a sus mejores zonas de visión excéntrica.

Additional Phrases for Visual Skills Training

- Show me something in this area that you can visually trace to help you walk in a straight line.

- To look for a street sign, should you scan vertically? Or horizontally?

- Step by step, where should you look when making a clockwise (counter-clockwise) direction street crossing?

- How might you use blur interpretation inside a grocery store to find products you often buy?

Expresiones Adicionales para el Entrenamiento en Técnicas Visuales

- Muéstreme algo en esta zona que pueda seguir con la mirada y que le ayude a caminar en línea recta.

- Para buscar un letrero en la calle, ¿debería explorar de forma vertical u horizontal?

- Paso a paso, ¿dónde debería mirar cuando quiera cruzar una calle en dirección a la derecha (o a la izquierda)?

- ¿Cómo podría usar la interpretación de una imagen borrosa en una tienda de comestibles para encontrar los productos que suele comprar?

Glare Remediation

Glare is bright or harsh light that interferes with vision, and reflective surfaces can make it even worse. Glare can cause discomfort and reduced visual functioning, so it is important to take steps to minimize the impact as much as possible.

- Hats or visors: Wearing a hat or visor with a wide brim can greatly reduce glare from the sun overhead. Having dark cloth on the underside of the brim can also help to absorb light bouncing off reflective surfaces.

Soluciones para Minimizar el Deslumbramiento

Deslumbramiento se refiere a una luz brillante y molesta que interfiere con la visión. Algunas superficies reflejan la luz y aumentan el efecto del deslumbramiento. Un deslumbramiento puede ser incómodo y afectar el funcionamiento visual. Por esta razón, es importante tomar medidas para minimizar su impacto lo más posible.

- Sombreros o viseras: Para reducir el efecto del sol sobre la cabeza, puede usar un sombrero o visera con un ala ancha. Un tejido oscuro en la parte de abajo del ala puede ayudar también a absorber la luz que rebota de las superficies reflectoras.

- *Sunglasses, tinted lenses:* Tinted lenses and sunglasses can be very helpful in reducing glare. There are a wide variety of tinted lenses and styles to choose from.

  ◦ As a general rule, it is a good idea to choose lenses with the lightest tint needed to minimize the impact of glare. Darker lenses transmit less light to your eyes, and this will reduce your visual functioning.

  ◦ If you are very sensitive to bright sunlight, consider choosing sunglasses with tinted side frames to reduce the glare coming from your peripheral vision.

  ◦ Polarized lenses are particularly helpful for reducing glare from reflective surfaces, such as the water of a lake or the hood of a car.

  ◦ The color of the lenses you choose can also affect your visual functioning. For example, if you need increased contrast, consider using sunglasses with yellow, orange, or amber lenses.

  ◦ You may benefit from a second pair of sunglasses to address different lighting conditions. For example, you may want a darker pair for very bright sunlight and a lighter pair for darker, cloudy days.

- *Gafas de sol, lentes tintados:* Los lentes tintados y las gafas de sol pueden ser muy útiles para reducir el deslumbramiento. Existe una amplia gama de lentes tintados y de estilos.

  ◦ Como norma general, es buena idea elegir lentes con el menor tinte necesario para minimizar el impacto de un deslumbramiento. Los lentes oscuros transmiten menos luz a los ojos y esto reducirá el funcionamiento visual.

  ◦ Si es muy sensible a la luz del sol, considere gafas de sol con los bordes de la montura tintados para reducir la claridad procedente de la visión periférica.

  ◦ Los lentes polarizados son particularmente útiles para reducir los deslumbramientos de las superficies reflectoras, como el agua de un lago o el capó de un automóvil.

  ◦ El color de los lentes que elija puede afectar también su funcionamiento visual. Por ejemplo, si necesita aumentar el contraste, considere usar gafas de sol con lentes de color amarillo, naranja o ámbar.

  ◦ Puede resultarle práctico tener un segundo par de gafas de sol para utilizar en distintas condiciones de luz. Por ejemplo, unas más oscuras para los días con mucha luz y otras más claras para días más oscuros y nublados.

Portable Magnifier Use

Magnifiers come in a wide variety of styles, strengths, and sizes. They are used to enlarge print or objects seen close up. Portable magnifiers can be very useful when traveling in the community. You can use a magnifier to read the schedule when planning a bus trip. In a restaurant, a magnifier can be used to read the menu, and in stores you can use a magnifier to read the names, descriptions, and prices of the products. There are a few general tips to keep in mind when using a portable magnifier.

- *Strength or power of the magnifier:* The stronger the magnifier, the smaller the *field of view* you will have; that is, the fewer words you will see at one time through the magnifier. Therefore, you will want to use the lowest power magnifier necessary for reading.

- *Distance of the object being viewed:* Bringing the magnifier and reading material closer to your face will increase the field of view. However, this may feel awkward and be tiring. Holding the material farther away will likely be more comfortable, but you will see fewer words or letters at one time.

- *Lighting:* Shining additional light on the object or print you are viewing will usually make it easier to see. Some magnifiers come with built-in lights, but holding the object under a lamp, or standing with a window behind you can also add the necessary light.

Uso de la Lupa Portátil

Existe una amplia gama de lupas de distintos estilos, aumentos y tamaños. Se usan para agrandar material impreso u objetos a corta distancia. Las lupas portátiles resultan muy útiles en los viajes por el vecindario. Puede usar una lupa para leer el itinerario a la hora de planificar un viaje en autobús. También para leer el menú de un restaurante o los nombres, descripciones y precios de los productos en una tienda. Cuando use una lupa portátil, hay varios consejos generales que debe tener en cuenta.

- *Aumento de una lupa:* Cuanto más aumento tenga una lupa, menor será el *campo de visión*; es decir, verá menos palabras a la vez a través de la lupa. Por lo tanto, use una lupa con el aumento mínimo que necesite para leer.

- *Distancia del objeto que mira:* Para aumentar el campo de visión, puede acercar la lupa y el material de lectura a la cara. Sin embargo, esto puede ser incómodo y agotador. Mantener el material más lejos le resultará, por lo general, más cómodo, pero verá menos palabras o letras a la vez.

- *Iluminación:* Para facilitar ver un objeto o material impreso, use más luz. Algunas lupas tienen luz incorporada, pero también puede añadir luz si coloca el objeto bajo una lámpara o si se sitúa de espaldas a una ventana de modo que la luz provenga de atrás de usted.

Monocular Use

A *monocular* is a small hand-held telescope that magnifies print and objects from a distance. It can be used in many ways to help you travel independently. For example, it can assist you in reading street signs and addresses, seeing pedestrian and traffic light changes, familiarizing yourself with a room, and locating areas and items within a store. For recreational purposes, you can use the monocular for watching television or at concerts and sporting events.

General Rules of Monocular Use

- *Magnification:* Because of the laws of magnification, as a general rule, you will want to use the monocular with the least power necessary to accomplish the tasks you wish to complete.
  - The stronger the magnification, the smaller the field of view, which can make it challenging to locate objects.
  - Motion is exaggerated as magnification increases, so it requires greater coordination to hold a higher power monocular steady.
  - The more powerful the monocular, the larger the size.
- *Positioning:* You must be standing or sitting still while using a monocular.

Uso del Monóculo

Un *monóculo* es un pequeño telescopio de mano que magnifica el material impreso y los objetos que están lejos. Puede usarse de muchas maneras para ayudarle a viajar de forma independiente. Por ejemplo, puede ser de ayuda para leer letreros en la calle y las direcciones, ver los cambios de luces en un semáforo o en una señal para peatones, familiarizarse con una habitación y ubicar secciones y artículos en una tienda. Con fines recreativos, puede usar el monóculo para ver la televisión o en conciertos y eventos deportivos.

Normas Generales del uso del Monóculo

- *Aumento:* Como norma general, se recomienda usar el monóculo con el menor aumento necesario para llevar a cabo las tareas deseadas.
  - Cuanto mayor sea el aumento, menor será el campo de visión, lo que complicará encontrar objetos.
  - Al incrementar el aumento, el movimiento es exagerado. Por ello se requiere una mayor coordinación para utilizar un monóculo con más aumento.
  - Cuanto más aumento tenga el monóculo, mayor será su tamaño.
- *Postura:* Debe estar de pie o sentado mientras usa un monóculo.

Parts of the Monocular

- *Lenses:* The monocular has two lenses, the *ocular lens*, which you will place near your eye, and the *objective lens* which is closer to the object you are viewing. The ocular lens usually has a softer rubber eye cup that makes it easy to distinguish from the objective lens.

- *Strap loop:* Many monoculars have a small metal loop that can be attached to a strap so you can carry the monocular around your neck for easy access.

- *Focusing ring:* You can rotate the housing of the monocular, which is called the *focusing ring.* As you turn it in a clockwise direction, the monocular will get longer and the viewing distance—the distance at which objects are in focus—will become shorter. To set the monocular at its maximum viewing distance, rotate the focusing ring counterclockwise as far as it can go.

How to Hold and Stabilize the Monocular

- *Holding the monocular:* If you are going to use the monocular with your right eye, you will hold it in your right hand. If you are going to use the monocular with your left eye, hold it in your left hand.
  - Hold the monocular at the ocular lens, using your thumb, index and middle fingers.

Partes del Monóculo

- *Lentes:* El monóculo tiene dos lentes, el *lente ocular*, que colocará cercano al ojo, y el *lente objetivo*, que estará más cerca del objeto que ve. El lente ocular suele tener una cúpula ocular de goma blanda que lo distingue del lente objetivo.

- *Correa:* Muchos monóculos tienen un asa pequeña de metal a la que puede atársele un lazo para poder llevar el monóculo alrededor del cuello y tenerlo a la mano.

- *Anillo de enfoque:* La parte exterior giratoria del monóculo se denomina *anillo de enfoque.* Si lo gira a favor de las manecillas del reloj, el monóculo se extenderá y la distancia de vista (la distancia a la que los objetos aparecen en foco) se hará más corta. Para colocar el monóculo en la distancia de vista máxima, gire el anillo de enfoque en contra de las manecillas del reloj tanto como pueda.

Cómo Sostener y Estabilizar el Monóculo

- *Cómo sostener el monóculo:* Si va a usar el monóculo en el ojo derecho, sujételo con la mano derecha. Si va a usarlo en el ojo izquierdo, sujételo con la mano izquierda.
  - Sostenga el monóculo a la altura del lente ocular con los dedos pulgar, índice y mayor.

- Bring the monocular to your eye and stabilize it by pressing your index finger against the bone above your eye and your thumb against your cheek.
- You can use your other hand to hold the monocular at the objective lens to help stabilize the device.
- As you hold the device, keep your elbows close to your sides to help hold the monocular steady.

- *Focusing the monocular:* You will have a larger field of view if you bring the monocular directly to your eye than if you try to use it while wearing glasses.
  - Spot your target without the monocular first then raise the device to your eye.
  - Slowly twist the housing to adjust the focus as you keep the monocular directed toward your target.

Additional Phrases for Monocular Use

- *Show me the ocular lens and the objective lens.*

- *How will you hold and stabilize the monocular for use?*

- *If you are focusing the monocular on something nearby, would it be longer or shorter?*

- *Use the monocular to scan for and read the street sign across the street.*

- Póngaselo en frente del ojo y estabilícelo. Para esto, presione el hueso de encima del ojo con el dedo índice y la mejilla con el pulgar.
- Puede usar la otra mano para sujetar el monóculo por el lente objetivo y así estabilizar el aparato.
- Mientras lo sostiene, mantenga sus codos cerca de sus lados para que el monóculo se mantenga fijo.

- *Como enfocar el monóculo:* El campo de visión será mayor si pone el monóculo directamente frente al ojo en lugar de usarlo sobre las gafas.

  - Primero, detecte el objeto sin el monóculo y después elévelo hasta el ojo.
  - Gire el anillo despacio para ajustar el enfoque mientras lo mantiene fijo en dirección al objeto.

Expresiones Adicionales para el Uso del Monóculo

- *Muéstreme el lente ocular y el objetivo.*

- *¿Cómo sujetaría y estabilizaría el monóculo para usarlo?*

- *Si enfoca el monóculo hacia algo cercano, ¿debe extenderlo o contraerlo?*

- *Utilice el monóculo para explorar y leer las señales de la calle.*

Intersection Analysis

- *Intersection analysis* involves careful examination of both streets at an intersection to identify factors that can influence your decisions about where and when it is safe to cross. It requires use of systematic *scanning*, *tracking*, and *visual tracing*, aided by a monocular as appropriate.

- *Scanning:* Scan at ground level from corner to corner in either direction (clockwise or counterclockwise) direction to identify:

  - The shape of the intersection by noting the location of each corner and the corners' relationship to each other.
  - The number of traffic lanes for each street.
  - Traffic medians or right-turn islands.
  - Road markings, such as crosswalk lines, limit lines (the line that tells drivers where they should stop at an intersection), or lines or arrows for dedicated right- and left-turn lanes.

- *Scanning:* Scan at head level from left to right to locate poles for street signs, stop signs, and traffic and pedestrian lights.

Análisis del Cruce

- El *análisis del cruce* requiere examinar con cuidado ambas calles de una intersección para identificar los factores que pueden influir sobre sus decisiones acerca de dónde cruzar y cuándo es seguro hacerlo. Necesita usar la *exploración sistemática*, los *diferentes tipos de seguimiento* y la asistencia de un monóculo cuando lo considere necesario.

- *Exploración:* Explore a nivel del suelo, de una esquina a otra, en cualquier dirección (a favor y en contra de las manecillas del reloj) para identificar:
  - La forma geométrica del cruce mediante la observación de la ubicación de cada esquina y de cómo estas se relacionan.
  - El número de carriles en cada calle.

  - Las medianeras o isletas para girar hacia la derecha.
  - Las marcas viales, como las líneas del paso de peatones, las líneas de detención (aquellas que advierten al conductor dónde debe detenerse antes de un cruce) o las líneas o flechas de los carriles exclusivos para girar hacia la derecha y la izquierda.

- *Exploración:* Explore a la altura de la cabeza, de izquierda a derecha, para ubicar los postes de las señales, las señales de detención, los semáforos para automóviles y las señales para peatones.

- *Tracing:* Visually trace up poles to identify the nature of the signs and to read them as appropriate. Using a monocular may be helpful to view signs from a distance.

- *Tracing:* When you have difficulty locating signs by scanning, you can visually trace a crosswalk line to the opposite curb, then trace along the top of the curb until you see a pole, then trace up the pole to view the signs.

- *Tracking:* To distinguish one-way and two-way streets, track the vehicle movement on both streets.

  ◦ You can also determine the volume and speed of the traffic by tracking the cars on each street as they approach the intersection.
  ◦ Tracking cars through the intersection can also help you determine the presence of any dedicated right- or left-turn lanes.

Shopping Strategies

Using visual skills can help you become more efficient when shopping.

- *Scanning:* When you enter a store, scan the perimeter to note the location of major departments.

- *Seguimiento:* Siga con la mirada los postes hasta la parte superior para identificar de qué señal se trata y leerla si fuera necesario. Un monóculo puede resultar útil para ayudarle a ver señales a lo lejos.

- *Seguimiento:* Cuando tenga dificultad para encontrar las señales con la exploración, puede seguir de forma visual una línea desde el paso de peatones hasta el bordillo contrario. Después, siga la parte superior del bordillo hasta que encuentre un poste y luego hacia arriba hasta ver las señales.

- *Seguimiento de objetos en movimiento:* Siga el movimiento de un auto en ambas calles para distinguir si son de una o dos direcciones.
  ◦ También puede identificar el volumen y la velocidad del tráfico si sigue los autos de cada calle mientras se aproximan al cruce.
  ◦ El seguimiento de los autos que cruzan la intersección puede ayudarle también a determinar si hay carriles exclusivos para girar a la izquierda o a la derecha.

Estrategias para Ir de Compras

El uso de técnicas visuales puede ayudarle a ser más eficiente cuando vaya de compras.

- *Exploración:* Cuando entre a una tienda, explore el perímetro para encontrar las secciones principales.

° A monocular may help you read available signs or recognize products that will help you identify the department.

° Locate pathways through the store and avoid obstacles by scanning from left to right at waist level.

- *Monocular:* Read aisle signs in a grocery store using a monocular. Stand at the end of an aisle and use a vertical scanning pattern from the ground up until you spot the sign. Since aisle signs are usually placed at the same distance, if you view them at the end of each aisle, you will only need to focus once to view the remaining signs.

- *Blur interpretation:* Locate products more quickly by using blur interpretation and your knowledge of a product's packaging color, size and shape. For example, if your favorite soup is in a can that is red on the bottom and white on top, looking for this color combination will help you quickly spot the location of this brand.

- *Tracing:* When searching for a specific item on a shelf, use a left-to-right tracing pattern. Start with the top shelf, trace from left to right as far as you can see the products. Then drop down a shelf and trace the product from right to left.

° Utilice el monóculo para leer carteles o reconocer productos que le ayudarán a distinguir la sección de la tienda.

° Ubique los pasillos en la tienda y evite obstáculos por medio de la exploración de izquierda a derecha a la altura de la cintura.

- *Monóculo:* Lea los carteles de los pasillos de una tienda de comestibles con el monóculo. Permanezca al final de un pasillo y utilice el patrón de exploración vertical desde el suelo hacia arriba hasta que encuentre el cartel. Solo necesitará enfocar una vez para ver los carteles de los demás pasillos, ya que, por lo general, se colocan a la misma distancia al final de cada uno de ellos.

- *Interpretación de una imagen borrosa:* La interpretación de una imagen borrosa y el conocimiento que tenga sobre el color del envase de un producto, la forma y el tamaño, le servirán para ubicar los productos rápidamente. Por ejemplo, si la lata de su sopa favorita es roja por abajo y blanca por arriba, busque esta combinación de colores para encontrar rápido el lugar de ubicación de esta marca.

- *Seguimiento:* Cuando busque un artículo en particular en un estante, utilice el patrón de seguimiento de izquierda a derecha. Comience por el estante de arriba y siga de izquierda a derecha tan lejos como pueda ver los productos.

Repeat this process until you find your item.

- *Portable magnifier:* Verify you have found the correct product by using a handheld magnifier to read the label, prices and packaging information.

Verification Cane Technique
(V-Tech)

- *Verification cane technique,* or *V-Tech,* is a cane technique developed specifically for travelers with low vision. The use of the cane is integrated with practice in visual skills.

- The purpose of the cane is to verify the location of uneven ground surfaces and drop-offs that you identify visually while you are walking.

- Using the cane lets you have more functional use of your vision because you won't need to look down all the time to check the ground while you are walking.

Procedures for V-Tech

- For majority of your travel, the cane will be held in a stationary position. Hold the cane in your hand with your arm relaxed and positioned by your side.

Luego, descienda un estante y siga el producto de derecha a izquierda. Repita el proceso hasta que encuentre el artículo.

- *Lupa portátil:* Recurra a la lupa portátil para leer la etiqueta, el precio y la información del envase para comprobar que ha encontrado el producto correcto.

Técnica de Comprobación con el Bastón
(V-Tech, por sus siglas en inglés)

- La *técnica de comprobación con el bastón,* o *V-Tech,* es una técnica de bastón desarrollada específicamente para viajeros con baja visión. El uso del bastón se combina con la práctica de las técnicas visuales.

- El propósito del bastón es comprobar la ubicación de las superficies irregulares y los desniveles que identifica de manera visual mientras camina.

- Podrá hacer mejor uso de su visión usando el bastón debido a que no necesitará mirar hacia abajo todo el tiempo para verificar el suelo.

Procedimientos de la Técnica de Comprobación

- Durante la mayoría de su viaje, deberá llevar el bastón en posición estática. Agarre el bastón con la mano y sitúelo a su lado con el brazo relajado.

- The cane should be held in a diagonal position with the tip gliding lightly on the ground about one and one-half strides ahead of your opposite foot, pointing toward the two o'clock position.

- *V-Tech with constant contact:* When you see or suspect any changes in terrain, you will begin using the *constant-contact technique* with the cane. Keeping your arm by your side, and the cane tip on the ground, move the cane tip in a left to right arc motion about two inches wider than your body. The cane will give you tactile verification of what you have seen.

- *Street Crossings with V-Tech:* The purposes of V-Tech during street crossings are to ensure that you are highly visible to drivers and to provide you with verification of the approach to the down-curb and up-curb.
  - *Corner down-curb approach:* Approach the corner using the *constant-contact technique* to verify the drop-off of the curb. When you feel the cane tip slide over the curb, anchor the tip against the curb and bring it to a vertical position as you walk up to it.

  - *Cane on display:* As you wait for the appropriate time to begin your crossing, with your cane still in your left hand, hold it in a diagonal position so it can be seen by

- El bastón debe sujetarse en posición diagonal, de forma que la punta se deslice despacio por el suelo, a un paso o paso y medio por adelante del pie opuesto, en la posición de las dos en punto.

- *Técnica de comprobación con contacto constante:* Cuando vea o sospeche que hay algún cambio en el terreno, empiece a usar la *técnica de contacto constante* con el bastón. Mantenga el brazo cerca y la punta del bastón en el suelo. Después, muévala haciendo un movimiento en arco, de izquierda a derecha, a unas dos pulgadas más allá del ancho de su cuerpo. Con el bastón, podrá confirmar lo que ve, pero de forma táctil.

- *Cruzar la calle con la técnica de comprobación:* Los objetivos de esta técnica durante un cruce son asegurarse de que los conductores puedan verle de forma clara y comprobar la ubicación del bordillo de bajada y subida.
  - *Método para bajarse de la acera en una esquina:* Acérquese a la esquina con la técnica de contacto constante para comprobar el desnivel del bordillo. Cuando note que la punta del bastón roce el bordillo, fije la punta en el bordillo y ponga el bastón en posición vertical mientras camina hacia él.

  - *El bastón a la vista:* Mientras espera el momento apropiado para comenzar a cruzar, mantenga el bastón en la mano izquierda y sujételo en posición diagonal para que los autos

approaching vehicles. The cane tip can be anchored against the curb riser or on top of the curb next to the opposite foot. Your arm should be extended forward so that the cane is held away from the body and not hidden from traffic.

- *Signaling your intent to cross:* The cane technique for signaling your intent to cross is sometimes called *flagging.* The purpose is to let drivers know that you intend to begin crossing the street. You will make two large arcs with your cane before stepping off the curb with the third arc.

- *During the crossing* use *constant-contact technique* to keep your cane visible to any traffic approaching the intersection.

- *Clearing the corner up-curb:* When your cane tip makes contact with the opposite curb, bring the cane to the vertical position and anchor it against the curb as you walk up to it. Before stepping up on the sidewalk, clear the area above the curb with one arc of the cane with the tip on the ground. This will help to provide you with additional information to judge the height of the corner.

Additional Phrases for Verification Technique (V-Tech)

- *Show me the position you will hold the cane as you walk.*

---

puedan verle cuando se acerquen. La punta del bastón puede anclarse en la contrahuella o por encima del bordillo cerca del pie contrario. Deberá extender el brazo hacia delante para apartar el bastón del cuerpo y no ocultarlo al tráfico.

- *Señalizar un intento de cruce:* La técnica de bastón para indicar un intento de cruce se llama, en ocasiones, *señalización para cruzar.* El objetivo es comunicar a los conductores su intención de empezar a cruzar la calle. Realice dos movimientos en forma de arcos grandes con el bastón y otro más antes de bajarse del bordillo.

- *Durante el cruce,* utilice la *técnica de contacto constante* para mantener el bastón visible al tráfico que se aproxima a la intersección.

- *Despejar la zona elevada de la acera en una esquina:* Cuando la punta del bastón toque el bordillo contrario, ponga el bastón en posición vertical y fíjelo en el bordillo mientras camina hasta allí. Antes de subirse a la acera, despeje el espacio de encima del bordillo con un movimiento en arco del bastón manteniendo la punta en el piso. Así obtendrá más información para calcular la altura de la esquina.

Expresiones Adicionales para la Técnica de Comprobación (V-Tech)

- *Muéstreme la posición con la que llevará el bastón mientras camine.*

- When should you use constant-contact with V-Tech?

- Show me how you will flag with the cane to let drivers know you intend to cross.

- ¿Cuándo debe usar la técnica de contacto constante junto con la técnica de comprobación?

- Muéstreme cómo señalizará con el bastón para avisar a los conductores su intención de cruzar.

APPENDIX **A**

Vision, Disability, and Medical Terminology

At a Glance	
Causes of Visual Impairment	**Other Disabilities**
Visual Functioning Terminology	**Aids and Devices**
Auditory Skills	**Related Professionals**

**Causes of Visual Impairment/
Causas de los Impedimentos
Visuales**

achromatopsia—acromatopsia

albinism—albinismo

amblyopia—ambliopía

anophthalmia—anoftalmia

aniridia—aniridia

aphakia—afaquia

asphyxia—asfixia

astigmatism—astigmatismo

cataract—cataratas

CHARGE syndrome—síndrome de
  CHARGE

coloboma—coloboma

corneal opacity—opacidad corneal

cortical visual impairment—
  impedimento visual cortical

cytomegalovirus—citomegalovirus

detached retina—desprendimiento de
  retina

diabetic retinopathy—retinopatía
  diabética

glaucoma—glaucoma

hemiansopsia—hemianopsia

hyperopia—hiperopía

keratoconus—queratocono

macular degeneration (wet, dry)—
  degeneración macular (seca,
  húmeda)

meningitis—meningitis

microcephaly—microcefalia

microphthalmia—microftalmia

multiple sclerosis—esclerosis
  múltiple

myopia (high)—miopía (alta)

nystagmus–nistagmo

optic atrophy–atrofia óptica

optic nerve hypoplasia–hipoplasia del nervio óptico

optic neuritis–neuritis óptica

prematurity (complications of)–complicaciones por prematuridad

retinal dystrophy–distrofia retiniana, distrofia retinal

retinitis pigmentosa–retinitis pigmentosa

retinoblastoma–retinoblastoma

retinopathy of prematurity–retinopatía del prematuro

Stargardt disease–enfermedad de Stargardt

strabismus–estrabismo

esotropia (in)–esotropía

exotropia (out)–exotropía

hypertropia (up)–hipertropía

hypotropia (down)–hipotropía

toxoplasmosis–toxoplasmosis

Usher syndrome (type i, ii or iii)–síndrome de Usher (tipo uno, dos o tres)

uveitis–uveítis

Visual Functioning Terminology/ Terminología sobre el Funcionamiento Visual

accommodation–acomodación

awareness acuity–agudeza de percepción

blindness–ceguera

blurred or blurry vision–visión borrosa

central field–campo visual central

central vision loss–pérdida de la visión central

cloudy vision–visión borrosa

confrontation field assessment–examen de confrontación del campo visual

color discrimination–discriminación de los colores

color perception–percepción de los colores

contrast sensitivity–sensibilidad al contraste

depth perception–percepción de profundidad

distance vision–visión de lejos

dynamic visual field–campo visual dinámico

far vision–visión de lejos

fixation–fijación

fluctuating vision–visión fluctuante

functional visual acuity–agudeza visual funcional

functional visual fields–campos visuales funcionales

glare–deslumbramiento

dazzling glare–deslumbramiento periférico

discomfort glare–deslumbramiento que molesta

veiling glare–velo deslumbrante

identification acuity–agudeza de identificación

legal blindness–ceguera legal

low vision–baja visión, visión baja

near vision–visión de cerca

night blindness—ceguera nocturna

peripheral—periférico

peripheral vision—visión periférica

peripheral field loss—pérdida del campo visual periférico

photophobia—fotofobia

preferred viewing distance—distancia preferida para ver

preferred visual field—campo visual preferido

static visual field—campo visual estático

visual acuity—agudeza visual

visual efficiency—eficiencia visual

visual fields—campos visuales

inferior (lower)—inferior

nasal—nasal

superior (upper)—superior

temporal—temporal

visual functioning—funcionamiento visual

Auditory Skills/ Destrezas Auditivas

discrimination—discriminación

echolocation—ecolocalización

flash sonar—"flash" de sónar

identification—identificación

localization—localización

tracking—rastreo

Other Disabilities/ Otras Discapacidades

AIDS (acquired immunodeficiency virus)—SIDA (síndrome de inmunodeficiencia adquirida)

asthma—asma

attention deficit disorder (ADD)—trastorno por déficit de atención (TDA)

attention deficit hyperactivity disorder (ADHD)—trastorno por déficit de atención con hiperactividad (TDAH)

autism—autismo

behavior disorder—trastorno de conducta

bilateral (both ears)—bilateral (ambas orejas)

cerebral palsy—parálisis cerebral

cognitive disability—discapacidad cognitiva

cognitive impairment—impedimento cognitivo

communication disorder—trastorno de la comunicación

deafblind—sordociego

deafness—sordera

   mild—leve

   moderate—moderada

   profound—profunda

   severe—severa

developmental disability—discapacidad del desarrollo

emotional disturbance—perturbación emocional

epilepsy—epilepsia

hard of hearing—con problemas de audición

health impairment—impedimento de la salud, deterioro de la salud

HIV (human immunodeficiency virus)—virus de inmunodeficiencia humana

intellectual disability–discapacidad intelectual

language disorder–trastorno del lenguaje

learning disability–discapacidad de aprendizaje

multiple disabilities–discapacidades múltiples

multiple sclerosis–esclerosis múltiple

physical disability–discapacidad física

seizures–convulsiones

absence seizures–convulsiones de ausencia

grand mal seizures–convulsiones mayores

petit mal seizures–convulsiones menores

tonic-clonic seizures–convulsiones tónico-clónicas

speech disorder–trastorno del habla

spinal cord injury–lesión de la médula espinal, lesión de la espina dorsal

traumatic brain injury–lesión cerebral traumática

unilateral (one ear)–unilateral (una oreja)

Aids and Devices/Recursos y Dispositivos de Ayuda

braille–braille

braille notetaker–anotador de braille

braille slate and stylus–pizarra y punzón para escritura braille

braillewriter–máquina de escritura braille

cochlear implant–implante coclear

dog guide–perro guía

cane–bastón

computer (laptop)–computadora (portátil)

crutches–muletas

closed-circuit television (CCTV)–circuito cerrado de televisión (CCTV)

direct lighting–iluminación directa

enlargements (e.g., maps)–ampliación (por ejemplo, de mapas)

GPS (global positioning satellite)–GPS (sistema de posicionamiento global)

handheld magnifier–lupa de mano

hearing aid–audífono

indirect lighting–iluminación indirecta

Internet–Internet

iPad–iPad

iPhone–iPhone

large print–letra grande

lighting–iluminación

long (white) cane–bastón largo, bastón blanco

magnifier–lupa

manual wheelchair–silla de ruedas manual

mobility device–dispositivo de movilidad

model (tactile)–modelo táctil

monocular–monóculo

monocular telescope–telescopio monocular

print–letra impresa

occluders–oclusores

optical aids–ayudas ópticas

power wheelchair–silla de ruedas eléctrica

scooter—"scooter"

stand magnifier—lupa de mesa

support cane—bastón de apoyo

sunglasses—gafas de sol

tactile map—mapa táctil

tactile model—modelo táctil

tinted lenses—lentes tintados, lentes de color, lentes con filtro, lentes con tinta

video magnifier—magnificador de video, magnificador electrónico

visor—visera

wheelchair—silla de ruedas

Related Profressionals/ Profesionales Relacionados

doctor—médico

doctor's office—consultorio médico, oficina de médico

eye doctor—oftalmólogo, oculista

low vision therapist (certified)— terapista de baja visión (certificado)

medical report—informe médico

occupational therapist—terapeuta ocupacional

optometrist—optómetra, optometrista

optometrist report—informe del optómetra, reporte del optómetra

ophthalmologist—oftalmólogo

ophthalmologist report—informe del oftalmólogo, reporte del oftalmólogo

orientation and mobility (O&M) specialist (certified)—especialista de orientación y movilidad (certificado)

physical therapist—fisioterapeuta

physician—médico

psychologist—psicólogo

teacher of students with visual impairments—maestro de estudiantes con impedimentos visuales

therapist—terapista, terapeuta

vision rehabilitation therapist (certified)—terapista de rehabilitación visual (certificado)

APPENDIX B

Terminology for Concept Development in Orientation and Mobility

At a Glance	
Body Concepts	Numbers
Colors	Orientation Concepts
Directional, Spatial, and Positional Concepts	Shapes
	Size
Distance and Measurement Concepts	Temperature and Weather
	Textures and Surfaces
Environmental Concepts	Time
Money Concepts	

Body Concepts/ Conceptos Corporales

Body Parts/Partes del Cuerpo
ankle(s)—tobillo(s)
arm(s)—brazo(s)
chest—pecho
elbow(s)—codo(s)
face—cara
   ears—orejas

eyes—ojos
nose—nariz
mouth—boca
chin—barbilla
finger(s)—dedo(s)
foot (feet)—pie(s)
forearm(s)—antebrazo(s)
head—cabeza
hip(s)—cadera(s)

For additional information about constructing phrases with time and weather, see Appendix C, "A Brief Guide to Spanish."

knee—rodilla(s)

neck—cuello

leg—pierna(s)

shoulder—hombro(s)

toe(s)—dedo(s) del pie

upper arm—brazo superior

waist—cintura

wrist(s)—muñeca(s)

Body Movements/ Movimientos Corporales

bend—doblar

extend—extender

jump—brincar, saltar

flex—flexionar

rotate—rotar

run—correr

step—pisar

walk—caminar

Body Planes/Planos del Cuerpo

back—dorsal

bottom—inferior

front—frontal

side—lateral

top—superior

Colors/Colores

amber—ámbar

beige—crema

black—negro

blue—azul

bright—brillante

brown—marrón

dark—oscuro

dull—opaco

faded—descolorido

golden—dorado

green—verde

gray—gris

light—claro

orange—anaranjado

pale—pálido

pink—rosa, rosado

purple—púrpura

red—rojo

white—blanco

yellow—amarillo

Directional, Spatial, and Positional Concepts/ Conceptos Direccionales, Espaciales, y Posicionales

above—encima

across—a lo largo

align—alinearse

around—alrededor

away—lejos

backward (direction)—hacia atrás

behind—detrás de

below—abajo

beneath—debajo

beside—al lado

between (in between)—entre

center—centro

clock-face directions (toward——)— direcciones según las manecillas del reloj (hacia la/las——)

   1:00—una

   2:00—dos

   3:00—tres

4:00—cuatro

5:00—cinco

6:00—seis

7:00—siete

8:00—ocho

9:00—nueve

10:00—diez

11:00—once

12:00—doce

clockwise (direction)—a favor de las manecillas del reloj (dirección)

close (by)—cerca (cercano)

compass directions—puntos cardinales

north—norte

south—sur

east—este

west—oeste

northwest (direction, corner)—noroeste (dirección, esquina)

northeast (direction, corner)—noreste (dirección, esquina)

southwest (direction, corner)—suroeste (dirección, esquina)

southeast (direction, corner)—sureste (dirección, esquina)

from the west—desde el oeste

toward the south (the north)—hacia el sur (el norte)

the entrance faces east—la entrada da hacia el este

counterclockwise (direction)—en contra de las manecillas del reloj (dirección)

curving—curvar

deep—profundo

degrees (turns, directional)—grados (giros, direccional)

45-degree turn (angle)—giro de cuarenta y cinco grados (ángulo)

90-degree turn (angle)—giro de noventa grados (ángulo)

180-degree turn (angle)—giro de ciento ochenta grados (ángulo)

360-degree turn (angle)—giro de trescientos sesenta grados (ángulo)

diagonal—diagonal

distance—distancia

distant—distante

down—abajo

downward—de arriba hacia abajo

enclosed—encerrado

facing—frente a

forward—adelante

front—al frente

here—aquí

high—alto

higher—superior, más alto

horizontal—horizontal

in—dentro

in between—entre medio

in front (of)—delante (de)

inside—adentro

inside of—dentro de

inside shoreline—límite interior

left—izquierda

left side—lado izquierdo

to the left—hacia la izquierda

low—bajo
lower—inferior
middle—medio
in the middle—en el medio
near—cerca
next to—al lado de
off—apagado
on—encendido
on top—arriba de
opposite—en frente de
out—fuera
outside of—afuera de
outside shoreline—límite exterior
parallel—paralelo
perpendicular—perpendicular
reverse—hacia atrás, reverso, vamos
a regresar
right—derecha
right side—lado derecho
to the right—hacia la derecha
side—lado
sideways—de lado
square-off—cuadrarse
toward—hacia
under—debajo
underneath—debajo de
up—arriba
upward—de abajo hacia arriba
vertical—vertical
there—allí
through—a través
top—superior
within—adentro

Distance and Measurement Concepts/Conceptos de Distancia y Medición

block(s)—manzana(s), cuadra(s), bloque(s)
foot, feet—pie(s)
full—lleno
half—medio
inch(es)—pulgada(s)
kilometer(s)—kilómetro(s)
meter(s)—metro(s)
mile(s)—milla(s)
quarter—un cuarto de
time-distance estimation—cálculo de tiempo y distancia
whole—entero
yard(s)—yarda(s)

Environmental Concepts/ Conceptos Medioambientales

Indoors/Interiores

ceiling—techo
corner—esquina
door—puerta
door knob—perilla
lock—cerradura
elevator—ascensor
call button—botón de llamada
entrance frame—marco de entrada
floor buttons—botones para cada piso
floor identification label— rotulación del piso
threshold—umbral

escalator—escaleras eléctricas,
escaleras mecánicas

  handrail (moving)—pasamanos
(móvil)

floor—piso

  carpet—alfombra

  rug—tapete

  tile—azulejo

  wood—madera

furniture—mobiliario

  bed—cama

  cabinet—gabinete

  chair—silla

  couch—sofá

  desk—escritorio

  drawer—gaveta

  dresser—cómoda

  shelves—estanterías

  table—mesa

hall—pasillo

mat—esterilla, estera

stairs—escaleras

  bannister (handrail)—pasamanos

  landing—descansillo

  riser—tarima

  tread—pisada

wall—pared

window(s)—ventana(s)

Outdoors (Residential and Business Environments)/ Exteriores (Entornos Residenciales y Comerciales)

alley—callejón

asphalt—asfalto

block—manzana

building—edificio

building line—línea de edificios

bush—arbusto

car—auto

city—ciudad

corner—esquina

curb—bordillo

  blended curb—bordillo con rampa

  curb cut—rampa

  down-curb—bordillo de bajada,
bordillo descendente

  up-curb—bordillo de subida, bordillo
ascendente

dirt—tierra

driveway—entrada para vehículos

fence—cerca

  chain link fence—cerca de tela
metálica

  iron—hierro

  wood—madera

fire hydrant—hidrante

flower—flor

freeway—autopista

gas station—gasolinera

gate—portón

hedge—vallado

highway—autopista

house—casa

ivy—hiedra

light pole—poste

mailbox—buzón

neighborhood—vecindad

newspaper stand—puesto de periódicos

parking garage–garaje

parking lot–estacionamiento

parking meter–parquímetro

parkway–acera de grama

planter–tiesto

railroad tracks–vías del ferrocarril

ramp–rampa

retaining wall–muro de contención

revolving door–puerta giratoria

    compartment–compartimento

    housing–carcasa

    push bar–barra de empuje

    weather stripping–burlete

shoreline–orilla

    inside shoreline–orilla interior

    outside shoreline–orilla exterior

sidewalk–acera

slope–pendiente

    downward slope–bajada

    lateral (side) slope–pendiente lateral

    upward slope–subida

street furniture–mobiliario urbano

taxi–taxi

tree–árbol

truck–camión

van–camioneta

walkway–paseo

yard–patio

Intersections and Streets/ Cruces y Calles

intersection–cruce

intersection shapes–formas geométricas de los cruces

    offset intersection–intersección no centrada, intersección descentrada

    plus-shape intersection–cruce en cruz

    roundabout–rotonda, glorieta

    skewed (angled X) intersection–cruce con forma de "X" (diagonal)

    T-shape intersection–cruce en forma de letra T

    traffic circle–rotonda, glorieta

pedestrian signal–señal de peatones

    accessible pedestrian signal (APS)–señales peatonales accesibles

    Don't Walk–señal de "no camine"

    flashing Don't Walk–señal de "no camine" con luz intermitente

    leading pedestrian interval (LPI)–intervalo de ventaja peatonal

    pedestrian push buttons–pulsadores peatonales

    solid Don't Walk–señal de "no camine" con luz sólida

    Walk–señal de camine

right of way–derecho de paso

road–carretera

road markings–demarcaciones viales

    center line–línea central

    crosswalk lines–líneas del cruce peatonal, cebra

    dashed line–línea segmentada

    dashed center line–línea central segmentada

    double center line–línea central doble

left-turn arrow—flecha para virar a la izquierda

limit line—línea de límite

right-turn arrow—flecha para virar a la derecha

single center line—línea central sencilla

slow—despacio

solid center line—línea central sólida

solid line—línea sólida

stop—pare, alto, stop

road signs—señales de tránsito

  detour—desvío

  no U-turn—prohibido virar en U

  one-way—una sola vía

  pedestrian crossing—cruce peatonal, cebra

  slow—despacio

  speed limit—límite de velocidad

  stop—pare, alto, stop

  street name sign—placas de nombre de calle

  traffic control signs—señales de control de tránsito

  yield—ceda el paso

street—calle

  camber—comba, combadura

  crest—cima

  crown—cima

  gutter—cuneta

  lanes—carriles

    bicycle lane—carril para bicicletas, carril bici

    channelized lane—carril canalizado

    left-turn lane—carril exclusivo para dar vuelta a la izquierda

    parking lane—carril de estacionamiento

    right-turn lane—carril exclusivo para dar vuelta a la derecha

    slip lane—carril de entrada

  median—mediana

  parallel street—calle paralela

  perpendicular street—calle perpendicular

  right-turn island—islote para doblar a la derecha

traffic—tránsito, tráfico

traffic controls—controles de tránsito

  stop sign—señal de alto

    four-way stop—alto de cuatro caminos

    two-way stop—alto de dos caminos

  traffic light—semáforo

    cycle—ciclo

    complex phasing—fases complejas

    fresh green light—luz verde nueva

    fully actuated traffic light—semáforo accionado (por el tránsito)

    green light—luz verde

    phase, phasing—fase

    pre-timed traffic light—semáforo preprogramado

    red light—luz roja

    semi-actuated traffic light—semáforo semiaccionado

simple phasing—fases simples

split phasing—fases divididas

stale green light—luz verde que no es nueva

yellow light—luz amarilla

yield sign—señal de ceda el paso

traffic movement and patterns—movimiento y patrones del tráfico

acceleration (speeding up)—aceleración

deceleration (slowing down)—desaceleración

direction of traffic flow—dirección del flujo del tráfico

   one-way street—calle de un solo sentido

   two-way street—calle de dos sentidos

flow of traffic—flujo del tráfico

right of way—derecho de paso

surge of traffic—aumento del tráfico, el inicio del tráfico, el arranque del tráfico

through traffic—tráfico de paso

turning traffic—tráfico que está girando, tráfico que está dando una vuelta

   left-turning traffic—tráfico que está girando a la izquierda, tráfico que está dando una vuelta a la izquierda

   right-turning traffic—tráfico que está girando a la derecha, tráfico que está dando una vuelta a la derecha

traffic position (relative to the traveler)—posición del tráfico (en relación con el viajero)

   far-side perpendicular traffic—tráfico perpendicular lejano

   far-side parallel traffic—tráfico paralelo lejano

   near-side perpendicular traffic—tráfico perpendicular cercano

   near-side parallel traffic—tráfico paralelo cercano

   near-side same direction (parallel) traffic—tráfico (paralelo) cercano en una sola dirección

   near-side opposite direction (parallel) traffic—tráfico (paralelo) cercano en dirección contraria

traffic speed—velocidad del tráfico

traffic volume—volumen del tráfico

Public Transit/Transporte Público

bus, public—autobús público

   bench seating—asientos (bancos)

   central aisle—pasillo central

   disabled seating—asientos para discapacitados

   entrance doors—puertas de entrada

   exit doors—puertas de salida

   fare box—máquina para pagar el billete

   poles, vertical—barandas verticales

   poles, horizontal—barandas horizontales

   routes—rutas

   schedules—horarios

stop request cord (strip)–cuerda (banda) de solicitud de parada

stop announcements–avisos de parada

transfers–transbordo

bus, school–autobús escolar

bus stops–paradas de autobús

bench–banco

bus stop sign–letreros de parada de autobús

shelter–marquesina

train(s)–ferrocarril(es), tren(es)

light rail–tren ligero

rapid rail–ferrocarril

subway–metro, subterráneo

stations–estaciones

double-track platform–andén de doble vía

fare machines–máquina expendedora de billetes

platforms–andenes

single-track platform–andén de vía sencilla

turnstiles–torniquetes de entrada

train car–vagón

emergency buttons (cords)– botones (cuerdas) de emergencia

partition–división

poles, vertical–barandas verticales

poles, horizontal–barandas horizontales

seating–asientos

stop announcements–avisos de parada

transit card–tarjeta de transporte

transit map–mapa de transporte

Money Concepts/Conceptos Monetarios

bills–billetes

one–billete de uno

five–billete de cinco

ten–billete de diez

twenty–billete de veinte

fifty–billete de cincuenta

one hundred–billete de cien

coins–monedas

nickel–moneda de cinco centavos

dime–moneda de diez centavos

quarter–moneda de veinticinco centavos

fifty-cent piece–moneda de cincuenta centavos

dollar–dólar

cash–dinero en efectivo

change–cambio, suelto

credit card–tarjeta de crédito

debit card–tarjeta de débito

folding system (bills)–sistema de plegado (billetes)

rough edge (coin)–borde áspero (de la moneda)

smooth edge (coin)–borde liso (de la moneda)

Numbers

1–uno

2–dos

3–tres

4–cuatro

5–cinco

6–seis
7–siete
8–ocho
9–nueve
10–diez
11–once
12–doce
13–trece
14–catorce
15–quince
16–dieciséis
17–diecisiete
18–dieciocho
19–diecinueve
20–veinte
21–veintiuno
22–veintidós
23–veintitrés
30–treinta
31–treinta y uno
32–treinta y dos
33–treinta y tres
70–setenta
80–ochenta
90–noventa
100–cien
101–ciento uno
102–ciento dos
110–ciento diez
200–doscientos
201–doscientos uno
202–doscientos dos
210–doscientos diez

299–doscientos noventa y nueve
300–trescientos
400–cuatrocientos
500–quinientos
600–seiscientos
700–setecientos
800–ochocientos
900–novecientos
1,000–mil
2,000–dos mil
3,000–tres mil
4,854–cuatro mil ochocientos cincuenta y cuatro
1,000,000–un millón

Orientation Concepts/ Conceptos de Orientación

address system–sistema de direcciones
  central dividing streets–calles centrales divisorias
  even numbered address–dirección con número par
  odd numbered address–dirección con número impar
clue(s)–pista(s), clave(s)
cue(s)–pista(s)
landmark(s)–punto(s) de referencia, clave(s), fija(s)
mental (cognitive) map–mapa mental (cognitivo)
point(s) of interest–punto(s) de interés
spatial updating–actualización espacial
sun–sol
time-distance estimation–cálculo de tiempo y distancia

Shapes/Formas
angle–ángulo
arc–arco
block–bloque
box–caja
circle–círculo
cube–cubo
heart–corazón
line–línea
I-shape (route)–(ruta) en forma de
    letra I
L-shape (route)–(ruta) en forma de
    letra L
octagon–octágono
oval–óvalo
rectangle–rectángulo
round–redondo
square–cuadrado
straight–recto
triangle–triángulo
U-shape (route)–(ruta) en forma de U
Z-shape (route)–(ruta) en forma de zeta

Size/Tamaño
big–grande
empty–vacío
half–mitad
huge–enorme
large–grande
little–poco
long–largo
major–mayor
minor–menor
more–más

narrow–estrecho
short–corto
small–pequeño
tall–alto
thick–grueso
thin–delgado
tiny–diminuto
whole–entero
wide–ancho
width–anchura

Temperature and Weather/ Temperatura y Clima
bright (sun)–(sol) brillante
clear (sky)–(cielo) despejado
cloudy–nublado
cool–fresco
cold–frío
dry–seco
hot–caliente, caluroso
humid–húmedo
rain, rainy–lluvia, lluvioso
snow, snowy–nieve, nevado
sun, sunny–sol, soleado
warm–templado
windy–ventoso

Textures and Surfaces/ Texturas y Superficies
bumpy–desigual
brick–ladrillo
cement–cemento
concrete–hormigón
dirt–tierra

frozen—congelado

furry—peludo

glass—cristal

grass—césped

gravel—grava

hard—duro

icy—helado, con hielo

metal, metallic—metal, metálico

pavement—pavimento

plastic—plástico

rough, rougher—áspero, más áspero

rubbery—gomoso

sharp—afilado

slick—resbaladizo

slippery—resbaladizo

smooth, smoother—liso, más liso

soft—suave

stone—piedra

stucco—estuco

uneven—irregular

wet—mojado

wire—alambre

wooden—de madera

Time/Tiempo

(See also Clock-face concepts)

after—después

afternoon—tarde

before—antes

day(s)—día(s)

dawn—amanecer

dusk—anochecer

hour—una hora

    half hour—media hora

    quarter hour—quince minutos

minute(s)—minuto(s)

month—mes

morning—mañana

night—noche

noon—mediodía

second(s)—segundo(s)

today—hoy

tomorrow—mañana

until—hasta

week(s)—semana(s)

year(s)—año(s)

yesterday—ayer

APPENDIX C

A Brief Guide to Spanish

Matthew Hogel

Providing O&M services to a student whose primary language is Spanish can be an exciting and rewarding opportunity and at the same time challenging in terms of making yourself understood. This appendix is intended to assist readers in using this book to its maximum potential. It offers some basic information on Spanish pronunciation and grammar to help instructors with little or no background in the language to read the Spanish phrases and sentences in this book as fluently as possible and to communicate and work effectively with students or clients.

But an O&M lesson cannot consist of merely reading a set of explanations and directions. Although no one can learn to speak Spanish from reading a book, once students have been given instruction in the basic techniques, instructors may want to use the information offered here, along with the English/Spanish dictionary, to construct short additional phrases for feedback and guidance. As students begin to learn O&M techniques, instructors need to use shorter and more general phrases rather than repeating all the technical information that students have already learned and mastered. This section will help readers to do that.

Spanish Pronunciation

Pronunciation of Letters

A is pronounced as *a* in *father:* carro, madre.

B is pronounced as *b* in *brother:* árbol, boca.

   B has a softer sound when it is positioned between two vowels: cabeza, calabacitas.

C has a hard sound as in *cat* when it is positioned before *a, o, u,* or before a consonant: cabeza, comunicar.

   C positioned before an *e* or *i* has an s sound: ciego, medicina.

Ch has the sound of *ch* in *chicken:* noche, muchacha.

D has a hard sound as in *doctor:* desayuno, doctora.

D has a softer or *th* sound as in *they* when positioned between vowels: médico, cuidado.

E sounds like *a* in *brake* in words such as mesa and pecho.

E sounds like *ea* in *breakfast* in words such as *mensual* or *superior.*

F sounds the same as it does in English: frío, flaco.

G before an *a, o,* or *u* has a hard sound like in *great:* gafas, gato.

G before an *e* or *i* has an *h* sound as in *house:* gente, alergias.

G that is followed by a silent *u* that precedes an *e* or *i* is pronounced as a hard *g* as in *great:* pague, guía.

H is silent: humano, hueso.

I is pronounced as *e* in *me:* amigo, mitad.

J is pronounced like a hard *h* as in *hotel:* trabajo, ojos.

K is pronounced as it is in English and is only found in words of foreign origin: kilo, kilómetro.

L is pronounced as it is in English: lengua, luz.

LL is pronounced like the letter *y* in the word *yellow:* amarillo, allá.

M is pronounced as it is in English: mano, mañana.

N sounds the same as in English: nariz, mañana.

Ñ is pronounced like the *ny* or *ni* in *canyon* or *onion:* señora, mañana.

O is pronounced like the *o* in *no:* mano, pelo.

P is pronounced as it is in English: padre, por favor.

P can be silent in special cases such as: psicología, psicóloga.

Q always proceeds a *ue* or a *ui,* the *u* is always silent, and the Q is pronounced like a *k:* izquierda, tranquilo.

R is pronounced with a trill at the beginning of a word: lámpara, ruta.

R is pronounced with a soft trill in the middle of a word: lámpara, nariz.

RR is pronounced with a strong trill: carro, perro.

S is pronounced like the *ss* in *blindness:* vista, español.

T is pronounced as it is in English: tranquilo, matemáticas.

U is pronounced like the *oo* in *mood:* único, reunión.

V is pronounced like a *v* or a very soft *b* in English: velocidad, volumen.

W is pronounced as it is in English and is only found in words from other languages: Washington.

X is pronounced as it is in English: examen, excelente.

Y is pronounced like the *y* in *yes:* yo, yeso.

Z is pronounced like an *s:* corazón, zapato.

Syllables and Accents

There are a few simple rules in Spanish about when to stress or accent a syllable or vowel. Generally, the stress is determined by the location of the vowel in the word. At other times there will be an accent over the vowel to be stressed. The following hints should make this clear:

- If a word ends in a vowel, *−n* or *−s,* the stress is on the next to last syllable: mañana, manos, joven.

- Words that end in any other letter are stressed on the last syllable: enfermedad, trabajar, señor.

- If a word is an exception to the preceding rules, an accent is placed over the vowel of the syllable that gets the stress: inglés, médico, lápiz.

Nouns and Articles

In Spanish, as in many other languages, words are assigned a gender; and consequently it is important to know and apply principles related to gender to nouns and the adjectives that describe them. Adjectives also change depending on whether the noun is singular or plural.

Nouns

In Spanish most words are masculine that end in −o and most words are feminine that end in −a. However, there are exceptions:

- Words that end in *−ista* (*−ist* in English) can be either masculine or feminine: pianista (pianist), dentista (dentist).

- Some words that end in *−a* are masculine due to their Greek origins: problema (problem), poema (poem), sistema (system). These words just have to be memorized as they are learned.

- There are some but not many exceptions that don't follow these rules. For example, mano (hand) ends in *−o* but is feminine. These exceptions have to be memorized as well.

- Nouns ending in *−r, −s,* and *−l* are masculine words as well as words that refer to male living creatures: hotel, color, hombre (man).

- Days of the week are masculine: lunes (Monday), martes (Tuesday), miércoles (Wednesday).

- Words ending in —*aje* are almost always masculine: viaje (trip), peaje (toll).

- Nouns ending in —*dad*, —*dades*, —*umbre*, and —*umbres* usually are feminine: ciudad (city), legumbre (vegetable).

- Words ending in —*on* and —*e* can be either masculine or feminine: corazón (heart) and diente (tooth) are masculine, but información and mente (mind) are feminine.

Articles

In the English the definite article the applies to any noun, but in Spanish it is a little more complicated because the article has to match the noun in gender and number (singular or plural). Definite articles in Spanish are *el* (singular masculine), *la* (singular feminine), *los* (plural masculine), and *las* (plural feminine). Here are some examples:

- el gato (the cat)

- los gatos (the cats)

- la gata (the female cat)

- las gatas (the female cats)

The indefinite articles in English are *a*, *an*, or *some*. In Spanish these can expressed by one of these four forms: *un* (singular masculine), *una* (singular feminine), *unos* (plural masculine), and *unas* (plural feminine). Some examples include:

- un libro (a book)

- unos libros (some books)

- una manzana (an apple)

- unas manzanas (some apples)

Adjectives

In English, adjectives usually come before the noun or word they modify; for example, "the red house." In Spanish it is the opposite; the adjective comes after the word it modifies: "la casa roja." In addition, adjectives need to match the words they modify in gender and number. The masculine form of an adjective ends in —*o* and its feminine form ends in —*a*. For example, *alto* or *alta* are Spanish for *tall*. If an adjective ends in any other letter, it works for both genders. To make an adjective plural, an —*s* is added if the word ends in a vowel or —*es* if it ends in a consonant. Here are some examples.

- el chico alto (the tall boy)   los chicos altos (the tall boys)

- la pluma roja (the red pen)   las plumas rojas (the red pens)

- la chica inteligente   las chicas inteligentes
  (the intelligent girl)   (the intelligent girls)

Pronouns

There are more pronouns in Spanish than in English. There is a masculine and feminine form for *they* and there is a formal and informal form for *you*, as well as singular and plural forms. It is important to note that the informal plural form for *you*, *vosotros*, is not universally used or understood in the United States or many other places in the Western hemisphere. *Ustedes*, the formal plural is used instead.

Singular	Plural
Yo—I	Nosotros—we
Tú—you (informal)	Vosotros—you all (informal; not used in the United States)
Usted—you (formal)	Ustedes—you all (formal; informal in the United States)
Él—he	Ellos—they (masculine or both)
Ella—she	Ellas—they (feminine only)

Verbs

The present tense of verbs is used most frequently in instruction. It is used to communicate what is happening at this moment or what we are going to do at this moment. It is also used in the command form when an instructor gives a student directions. Since it is beyond the scope of this book to go into all the existing variations in verb tenses and conjugations, this brief overview explanation will be limited to the most commonly used present tense of regular verbs and of some irregular verbs that will be used frequently in O&M instruction.

Regular Verbs

Most Spanish verbs end in either *−ar*, *−er*, or *−ir*. Those endings change based on the person who is doing the action—*I*, *you*, *he*, *we*, and so forth—and there is more variation than there is in English verb endings. The following are the conjugations for the present tense of regular Spanish verbs.

Hablar (ar)—To Speak

Yo hablo (I speak)	Nosotros hablamos (we speak)
Tú hablas (you speak)	
Usted habla (you speak)	Ustedes hablan (you all speak)
Él habla (he speaks)	Ellos hablan (they all speak, masculine or both)
Ella habla (she speaks)	Ellas hablan (they all speak, feminine)

Aprender (er)—To Learn

Yo aprendo (I learn)	Nosotros aprendemos (we learn)

Tú aprendes (you learn)

Usted aprende (you learn)   Ustedes aprenden (you all learn)

Él aprende (he learns)   Ellos aprenden (they learn, masculine or both)

Ella aprende (she learns)   Ellas aprenden (they learn, feminine)

Subir (ir)—To Go up (stairs), Get on (a bus)

Yo subo (I go up)   Nosotros subimos (we go up)

Tú subes (you go up)

Usted sube (you go up)   Ustedes suben (you all go up)

Él sube (he goes up)   Ellos suben (they go up, masculine or both)

Ella sube (she goes up)   Ellas suben (they go up, feminine)

Important Verbs for O&M

Ser and Estar: To Be

Both *ser* and *estar* translate in English as *to be* but are used at different times based on the context.

Ser is used in situations that reflect a permanent quality:

• when describing age, color, size, shape or other permanent characteristic of something

• when describing possession such as *este libro es mío* (this book is mine)

• when describing wealth such as *la dama es rica* (the woman is rich)

• when describing what something is made of, such as *la puerta es de madera* (the door is wood)

• when describing origin, for example, *el maestro es de Nueva York* (the teacher is from New York) or *yo soy de Florida* (I am from Florida)

• with adjectives, pronouns, and predicate nouns, such as él es un médico (he is a doctor), *nosotros somos católicos* (we are Catholic)

• to tell time, for example, *es la una* (it is one o'clock), *son las cinco y media* (it is 5:30)

Estar almost always expresses a temporary state:

• When describing how someone feels or their health status, as in *¿cómo estás tú?* (how are you) and *estoy bien* (I'm fine).

• When describing a temporary characteristic, as in *ella está cansada* (she is tired) and *nosotros estamos llegando tarde* (we are late).

• When describing location in a permanent or temporary state, for example, *¿dónde estás tú?* (where are you) and *él está en el banco* (he's at the bank).

Both *ser* and *estar* will be used frequently in O&M instruction and both are irregular verbs that don't follow any of the patterns already presented. Here are their conjugations in the present tense:

Ser

Yo **soy** (I am)	Nosotros **somos** (we are)
Tú **eres** (you are)	
Usted **es** (you are)	Ustedes **son** (you all are)
Él **es** (he is)	Ellos **son** (they are, masculine or both)
Ella **es** (she is)	Ellas **son** (they are, feminine)

Estar

Yo **estoy** (I am)	Nosotros **estamos** (we are)
Tú **estás** (you are)	
Usted **está** (you are)	Ustedes **están** (you all are)
Él **está** (he is)	Ellos **están** (they are, masculine or both)
Ella **está** (she is)	Ellas **están** (the are, feminine)

Ir: To Go

Ir is another irregular verb in Spanish that means to go. In the field of O&M, as one might imagine, this verb is used quite often. Here is its conjugation in the present tense:

Ir

Yo **voy** (I go or I'm going)	Nosotros **vamos** (we go or are going)
Tú **vas** (you go or are going)	
Usted **va** (you go or are going)	Ustedes **van** (you all go or are going)
Él **va** (he goes or is going)	Ellos **van** (they go or are going, masculine or both)
Ella **va** (she goes or is going)	Ellas **van** (they go or are going, feminine)

The ending changes for the imperative or command form of *ir* when instructing one or more people:

Tú **ve** ([you, familiar] go) or tú no **vayas** ([you, familiar] don't go)

Usted **vaya** ([you, formal] go) or Usted **no vaya** ([you, formal] don't go)

Ustedes **vayan** ([you all, plural] go) or Ustedes **no vayan** ([you all, plural] don't go)

The verb *ir*, when used with the preposition *a*, which translates in English as the preposition *to*, is used when talking about what a person is going to do or was going to do, just as in English one might say "Today I am going to teach human guide technique." This construction is therefore used frequently in O&M instruction. The following are some examples of how this construction is used:

- Hoy, **vamos a** aprender la técnica diagonal con su bastón blanco. (Today, we are going to learn the diagonal technique with your white cane.)
- Cuando ellos lleguen, **vamos a** tener el muerzo. (When they arrive, we're going to have lunch.)

Idiomatic Expressions with Hacer (To Do, To Make)

Hacer translates in English as *to do* or *to make*. It is also used in other ways, such as in idiomatic expressions about the weather and time, which makes it an important verb for O&M.

Hacer

Yo **hago** (I do or make)   Nosotros hacemos (we do or make)

Tú **haces** (you do or make)

Usted **hace** (you do or make)   Ustedes **hacen** (you all do or make)

Él **hace** (he does or makes)   Ellos **hacen** (you all do or make, masculine or both)

Ella **hace** (she does or makes)   Ellas **hacen** (you all do or make, feminine)

The following are some expressions about weather that use **hacer**:

- Hace frío (It is cold)
- Hace calor (It is warm or hot)
- Hace fresco (It is cool)
- Hace buen tiempo (the weather is good)
- Hace mal tiempo (the weather is bad)
- Hace sol (It is sunny)
- Hace viento (It is windy)

Additional idiomatic expressions with *hacer* that might get used in O&M instruction include:

- Hace poco (a little while ago)
- Hace un año (a year ago)
- Hace una hora (an hour ago)

- Hacer un viaje (to take a trip)
- Hacer caso de (to pay attention to)
- Hacer una visita (to pay a visit)
- Hacer uso de (to make use of)

Telling Time

As already mentioned *ser* is the verb used when telling time, specifically *es* for singular (one o'clock) and *son* for plural. The number of minutes after the hour (la hora) are indicated by adding the word *y* (and) plus the number of minutes. Here are some examples:

- Es la una (It is one o'clock)
- Es la una y veinte (It is twenty [minutes] after one)
- Son las seis (It is six o'clock)
- Son las once y seis (It is six [minutes] after 11)

Media refers to a half-hour and *cuarto* is used for a quarter hour. Often in Spanish, a speaker will use *menos* (minus) to refer to the number of minutes subtracted from the next hour in the same way English speakers say the number of minutes before the next hour. (In other words, *las tres menos diez* means ten minutes before [or to] three.) Here are some examples:

- Es la una y media (It is one thirty)
- Son las ocho y cuarto (It is eight fifteen)
- Son las ocho menos cuarto (It is seven forty-five, or a quarter to eight)
- Son las tres y cuarto (It is three fifteen)

English/Spanish Dictionary

A

ability *(n)*—capacidad, habilidad

above *(prep)*—encima de, sobre

above *(adv)*—encima, arriba, por encima

about-face turn *(n)*—media vuelta

accelerate *(v)*—acelerar

accommodation (visual) *(n)*—acomodación, alojamiento

accompany *(v)*—acompañar

according to *(prep)*—según, de acuerdo con

account *(n)*—cuenta

accustom oneself to, get used to *(v)*—acostumbrarse a

achieve *(v)*—lograr, alcanzar, conseguir

acronym *(n)*—acrónimo, siglas

address *(n)*—dirección

adequate *(adj)*—adecuado, suficiente

advance *(v)*—avanzar, promover, adelantar

advantage *(n)*—ventaja

advantageous *(adj)*—ventajoso

after *(adv)*—después

after *(prep)*—después de

against *(prep)*—contra, en contra de

ahead *(adv)*—adelante, al frente

alarm clock *(n)*—despertador

align oneself *(v)*—alinearse

all *(adj, adv, n, pron)*—todo, todos

alley *(n)*—callejón

almost *(adv)*—casi

alone *(adj)*—solo

alone *(adv)*—solo, solamente

along *(prep, adv)*—a lo largo de

already *(adv)*—ya

also *(adv)*—también

although *(conj)*—aunque

always *(adv)*—siempre

ample *(adj)*—amplio, suficiente

angle *(n)*—ángulo

anterior *(adj)*—anterior

apparatus *(n)*—aparato

Note: For additional terms relating to vision, disability, and medical terminology, see Appendix A. For terms related to orientation and mobility concepts, see Appendix B. Refer to the Index for O&M techniques discussed in the main text.

appropriate *(adj)*–apropiado

approximately *(adv)*–aproximadamente

arc *(n)*–arco

arm *(n)*–brazo

around *(adv)*–cerca, aproximadamente

around *(prep)*–alrededor de, cerca de

arrive *(v)*–llegar

as *(adv, prep)*–como

assessment (evaluation) *(n)*–evaluación

assure *(v)*–asegurar

attach *(v)*–adjuntar

attention *(n)*–atención; *to pay attention (v)*–prestar atención

audition *(n)*–audición

auditory *(adj)*–auditivo

augment *(v)*–aumentar

automate *(v)*–automatizar

automatically *(adv)*–automáticamente

autonomy *(n)*–autonomía

avenue *(n)*–avenida

avoid *(v)*–evitar, eludir

B

back *(n)*–espalda *(of person)*; respaldo *(of chair)*; dorso de la mano *(back of hand)*

back *(adv)*–atrás, detrás

backside *(n)*–trasero

balance *(n)*–balance, equilibrio

ball *(n)*–bola, pelota

banister *(n)*–pasamanos, barandilla

barrier *(n)*–barrera, obstáculo, valla *(fence or outdoor barrier)*

be able *(v)*–poder

beam, support *(n)*–viga de soporte

bedroom *(n)*–dormitorio

beep *(n)*–bip, pito

beep *(v)*–pitar

before *(adj, adv)*–antes *(in time)*; delante *(in position)*

before *(prep)*–antes de, delante de

below *(adv)*–abajo, debajo

below *(prep)*–debajo de

belt *(n)*–correa, cinturón

bench *(n)*–banco, escaño

bend *(v)*–doblar, inclinar,

bend over *(v)*–agacharse

beside *(prep)*–al lado de

bill (paper money) *(n)*–billete

blind *(adj)*–ciego

blindfold *(n)*–venda de los ojos

blindfolded *(adv)*–vendado

blindness *(n)*–ceguera

block (of houses or buildings) *(n)*–manzana, cuadra

blurry *(adj)*–borroso

body *(n)*–cuerpo

body image *(n)*–imagen corporal, imagen del cuerpo

booth *(n)*–cabina, puesto

boring *(adj)*–aburrido

both *(adj, pron)*–ambos, los dos

both *(adv)*–a la vez *(together)*; al mismo tiempo *(at the same time)*

bother *(n)*–molestia, incomodidad, fastidio

bother *(v)*–molestar, incomodar, fastidiar

bottleneck *(n)*–embotellamiento

boulevard *(n)*–bulevar

box *(n)*–caja
brake *(v)*–frenar
break *(v)*–romper
brick *(n)*–ladrillo
broken down *(adj)*–roto, estropeado, destrozado
budget *(n)*–presupuesto
building *(n)*–edificio
bulky *(adj)*–abultado, voluminoso
bump (crash) *(n)*–choque, golpe
bumper (fender) *(n)*–parachoques
bus *(n)*–autobús, guagua
bus stop *(n)*–parada de autobús
bush *(n)*–arbusto
but *(conj)*–pero; pero, sino
button *(n)*–botón, pulsador *(push button)*

C

call *(v)*–llamar
cane *(n)*–bastón; *folding cane*–bastón plegable; *long cane*–bastón largo; *support cane*–bastón de apoyo
car *(n)*–carro, auto, coche
card *(n)*–tarjeta, carta
cardboard *(n)*–cartón, cartulina
care *(n)*–cuidado, atención
carry *(v)*–llevar
case *(n)*–caso, asunto
cash *(n)*–efectivo, dinero efectivo; *in cash*–en efectivo
cashier *(n)*–cajero
cataract *(n)*–catarata
catch *(v)*–coger; captar, capturar, tomar
ceiling *(n)*–techo

cement *(n)*–cemento
center *(n)*–centro
chair *(n)*–silla
change (alteration, money) *(n)*–cambio; devuelto *(return change)*; suelto *(loose change)*; menudo *(small change)*
change (to)–cambiar
check *(n)*–cheque *(bank check)*; cuenta *(check at a restaurant)*
check *(v)*–comprobar, verificar
chest *(n)*–pecho
choose *(v)*–elegir, escoger
circle *(n)*–círculo
class *(n)*–clase
clear *(adj)*–claro
clearing *(n)*–claro
clock *(n)*–reloj
close–*(adv)* cerca; *(adj)* cercano
close *(v)*–cerrar
closed *(adj)*–cerrado
closed-circuit televisión–circuito cerrado de televisión *(see also* video magnifier)
cloth *(n)*–paño, tela
cloudy *(adj)*–nublado, nuboso
clue *(n)*– pista, señal, clave
coin *(n)*–moneda
coincide *(v)*–coincidir
collect *(v)*, to get–recoger
collide with *(v)*–chocar con
come *(v)*–venir; *come here*–ven acá
compass *(n)*–brújula; *compass directions*–direcciones de la brújula
concept *(n)*–concepto, idea

conductor *(n)*–conductor *(train)*
confuse *(v)*–confundir
congenital *(adj)*–congénito
consider *(v)*–considerar
construction *(n)*–construcción
contact *(n)*–contacto
container *(n)*–contenedor, envase
continue *(v)*–continuar, seguir
contribute *(v)*–contribuir
convenient *(adj)*–cómodo, conveniente
cord *(n)*–cable, cordón, cuerda
corner *(n)*–esquina *(outside corner)*;
    rincón *(inside corner)*
correct *(adj)*–correcto
corridor *(n)*–corredor, pasillo
counter (shelf) *(n)*–mostrador
cover *(n)*–cubierta, tapa
crack *(n)*–grieta
cross *(v)*–cruzar, atravesar
crosswalk *(n)*–paso de peatones, cruce
    peatonal
crutch *(n)*–muleta
cue *(n)*–señal
curb *(n)*–bordillo; orilla de la banqueta;
    borde de la acera; reborde
curb cut *(n)*–rampa
cut *(v)*–cortar

D

damp *(adj)*–mojado, húmedo
dashboard *(n)*–panel de instrumentos
date book (planner) *(n)*–agenda
deafness *(n)*–sordera
definite *(adj)*–definido
degree *(n)*–grado

depth *(n)*–profundidad; *depth
    perception*–percepción de
    profundidad
descend *(v)*–bajar, descender
describe *(v)*–describir
desire *(v)*–desear
detachment *(n)*–desprendimiento,
    separación
detect *(v)*–detectar, descubrir
determine *(v)*–determinar
detour *(n)*–desvío
detour *(v)*–desviar, desviarse
diabetic *(n, adj)*–diabético
dial *(v)*–marcar
diminished *(adj)*–disminuido
direct *(v)*–dirigir, dirigirse; *direct
    (oneself) toward*–dirigirse hacia
direction *(n)*–dirección
direction-taking *(v)*–tomar dirección
distance *(n)*–distancia
distant *(adj)*–distante, lejano
distinctive *(adj)*–distintivo
ditch *(n)*–zanja, foso
dizzy *(adj)*–mareado
do *(v)*–hacer, realizar
door *(n)*–puerta
door frame *(n)*–marco de la puerta
down *(adv)*–abajo, hacia abajo
down *(prep)*–abajo de
drag *(v)*–arrastrar
draw *(v)*–dibujar
drive (a car)–manejar
driver *(n)*–conductor, chofer
drop-off *(n)*–desnivel, bajada

E

each *(adj, pron)*–cada

ear *(n)*–oído, oreja

easily *(adv)*–fácilmente

echo *(n)*–eco

edge *(n)*–borde

elbow *(n)*–codo

elderly *(adj, n)*–anciano, mayor de edad *(noun only)*

elevate *(v)*–elevar, levantar

elevator *(n)*–ascensor, elevador

eliminate *(v)*–eliminar

empty *(v)*–vaciar, vaciarse

empty *(n)*–vacío

encounter *(v)*–encontrar

enlarge *(v)*–agrandar, ampliar

enormous *(adj)*–enorme

enter *(v)*–entrar; subir *(bus or train)*

environment *(n)*–ambiente

environmental *(adj)*–ambiental

environmental awareness *(n)*–conciencia ambiental

equal *(n, adj)*–igual

escalator *(n)*–escalera eléctrica, escalera mecánica

exactly *(adv)*–exactamente

examination *(n)*–examen, prueba

examine *(v)*–examinar

example *(n)*–ejemplo

exhausted *(adj)*–agotado

exist *(v)*–existir

extend *(v)*–extender

extended *(adj)*–extendido

eyeglasses *(n)*–espejuelos, lentes, anteojos, gafas

F

face *(n)*–cara, rostro

facing *(adj)*–enfrente

facing *(prep)*–frente a

fact *(n)*–hecho

failure *(n)*–fracaso

familiarization *(n)*–familiarización

fare *(n)*–tarifa

fast *(adj)*–rápido,

fast *(adv)*–rápidamente

faucet *(n)*–grifo

file *(n)*–expediente, archivo

find *(v)*–encontrar, detectar

finger *(n)*–dedo

fingertip *(n)*– punta del dedo, yema del dedo

finish *(v)*–terminar, acabar

firm *(adj)*–firme

first *(n, adj, adv)*–primer, primero

flatten out *(v)*–aplanar

flight *(n)*–tramo *(of stairs)*; vuelo *(airplane)*

floor *(n)*–piso, suelo, planta

focal point *(n)*–punto focal

fold *(v)*–doblar, plegar

folding *(adj)*–plegable, plegadizo

follow *(v)*–seguir

follow up *(n)*–seguimiento

foot *(n)*–pie

forearm *(n)*–antebrazo

forward *(adv)*–adelante

fragrant *(adj)*–fragante, oloroso *(odorous)*

frame *(n)*–marco

free *(adj)*–gratis *(without charge);* libre *(unoccupied, unrestrained)*

free *(adv)*–gratis

freight elevator *(n)*–montacargas

front *(n)*–frente

front *(adj)*–delantero, anterior, frontal

front side–lado delantero

full *(adj)*–lleno

function *(n)*–función

furniture *(n)*–muebles

G

gait *(n)*–modo de andar

get *(v)*–obtener

get on (a bus or train) *(v)*–subir a

get off (a bus or train) *(v)*–bajar de

get up *(v)*–levantarse, levantar

give *(v)*–dar

give back *(v)*–devolver

go *(v)*–ir

go around *(v)*–andar

go away from *(v)*–alejarse de

go past *(v)*–pasar

go up *(v)*–subir

goal *(n)*–objetivo, meta

going (walking) *(v)*–andando

grab *(v)*–agarrar

grip–empuñadura *(of cane);* agarre *(of hand)*

ground *(n)*–tierra, suelo, terreno

guess *(n)*–conjetura, suposición

guess *(v)*–adivinar, conjeturar, suponer

guide *(n)*–guía

gutter *(n)*–cuneta

H

half *(n)*–mitad, medio

half *(adj, adv)*–medio

halfway *(adv)*–a medio camino

halfway *(adj)*–intermedio

hallway, hall *(n)*–pasillo

hand *(n)*–mano; aguja *(hand of a clock)*

handle *(v)*–manejar, encargarse de

handle *(n)*–mango, asidero

hang up *(v)*–colgar; colgar el teléfono *(telephone)*

harm *(v)*–dañar, hacer daño a

harm *(n)*–daño

have *(v)*–tener

have to (do something)–tener que

headlight *(n)*–faro

headphone *(n)*–auricular

hearing *(n)*–audición

hearing aid *(n)*–audífono

heart *(n)*–corazón

hedge *(n)*–vallado

heel *(n)*–tacón

height *(n)*–altura

help *(n)*–ayuda

help *(v)*–ayudar

helper *(n)*–ayudante, asistente

helping *(v)*–ayudando

here *(adv)*–aquí, acá

high *(adj)*–alto

highway *(n)*–carretera, autopista

hinge *(n)*–bisagra

hit *(v)*–golpear

hit *(n)*–golpe

hold *(n)*–agarre, apoyo

hold *(v)*–mantener, sostener

hole *(n)*–agujero, hoyo, bache *(pothole)*

hood *(n)*–capó del automóvil

hook *(v)*–enganchar, engancharse

hook *(n)*–gancho, enganche

horn *(n)*–claxon, bocina

hose *(n)*–manguera

humidity *(n)*–humedad

I

idling (car)–marcha al ralentí

in between *(adv)*–entremedio

in front (of)–delante de, en frente de

inch *(n)*–pulgada

incline *(n)*–inclinación

increase *(v)*–aumentar, incrementar

independent *(n)*–independiente

index *(n)*–índice

indicate *(v)*–indicar, señalar

indicator *(n)*–indicador

inform *(v)*–informar

initial *(n, adj)*–inicial

ink *(n)*–tinta

inside *(adj, adv)*–adentro, interior

insulin *(n)*–insulina

intersection *(n)*–intersección, cruce

inverse *(n, adj)*–inverso

inverted arc *(n)*–arco invertido

iron *(n)*–hierro

intersection *(n)*–cruce, intersección; *irregular intersection*–cruce irregular, intersección irregular

J

jam (traffic) *(n)*–embotellamiento

just *(adj)*–justo

K

keep *(v)*–mantener, guardar

key *(n)*–tecla *(keyboard);* llave *(lock);* clave *(map)*

kiosk *(n)*–quiosco, kiosco

knowledge *(n)*–conocimiento

knuckle *(n)*–nudillo

L

label *(n)*–etiqueta, rótulo

lack *(n)*–ausencia de, falta

lack *(v)*–carecer de

ladder *(n)*–escalera

landing *(n)*–descansillo *(stairs);* aterrizaje *(airplane)*

landmark *(n)*–punto de referencia

lane *(n)*–carril

large *(n)*–grande, enorme *(enormous)*

laterally *(adv)*–lateralmente

lawn *(n)*–césped, grama

leaf (of paper) *(n)*–hoja

lean *(v)*–inclinar

lean on *(v)*–apoyar en, apoyarse en

learn *(v)*–aprender

leather *(n)*–cuero, piel

leave *(v)*–salir, dejar

left *(n)*–izquierda

leg *(n)*–pierna

length *(n)*–longitud

lengthwise *(adj)*–longitudinal, a lo largo

lens *(n)*–cristalino *(of the eye)*; lente *(of eyeglasses or optical devices)*

less *(adj, adv, prep)*–menos

lid *(n)*–tapa; párpado *(eyelid)*

lift *(v)*–levantar, elevar

lightly *(adv)*–ligeramente

like *(adv, prep)*–como

like *(adj)*–igual, parecido

line *(n)*–línea, fila; *line of direction*–línea de dirección; *line of travel*–línea de desplazamiento

long *(adj)*–largo

look for *(v)*–buscar

lose *(v)*–perder

lost *(adj)*–perdido

loudspeaker *(n)*–altoparlante

lower *(adj)*–bajo, más bajo

lower *(v)*–bajar, reducir

M

magnifier *(n)*–lupa

mailbox *(n)*–buzón

maintain *(v)*–mantener

make *(v)*–hacer

make sure *(v)*–cerciorarse, comprobar, asegurarse

manner *(n)*–manera, modo

map *(n)*–mapa

mask *(v)*–enmascarar

máximum *(n, adj)*–máximo

mechanical *(adj)*–mecánico

median *(n)*–mediana

message *(n)*–mensaje

mile *(n)*–milla

minuscule *(adj)*–minúsculo

miss (as a train) *(v)*–perder

mobility *(n)*–movilidad

mode, method *(n)*–modo, manera

momento *(n)*–momento

money *(n)*–dinero

more *(n, adj, adv)*–más

move *(v)*–mover, moverse

move close to *(v)*–mover(se) cerca de

movement *(n)*–movimiento

movie *(n)*–película

N

name–nombre

narrow *(n, adj)*–estrecho

navigation *(n)*–navegación

near *(adv)*–cerca, cerca de *(prep)*

nearby area *(n)*–alrededores

necessary *(adj)*–necesario

need *(n)*–necesidad

need *(v)*–necesitar

nerve *(n)*–nervio

neuritis *(n)*–neuritis

neurological *(adj)*–neurológico

never *(adv)*–nunca, jamás

next *(adj)*–próximo

next to *(adv)*–al lado de

niche *(n)*–nicho

nonskid–antideslizante

not yet *(adv)*–todavía no

nothing (pron)–nada

notice *(v)*–notar, fijarse en

now *(n)*–ahora

number *(n)*–número

numbering systems *(n)*–sistemas de numeración

O

object *(n)*—objeto

obstruction *(n)*—bloqueo, obstrucción

obstacle *(n)*—obstáculo

obtain *(v)*—obtener, conseguir

offer *(v)*—ofrecer, brindar

office *(n)*—oficina

olfactory *(n, adj)*—olfatorio; olfativo
(adj only)

on top of (above) *(prep)*—encima de,
sobre

only *(adj)*—único

only *(adv)*—solo, solamente

open *(adj)*—abierto

open *(v)*—abrir

opening *(n)*—apertura, abertura

operation *(n)*—operación

opposite *(adj)*—opuesto

optical *(adj)*—óptico

orientation *(n)*—orientación

outdoors *(adj, adv)*—al aire libre

outlet (electrical) *(n)*—toma de corriente

outside *(adv)*—fuera, afuera; fuera de
(prep)

oval *(n)*—óvalo, ovalado *(adj)*

overshoot *(v)*—excederse

own *(adj)*—propio

P

parallel *(n, adj)*—paralelo

park *(v)*—estacionar, aparcar

parking area *(n)*—aparcamiento,
estacionamiento

parkway *(n)*—acera de grama, acera de
césped

part *(n)*—parte, pieza

passageway *(n)*—pasadizo, pasaje

path *(n)*—camino, sendero

pathology *(n)*—patología

pause *(n)*—pausa

pedestrian *(n)*—peatón

perception *(n)*—percepción

perimeter *(n)*—perímetro

peripheral *(n, adj)*—periférico

permit *(v)*—permitir

person *(n)*—persona

personal *(adj)*—personal

physical *(adj)*—físico

pickup truck *(n)*—camioneta

place *(n)*—lugar, sitio

place *(v)*—poner, colocar

planter *(n)*—tiesto

plaster *(n)*—yeso

plastic *(n, adj)*—plástico

play *(v)*—jugar, tocar *(an instrument)*

plug *(n)*—enchufe

plug *(v)*—enchufar

point *(n)*—punto

point of reference *(n)*—punto de
referencia

pole *(n)*—poste

position *(n)*—posición

practice *(v)*—practicar

precaution *(n)*—precaución

preferable *(adj)*—preferible

procedure *(n)*—procedimiento

prosthesis *(n)*—prótesis

protect oneself *(v)*—proteger, protegerse

proximity *(n)*—cercanía

public transportation *(n)*– transportación pública, transporte público

puddle *(n)*–charco

pull *(v)*–tirar

puncture *(n)*–punción

purchase *(n)*–compra

purchase *(v)*–comprar

push *(v)*–empujar; pulsar *(a button)*

push button *(n)*–pulsador, tecla *(of a telephone or keyboard)*

put (oneself) *(v)*–ponerse

R

radiator *(n)*–radiador

railing *(n)*–pasamano, barandilla, baranda

railroad *(n)*–ferrocarril

react *(v)*–reaccionar

reaction *(n)*–reacción

realize *(v)*–realizar *(carry out)*; darse cuenta de *(to come to a realization)*

really *(adv)*–realmente

receipt *(n)*–recibo

recount *(v)*–recontar; volver a contar

recovery *(n)*–recuperación, recobro

reduce *(v)*–reducir

reference *(n)*–referencia

reflect *(v)*–reflejar, reflexionar

reflection *(n)*–reflexión, reflejo

refraction *(n)*–refracción

relate *(v)*–relacionar

relax *(v)*–relajar; relájate; tranquilo! *(take it easy!)*

remain *(v)*–permanecer, quedarse

remainder *(n)*–resto, remanente

report *(n)*–informe

return *(n)*–regreso, vuelta, retorno

return *(v)*–volver, regresar; devolver *(to return something or change)*

review *(n)*–revisión, repaso

review *(v)*–examinar, repasar

revolving door–puerta giratoria

rhythm *(n)*–ritmo; *in rhythm*–en ritmo

rigid *(adj)*–rígido

ring *(n)*–anillo

rise *(v)*–subir, levantarse

roof *(n)*–techo, tejado

room *(n)*–habitación, cuarto

roundabout *(n)*–rotonda

route *(n)*–ruta, recorrido

row *(n)*–fila, hilera

run over *(v)*–atropellar

S

safety island *(n)*–lugar seguro

same *(adj, pron)*–mismo

say *(v)*–decir

schedule *(n)*–horario, calendario, programa

search pattern *(n)*–patrón de búsqueda

seat *(n)*–asiento, silla

selectivity *(n)*–selectividad

self–familiarization *(n)*– familiarización independiente

separate *(adj)*–separado

separate (from) *(v)*–separarse (de)

several *(adj)*–varios

shadow (or shade) *(n)*–sombra

shaft (of cane) *(n)*–cuerpo de bastón

shelf *(n)*–estante, balda

shelter *(n)*–albergue, refugio

shoreline *(n)*–orilla, orilla de la acera

short *(adj)*–corto

shoulder *(n)*–hombro

show (to)–mostrar, demostrar, enseñar

sick *(adj)*–enfermo

side *(n)*–lado

sidewalk *(n)*–acera

sideways *(adv)*–lateralmente, de lado, hacia un lado

sighted *(adj)*–avistado

sign *(n)*–signo

signal *(n)*–señal

signal *(v)*–señalar, indicar

silent *(adj)*–silencioso, callado

simple *(n, adj)*–simple, sencillo *(adj only)*

simultaneously *(adv)*–simultáneamente

sink *(n)*–fregadero *(kitchen);* lavabo *(bathroom);* lavamanos *(general)*

sit down *(v)*–sentarse

site *(n)*–sitio

situate *(v)*–situar

skim *(v)*–rozar

skin *(v)*–pelar

slate *(n)*–pizarra; pizarra braille *(braille slate)*

slide *(v)*–deslizar, deslizarse

slide, sliding *(adj)*–corredizo

slope *(n)*–pendiente, inclinación

slowly *(adv)*–despacio

small *(adj)*–pequeño

smell *(n)*–olor, olfato

smell *(v)*–oler

smooth *(adj)*–liso

sole (of shoe) *(n)*–suela

solve *(v)*–resolver, solucionar

some *(adj, pron)*–algún, alguno

someone *(pron)*–alguien

something *(adv, pron)*–algo

sort *(n)*–tipo

sound differentiation *(n)*–diferenciación de sonido

sound localization *(n)*–localización del sonido

space *(n)*–espacio

speak *(v)*–hablar, decir

special *(adj)*–especial

square *(n)*–cuadrado

square off *(v)*–cuadrarse

squeeze *(v)*–exprimir, apretar

stackable *(adj)*–apilable

stair step *(n)*–escalón

stairs *(n)*–escalera

stairwell *(n)*–hueco de escalera, ojo de la escalera

start *(v)*–comenzar, empezar, iniciar

station *(n)*–estación

step *(n)*–paso *(with foot);* escalón *(stair)*

step *(v)*–dar un paso, pisar; *in step*–llevando el paso, caminar llevando el paso

stereotype *(n)*–estereotipo

stick *(v)*–pegar, pegarse

stick out *(v)*–destacar

stop *(v)*–detener, parar

stop! *(excl)*–¡alto!, ¡deténgase!

store *(n)*–tienda, mercado

straight *(adj)*–derecho, recto

street *(n)*–calle

streetlight *(n)*–farola; semáforo (*traffic light*)

stretch out *(v)*–estirar, estirarse

strike *(v)*–golpear

strong *(adj)*–fuerte

stuck (to) *(adj)*–pegado (a)

stumble *(v)*–tropezar

style *(n)*–estilo

subway *(n)*–metro, paso subterráneo

sufficient *(adj)*–suficiente

sun *(n)*–sol

support *(n)*–apoyo, soporte

support *(v)*–apoyar, respaldar

sure *(adj)*–seguro

sure (to be)–asegurarse

surface *(n)*–superficie

surroundings *(n)*–alrededores

switch *(n)*–interruptor

syringe *(n)*–jeringuilla, jeringa

T

table *(n)*–mesa

tactile–táctil

tailight *(n)*–luz trasera

take *(v)*–tomar, sacar; *take along*–llevar

telephone *(v)*–llamar por teléfono, telefonear

terminate *(v)*–terminar

test *(n)*–examen, prueba

test *(v)*–comprobar, probar

then *(adv)*–entonces, luego, después

there is, there are–hay

thick *(adj)*–grueso

think *(v)*–pensar

through *(prep)*–a través de

throw *(v)*–lanzar, tirar, echar

thumb *(n)*–pulgar

thus *(adv)*–así

ticket *(n)*–billete, boleto

ticket booth *(n)*–taquilla

timid *(adj)*–tímido

tiny *(adj)*–diminuto, minúsculo, pequeñito

tip *(n)*–punta, contera; propina *(gratuity)*

together *(adj, adv)*–juntos

toilet bowl *(n)*–taza del inodoro

too much *(adv)*–demasiado

touch *(v)*–tocar

tour *(v)*–recorrer

toward *(prep)*–hacia

towel rack *(n)*–toallero

traffic light *(n)*–semáforo

trail *(v)*–rastrear

train *(n)*–tren

transportation *(n)*–transportación

travel *(v)*–viajar

triangle *(n)*–triángulo

trip *(n)*–viaje

trip *(v)*–tropezar; caer *(to fall)*

truck *(n)*–camión

trunk *(n)*–cajuela

trust *(v)*–confiar, confiar en

try *(v)*–tratar

try to *(v)*–tratar de

turn *(v)*–girar, dar la vuelta

type *(n)*–tipo

typing *(n)*–mecanografía

U

under *(prep, adv)*–bajo, debajo
unplug *(v)*–desenchufar
unstick *(v)*–despegar
until *(prep)*–hasta
up *(adv)*–arriba; *up to*–hasta
upper *(adj)*–superior, alto
use *(v)*–usar
useful *(adj)*–útil

V

van *(n)*–furgoneta
vary *(v)*–variar
vast *(adj)*–vasto, extenso
veer (deviation) *(n)*–desviación
veer *(v)*–virar, desviarse
veering *(adj)*–cambiante, virando
very *(adv)*–muy
vestibule *(n)*–vestíbulo

W

waist *(n)*–cintura
wait *(v)*–esperar; *wait for me*–espéreme
walk *(v)*–caminar
wall *(n)*–pared *(inside)*; muro *(outside)*

wallet *(n)*–cartera, billetera
warn *(v)*–advertir, avisar
wastebasket–papelera
well *(adj, adv)*–bien
whatever *(adj)*–cualquier
wheel *(n)*–rueda
when *(adv, conj)*–cuando
where *(adv, conj)*–donde
which *(pron)*–que, cual
whichever *(adj)*–cualquiera, que
while *(conj)*–mientras
whole *(adj)*–entero, todo
wide *(adj)*–ancho, amplio
width *(n)*–ancho, anchura
winding *(adj)*–curvo, sinuoso
window *(n)*–ventana
windshield wipers *(n)*–limpiaparabrisas
wire *(n)*–alambre, cable
within *(adv, prep)*–dentro, dentro de
without *(prep)*–sin
wood *(n)*–madera
wool *(n)*–lana
wrinkled *(adj)*–arrugado, rugoso
wrist *(n)*–muñeca

Spanish/English Dictionary

A

abajo *(adv)*—below, down; *hacia abajo*—downward

abierto *(adj)*—open

abrir *(v)*—open

abultado *(adj)*—bulky

aburrido *(adj)*—boring

acá *(adv)*—here

acabar *(v)*—finish

acelerar *(v)*—accelerate

acera *(n)*—sidewalk; *acera de grama, acera de césped*—parkway; *borde de la acera*—curb

acomodación *(n)*—accommodation (visual)

acompañar *(v)*—accompany

acostumbrar(se) (a) *(v)*—accustom oneself to, get used to

acrónimo *(n)*—acronym

acuerdo *(n)*—agreement; *de acuerdo con*—according to

adecuado *(adj)*—adequate

adelante *(adv)*—forward, ahead

adentro *(adj, adv)*—inside

adivinar *(v)*—guess

adjuntar *(v)*—attach

advertir *(v)*—warn

afuera *(adv)*—outside

agacharse *(v)*—bend over

agarrar *(v)*—grab

agarre *(n)*—grip (of a hand), hold

agenda *(n)*—date book (planner)

agotado *(adj)*—exhausted

agrandar *(v)*—enlarge

aguja *(n)*—hand (of a clock)

agujero *(n)*—hole

ahora *(adv)*—now

alambre *(n)*—wire

albergue *(n)*—shelter

alcanzar *(v)*—achieve, reach

alejarse (de) *(v)*—go away (from)

Note: For additional terms relating to vision, disability, and medical terminology, see Appendix A. For terms related to orientation and mobility concepts, see Appendix B. Refer to the Index for O&M techniques discussed in the main text.

algo *(adv, pron)*—some, something

alguien *(pron)*—someone

algún, alguno *(adj, pron)*—some

alinear(se) *(v)*—align (oneself)

alojamiento *(n)*—accommodation

alrededor de *(adv, prep)*—about, around

alrededores *(n)*—nearby area, surroundings

alto *(adj)*—high, tall, upper

¡alto! *(excl)*—stop!

altoparlante *(n)*—loudspeaker

altura *(n)*—height

ambiental *(adj)*—environmental

ambiente *(n)*—environment

ambos *(adj, pron)*—both

ampliar *(v)*—enlarge

amplio *(adj)*—ample

ancho *(adj)*—wide

ancho, anchura *(n)*—width

anciano *(adj, n)*—elderly

andar *(v)*—walk; go around; *modo de andar*—gait

ángulo *(n)*—angle

anillo *(n)*—ring

antebrazo *(n)*—forearm

anteojos *(n)*—eyeglasses

anterior *(adj)*—anterior, previous

antes (de) *(adj, adv, prep)*—before (in time)

antideslizante *(adj)*—nonskid

aparato *(n)*—apparatus

aparcamiento *(n)*—parking lot

aparcar *(v)*—park

apertura *(n)*—opening

apilable *(adj)*—stackable

aplanar *(v)*—flatten out

apoyar *(v)*—support; *apoyar (en), apoyar(se) (en)*—lean (on)

apoyo *(n)*—hold, support

aprender *(v)*—learn

apretar *(v)*—squeeze

apropiado *(adj)*—appropriate

aproximadamente *(adv)*—approximately, about

aquí *(adv)*—here

arbusto *(n)*—bush

archivo *(n)*—file

arco *(n)*—arc; *arco invertido*—inverted arc

arrastrar *(v)*—drag

arriba *(adv)*—above, up to

arrugado *(adj)*—wrinkled

ascensor *(n)*—elevator

asegurar *(v)*—assure

asegurarse *(v)*—be sure, make sure

así *(adv)*—thus

asidero *(n)*—handle

asiento *(n)*—seat

asistente *(n)*—assistant

atención *(n)*—care, attention; *prestar atención*—to pay attention

aterrizaje *(n)*—landing (airplane)

atrás *(adv)*—back

atravesar *(v)*—cross

atropellar *(v)*—run over

audición *(n)*—hearing, audition

audífono *(n)*—hearing aid

auditivo *(adj)*—auditory

aumentar *(v)*—augment, increase

aunque *(conj)*–although

auricular *(n)*–headphone

ausencia (de) *(n)*–lack

auto *(n)*–car, automobile

autobús *(n)*–bus

automáticamente *(adv)*–automatically

automatizar *(v)*–automate

autonomía *(n)*–autonomy

autopista *(n)*–highway

avanzar *(v)*–advance

avenida *(n)*–avenue

avisar *(v)*–warn

avistado *(adj)*–sighted

ayuda *(n)*–help

ayudante *(n)*–helper

ayudar *(v)*–help; *ayudando*–helping

B

bache *(n)*–pothole

bajada *(n)*–drop-off

bajar (de) *(v)*–get off (a bus or train); descend; lower

bajo *(prep, adv)*–under; *más bajo*–lower

balance *(n)*–balance

balda *(n)*–shelf

banco *(n)*–bench

banqueta *(n)*–sidewalk; *orilla de la banqueta*–curb

baranda, barandilla *(n)*–banister, railing

barrera *(n)*–barrier

bastón *(n)*–cane; *bastón plegable*– folding cane; *bastón largo*– long cane; *bastón de apoyo*– support cane

bien *(adj, adv)*–good, well

billete *(n)*–bill (paper money); ticket

billetera *(n)*–wallet

bip *(n)*–beep

bisagra *(n)*–hinge

bloqueo *(n)*–obstruction

bocina *(n)*–horn

bola *(n)*–ball

boleto *(n)*–ticket

borde *(n)*–edge

bordillo *(n)*–curb

borroso *(adj)*–blurry

botón *(n)*–button

brazo *(n)*–arm

brindar *(v)*–give, offer

brújula *(n)*–compass *(n)*; *direcciones de la brújula*–compass directions

bulevar *(n)*–boulevard

buscar *(v)*–look for

búsqueda *(n)*–search; *patrón de búsqueda*–search pattern

buzón *(n)*–mailbox

C

cabina *(n)*–booth

cable *(n)*–cord, wire

cada *(adj, pron)*–each

caer *(v)*–fall

caja *(n)*–box

cajero *(n)*–cashier

cajuela *(n)*–trunk (of a car)

calendario *(n)*–schedule, calendar

callado *(adj)*–silent

calle *(n)*–street

callejón *(n)*–alley

cambiante *(adj)*–changing, veering

cambiar *(v)*–change

cambio *(n)*–change (alteration); change (coins); *cambio devuelto*–returned change (from a purchase); *cambio menudo*–small change

caminar *(v)*–walk

camino *(n)*–path

camión *(n)*–truck

camioneta *(n)*–pickup truck, van

capacidad *(n)*–ability

capo del automóvil *(n)*–hood (of a car)

captar *(v)*–catch

capturar *(v)*–catch

cara *(n)*–face

carecer (de) *(v)*–lack

carretera *(n)*–highway

carril *(n)*–lane

carro *(n)*–car

carta *(n)*–card

cartera *(n)*–wallet

cartón *(n)*–cardboard

cartulina *(n)*–cardboard

casi *(adv)*–almost

caso *(n)*–case

catarata *(n)*–cataract

ceguera *(n)*–blindness

cemento *(n)*–cement

centro *(n)*–center

cerca *(n)*–fence

cerca *(adv)*–around, about, close

cerca (de) *(prep)*–near, close (to), around, about

cercanía *(n)*–proximity

cercano *(adj)*–close

cerciorarse *(v)*–make sure

cerrado *(adj)*–closed

cerrar *(v)*–close

césped *(n)*–lawn

charco *(n)*–puddle

cheque *(n)*–check (bank check)

chocar con *(v)*–collide with

chofer *(n)*–driver

choque *(n)*–bump

ciego *(adj)*–blind

cintura *(n)*–waist

cinturón *(n)*–belt

círculo *(n)*–circle

claro *(adj)*–clear

claro *(n)*–clearing

clase *(n)*–class

clave *(n)*–clue, landmark

claxon *(n)*–horn

coche *(n)*–car

codo *(n)*–elbow

coger *(v)*–catch

coincidir *(v)*–coincide

colgar *(v)*–hang up; *colgar el teléfono*–hang up the telephone

colocar *(v)*–place

comenzar *(v)*–start

como *(adv, prep)*–like, as

cómodo *(adv)*–convenient

compra *(n)*–purchase

comprar *(v)*–purchase

comprobar *(v)*–make sure, test, check

concepto, idea *(n)*–concept

conciencia *(n)*–awareness, consciousness; *conciencia ambiental*–environmental awareness

conductor *(n)*–conductor (train)

conductor *(n)*–driver

confiar (en) *(v)*–trust

confundir *(v)*–confuse

congénito *(adj)*–congenital

conjetura *(n)*–guess

conjeturar *(v)*–guess

conocimiento *(n)*–knowledge

conseguir *(v)*–achieve

conseguir *(v)*–obtain

considerar *(v)*–consider

construcción *(n)*–construction

contacto *(n)*–contact

contar *(v)*–count; *volver a contar*–recount

contenedor *(n)*–container

continuar *(v)*–continue

contra, en contra de *(prep)*–against

contribuir *(v)*–contribute

conveniente *(adv)*–convenient

corazón *(n)*–heart

cordón *(n)*–cord

correa *(n)*–belt

correcto *(adj)*–correct

corredizo *(adj)*–slide, sliding

corredor *(n)*–corridor

cortar *(v)*–cut

corto *(adj)*–short

cristalino *(n)*–lens (of the eye)

cruce *(n)*–intersection; *cruce irregular*–irregular intersection

crucero peatonal *(n)*–crosswalk

cruzar *(v)*–cross

cuadra *(n)*–block (of houses or buildings)

cuadrado *(n)*–square

cuadrarse *(v)*–square off

cual *(pron)*–which

cualquier *(adj)*–any, either, whatever

cualquiera (que) *(conj)*–whichever, whoever

cuando *(adv, conj)*–when

cuarto *(n)*–room

cubierta *(n)*–cover

cuenta *(n)*–check (at a restaurant); account

cuero *(n)*–leather

cuerpo *(n)*–body; *cuerpo de bastón*–shaft (of cane); *imagen del cuerpo*–body image

cuidado *(n)*–care

cuneta *(n)*–gutter

curvo *(adj)*–winding

D

dañar *(v)*–harm

daño *(n)*–harm

dar *(v)*–give; *dar un paso*–(take a) step; *dar la vuelta*–turn

darse cuenta de *(v)*–to come to a realization

debajo *(adv)*–down

debajo *(adv, prep)*–below, beneath, under

debajo de *(prep)*–below (something)

decir *(v)*–say, speak

dedo *(n)*–finger

definido *(adj)*–definite

dejar *(v)*–leave

delante de *(adv, prep)*–before (in position)

delante de *(prep)*–in front (of)

delantero *(adJ)*–front

demasiado *(adv)*–too much

demostrar *(v)*–show

dentro (de) *(adv, prep)*–within

derecho *(adj)*–straight

descansillo *(n)*–landing (of a stairway)

descender *(v)*–descend

describir *(v)*–describe

descubrir *(v)*–detect

desear *(v)*–desire

desenchufar *(v)*–unplug

deslizar(se) *(v)*–slide

desnivel *(n)*–drop-off

despacio *(adv)*–slowly

despegar *(v)*–unstick

despertador *(n)*–alarm clock

desprendimiento *(n)*–detachment

después *(adv)*–after, then

después de *(prep)*–after

destacar *(v)*–stick out

destrozado *(adj)*–broken down

desviación *(n)*–veer (deviation)

desviar(se) *(v)*–detour

desviarse *(v)*–veer

desvío *(n)*–detour

¡deténgase! *(excl)*–stop!

detectar *(v)*–detect, find

detener, parar *(v)*–stop

determinar *(v)*–determine

detrás *(adv)*–back

devolver *(v)*–return (something; money), give back

diabético *(n, adj)*–diabetic

dibujar *(v)*–draw

diminuto *(adj)*–tiny

dinero *(n)*–money; *dinero en efectivo*–cash

dirección *(n)*–address; direction; *línea de dirección*–line of direction

dirigir *(v)*–direct; *dirigirse hacia*–direct oneself toward

disminuido *(adj)*–diminished

distancia *(n)*–distance

distante *(adj)*–distant

distintivo *(adj)*–distinctive

doblar *(v)*–fold, bend

donde *(adv, conj)*–where

dormitorio *(n)*–bedroom

dorso *(n)*–back; *dorso de la mano*–back of the hand

dos *(adj, pron)*–two; *los dos*–both

E

echar *(v)*–throw

eco *(n)*–echo

edificio *(n)*–building

efectivo *(n)*–cash; *en efectivo*–in cash

ejemplo *(n)*–example

elegir *(v)*–choose

elevador *(n)*–elevator

elevar *(v)*–elevate, lift

eliminar *(v)*–eliminate

eludir *(v)*–avoid

embotellamiento *(n)*–bottleneck, traffic jam

empezar *(v)*–start

empujar *(v)*–push

empuñadura–grip (of a cane)

encargarse (de) *(v)*–handle, take care of

enchufar *(v)*–plug

enchufe *(n)*–plug

encima *(adv)*–above; *por encima*–above

encima (de) *(prep)*–on top (of)

encontrar *(v)*–encounter, find

enfermo *(adj)*–sick

enfrente *(adj)*–facing

enganchar *(v)*–hook

enganche *(n)*–hook

enmascarar *(v)*–mask

enorme *(adj)*–enormous

enseñar *(v)*–show

entero *(adj)*–whole

entonces *(adv)*–then

entrar *(v)*–enter (bus or train)

entremedio *(adv)*–in between

envase *(n)*–container

equilibrio *(n)*–balance

escalera *(n)*–stairs; ladder; *hueco de escalera, ojo de la escalera*–stairwell

escalera eléctrica *(n)*–escalator

escalera mecánica *(n)*–escalator

escalón *(n)*–step (of stairs)

escoger *(v)*–choose

espacio *(n)*–space; *espacio estrecho*–narrow passageway

espalda *(n)*–back (of person)

especial *(adj)*–special

espejuelos *(n)*–eyeglasses

esperar *(v)*–wait; *espéreme*–wait for me

esquina *(n)*–corner (outside corner)

estación *(n)*–station

estacionamiento *(n)*–parking lot

estacionar *(v)*–park

estante *(n)*–shelf

estereotipo *(n)*–stereotype

estilo *(n)*–style

estirar(se) *(v)*–stretch out

estrecho *(n, adj)*–narrow; *espacio estrecho*–narrow passageway

estropeado *(adj)*–broken down

etiqueta *(n)*–label

evaluación *(n)*–evaluation, assessment

evitar *(v)*–avoid

exactamente *(adv)*–exactly

examen *(n)*–examination, test

examinar *(v)*–examine, review

excederse *(v)*–overshoot

existir *(v)*–exist

expediente *(n)*–file

exprimir *(v)*–squeeze

extender *(v)*–extend

extendido *(adj)*–extended

extenso *(adj)*–extensive, vast

F

fácilmente *(adv)*–easily

familiarización *(n)*–familiarization; *familiarización independiente*–self-familiarization

faro *(n)*–headlight

farola *(n)*–streetlight

fastidiar *(v)*–bother

fastidio *(n)*–bother
ferrocarril *(n)*–railroad
fijarse (en) *(v)*–notice
fila *(n)*–row, line
firme *(adj)*–firm
físico *(adj)*–physical
foso *(n)*–ditch
fracaso *(n)*–failure
fragante *(adj)*–fragrant
fregadero *(n)*–sink (kitchen)
frenar *(v)*–brake
frente *(n)*–front; *al frente*–in front, ahead; *en frente (de)*–in front (of)
frente (a) *(prep)*–facing
frontal *(adj)*–front
fuera (de) *(prep)*–outside
fuerte *(adv)*–strong
función *(n)*–function
furgoneta *(n)*–van

G

gafas *(n)*–eyeglasses
gancho *(n)*–hook
girar *(v)*–turn
golpe *(n)*–bump, hit
golpear *(v)*–hit, strike
grado *(n)*–degree
grama *(n)*–lawn
grande *(adj)*–large
gratis *(adv)*–free
grieta *(n)*–crack
grifo *(n)*–faucet
grueso *(adj)*–thick
guagua *(n)*–bus

guardar *(v)*–keep
guía *(n)*–guide

H

habilidad *(n)*–skill, ability
habitación *(n)*–room
hablar *(v)*–speak
hacer *(v)*–do, make
hacer daño a *(v)*–harm
hacia *(prep)*–toward
hasta *(prep)*–until
hay *(v)*–there is, there are
hecho *(n)*–fact
hierro *(n)*–iron
hilera *(n)*–row, line
hoja *(n)*–sheet (of paper), leaf
hombro *(n)*–shoulder
horario *(n)*–schedule
hoyo *(n)*–hole
humedad *(n)*–humidity
húmedo *(adj)*–damp

I

igual *(n, adj)*–equal, like, alike
imagen *(n)*–image; *imagen corporal, imagen del cuerpo*–body image
inclinación *(n)*–incline, slope
inclinar *(v)*–bend, lean
incomodar *(v)*–bother
incomodidad *(n)*–bother
incrementar *(v)*–increase
independiente *(n)*–independent
indicador *(n)*–indicator
indicar *(v)*–indicate, signal
índice *(n)*–index

informar *(v)*–inform

informe *(n)*–report

inicial *(n, adj)*–initial

iniciar *(v)*–start

insulina *(n)*–insulin

interior *(adj, adv)*–inner, inside

intermedio *(adj)*–halfway

interruptor *(n)*–switch

intersección–intersection; *intersección irregular*–irregular intersection

inverso *(n, adj)*–inverse

ir *(v)*–go

izquierda *(n, adj)*–left

J

jamás *(adv)*–never

jeringa *(n)*–syringe

jeringuilla *(n)*–syringe

jugar *(v)*–play

juntos *(adj, adv)*–together

justo *(adj, adv)*–just, exactly

K

kiosco*(n)*–kiosk

L

lado *(n)*–side; *al lado de*–beside, next to; *lado delantero*–front side; *de lado, hacia un lado*–sideways

ladrillo *(n)*–brick

lana *(n)*–wool

lanzar *(v)*–throw

largo *(adj)*–long; *a lo largo*–lengthwise; *a lo largo de*–along

lateralmente *(adj, adv)*–laterally, sideways

lavabo *(n)*–sink (bathroom)

lavamanos *(n)*–sink (general)

lejano *(adj)*–distant

lente *(n)*–lens (of eyeglasses or optical devices)

lentes *(n)*–eyeglasses

levantar *(v)*–elevate, lift

levantar(se) *(v)*–rise, get up

libre *(adj)*–free (unoccupied, unrestrained); *al aire libre*–outdoors

ligeramente *(adv)*–lightly, slightly

limpiaparabrisas *(n)*–windshield wipers

línea *(n)*–line; *línea de dirección*–line of direction; *línea de desplazamiento*–line of travel, path of travel

liso *(adj)*–smooth

llamar *(v)*–call; *llamar por teléfono*–telephone

llave *(n)*–key (to a lock)

llegar *(v)*–arrive

lleno *(adj)*–full

llevar *(v)*–carry, take along; *llevando el paso*–keeping in step

localización *(n)*–localization, location; *localización del sonido*–sound localization

lograr *(v)*–achieve

longitude *(n)*–length

longitudinal *(adj)*–lengthwise

luego *(adv)*–then

lugar *(n)*–place; *lugar seguro*–safe place, haven

lupa *(n)*–magnifier

luz trasera *(n)*–taillight

M

madera *(n)*–wood

manejar *(v)*–drive (a car); handle

manera *(n)*–manner, method

mango *(n)*–handle

manguera *(n)*–hose

mano *(n)*–hand

mantener *(v)*–maintain, keep, hold

manzana *(n)*–block (of houses or buildings)

mapa *(n)*–map

marcar *(v)*–dial

marchar al ralentí *(adj)*–idle (car)

marco *(n)*–frame

marco de la puerta *(n)*–door frame

mareado *(adj)*–dizzy

más **(n, adj, adv)**–more

máximo *(n, adj)*–maximum

mayor *(n)*–senior, elder; *mayor de edad*–adult, senior

mecánico *(adj)*–mechanical

mecanografía *(n)*–typing

media vuelta *(adj)*–about-face turn

mediana *(n)*–median

medio *(adj, adv)*–half

medio camino *(adv)*–halfway

menos *(adj, adv, prep)*–less

mensaje *(n)*–message

mercado *(n)*–store, market

mesa *(n)*–table

meta *(n)*–goal

metro *(n)*–subway

mientras *(conj)*–while

milla *(n)*–mile

minúsculo *(adj)*–tiny, minuscule

mismo *(adj, pron)*–same

mitad *(n)*–half

modo *(n)*–manner, mode; *modo de andar*–gait

mojado *(adj)*–damp, wet

molestar *(v)*–bother

molestia *(n)*–bother

momento *(n)*–moment

moneda *(n)*–coin

montacargas *(n)*–freight elevator

mostrador *(n)*–counter (shelf)

mostrar *(v)*–show

mover(se) *(v)*–move; *mover(se) cerca de*–move close to

movilidad *(n)*–mobility

movimiento *(n)*–movement

muebles *(n)*–furniture

muleta *(n)*–crutch

muñeca *(n)*–wrist

muro *(n)*–wall (outside)

muy *(adv)*–very

N

nada *(n, pron)*–nothing

navegación *(n)*–navigation

necesario *(adj)*–necessary

necesidad *(n)*–need

necesitar *(v)*–need

neurológico *(adj)*–neurological

nicho *(n)*–niche

nombre *(n)*–name

notar *(v)*–notice

nublado *(adj)*–cloudy

nuboso *(adj)*–cloudy

nudillo *(n)*–knuckle

número *(n)*–number

nunca *(adv)*–never

O

objetivo *(n)*–goal

objeto *(n)*–object

obstáculo *(n)*–obstacle

obstrucción *(n)*–obstruction

obtener *(v)*–obtain, get

oficina *(n)*–office

ofrecer *(v)*–offer

oído *(n)*–ear

oler *(v)*–smell

olfativo *(adj)*–olfactory

olfato *(n)*–smell

olfatorio *(adj)*–olfactory

olor *(n)*–smell

oloroso *(adj)*–odorous

operación *(n)*–operation

óptico *(adj)*–optical

optómetra *(n)*–optometrist

optometrista *(n)*–optometrist

opuesto *(adj)*–opposite

oreja *(n)*–ear

orientación *(n)*–orientation

orilla *(n)*–shore, shoreline; *orilla de la acera (n)*–shoreline (of the sidewalk)

óvalo *(adj)*–oval

P

panel de instrumentos *(n)*–dashboard

paño *(n)*–cloth

papelera *(n)*–wastebasket

parachoques *(n)*–bumper (fender)

parada de autobús *(n)*–bus stop

paralelo *(n, adj)*–parallel

parecido *(adj)*–like

pared *(n)*–wall (inside)

párpado *(n)*–lid (eyelid)

parte *(n)*–part

pasadizo *(n)*–passageway

pasamanos *(n)*–railing, banister

pasar *(v)*–go past

pasillo *(n)*–corridor, hall, hallway

paso subterráneo *(n)*–underground passageway

paso *(n)*–step (with foot); *llevando el paso*–keeping in step

paso de peatones *(n)*–crosswalk

patología *(n)*–pathology

patrón *(n)*–pattern; *patrón de búsqueda*–search pattern

pausa *(n)*–pause

peatón *(n)*–pedestrian

pecho *(n)*–chest

pegado **(a)**–stuck to; next to

pegar(se) *(v)*–stick

pelar *(v)*–skin

película *(n)*–movie

pelota *(n)*–ball

pendiente *(n)*–slope

pensar *(v)*–think

pequeñito *(adj)*–tiny

pequeño *(adj)*–small

percepción *(n)*–perception

perder *(v)*–lose; miss (a train)

perdido *(adj)*–lost

periférico *(n, adj)*–peripheral

perímetro *(n)*–perimeter
permanecer *(v)*–remain
permitir *(v)*–permit
pero *(conj)*–but
persona *(n)*–person
personal *(adj)*–personal
pie *(n)*–foot
piel *(n)*–leather
pierna *(n)*–leg
pieza *(n)*–part; room
pisar *(v)*–step
piso *(n)*–floor
pista *(n)*–clue
pitar *(v)*–beep
pito *(n)*–beep
pizarra *(n)*–slate; *pizarra braille*–
braille slate
planta *(n)*–floor
plástico *(n, adj)*–plastic
plegable *(adj)*–folding
plegar *(v)*–fold
poder *(v)*–be able
poner *(v)*–place
ponerse *(v)*–put on (oneself)
posición *(n)*–position
poste *(n)*–pole
practicar *(v)*–practice
precaución *(n)*–precaution
preferible *(adj)*–preferable
presupuesto *(n)*–budget
primero *(adj)*–first
probar *(v)*–test, try; taste
procedimiento *(n)*–procedure

profundidad *(n)*–depth; *percepción de
profundidad*–depth perception
programa *(n)*–schedule
propina *(n)*–gratuity, tip
propio *(adj)*–own
proteger(se) *(v)*–protect (oneself)
prótesis *(n)*–prosthesis
próximo *(adj)*–next
prueba *(n)*–examination, test
puerta *(n)*–door; *puerta giratoria*–
revolving door
puesto *(n)*–booth
pulgada *(n)*–inch
pulgar *(n)*–thumb
pulsador *(n)*–push button
pulsar *(v)*–push (a button)
punción *(n)*–puncture
punta *(n)*–tip; *punta del dedo*–fingertip
punto *(n)*–point; *punto de referencia*–
landmark, point of reference; *punto
focal*–focal point

Q

que *(pron)*–which
quedarse *(v)*–remain
quiosco *(n)*–kiosk

R

radiador *(n)*–radiator
rampa *(n)*–curb cut; ramp
rápidamente *(adv)*–fast
rápido *(adj)*–fast
rastrear *(v)*–trail
reacción *(n)*–reaction
reaccionar *(n)*–react

realizar *(v)*–realize (carry out), do

realmente *(adv)*–really

reborde *(n)*–curb, shoulder

recibo *(n)*–receipt

recobro *(n)*–recovery

recoger *(v)*–collect, to get

recontar *(v)*–recount

recorrer *(v)*–tour

recorrido *(n)*–route

recto *(adj)*–straight

recuperación *(n)*–recovery

reducir *(v)*–reduce, lower

referencia *(n)*–reference

reflejar *(v)*–reflect

reflejo *(n)*–reflection

reflexión *(n)*–reflection

reflexionar *(v)*–reflect

refracción *(n)*–refraction

refugio *(n)*–shelter

regresar *(v)*–return

regreso *(n)*–return

relacionar *(v)*–relate

relajar *(v)*–relax; *relájate*–relax (yourself)

reloj *(n)*–clock

repasar *(v)*–review

repaso *(n)*–review

resolver *(v)*–solve

respaldar *(v)*–support

respaldo *(n)*–back (of chair)

resto *(n)*–remainder

retorno *(n)*–return

revisión *(n)*–review

rígido *(adj)*–rigid

ritmo *(n)*–rhythm; *en ritmo*–in rhythm

romper *(v)*–break

rostro *(n)*–face

roto *(adj)*–broken, broken down

rótulo *(n)*–label

rotonda *(n)*–roundabout, traffic circle

rozar *(v)*–skim

rueda *(n)*–wheel

rugoso *(adj)*–wrinkled

ruta *(n)*–route

S

sacar *(v)*–take

salir *(v)*–leave

seguimiento *(n)*–follow up

seguir *(v)*–continue; follow

según *(prep)*–according to

seguro *(adj)*–sure, safe

selectividad *(n)*–selectivity

semáforo *(n)*–traffic light

señal *(n)*–cue, signal

señalar *(v)*–indicate, signal

sencillo *(adj)*–simple

sendero *(n)*–path

sentarse *(v)*–sit down

separación *(n)*–detachment

separado *(adj)*–separate

separar(se) (de) *(v)*–separate (from)

siempre *(adv)*–always

signo *(n)*–sign

silencioso *(adj)*–silent

silla *(n)*–chair

simple *(adj)*–simple

simultáneamente *(adv)*–simultaneously

sin *(prep)*–without

sino *(conj)*—but

sinuoso *(adj)*—winding

sistema *(n)*—system; *sistema de numeración*—numbering system

sitio *(n)*—site, place

situar *(v)*—situate

sobre *(prep)*—above

sol *(n)*—sun

solamente *(adv)*—alone, only

solo *(adj)*—alone

solucionar *(v)*—solve

sombra *(n)*—shadow; shade

sonido *(n)*—sound; *diferenciación de sonido*—sound differentiation; *localización de sonido*—sound localization

soporte *(n)*—support

sordera *(n)*—deafness

sostener *(v)*—hold

subir *(v)*—go up, rise; *subir a*—enter, get on (a bus or train)

suela *(n)*—sole (of a shoe)

suelo *(n)*—floor; ground

suficiente *(adj)*—sufficient

superficie *(n)*—surface

superior *(adj)*—upper

suposición *(n)*—guess

T

tacón *(n)*—heel

táctil *(adj)*—tactile

también *(adv)*—also

tapa *(n)*—cover, lid

taquilla *(n)*—ticket booth

tarifa *(n)*—fare

tarjeta *(n)*—card

taza del inodoro *(n)*—toilet bowl

techo *(n)*—ceiling; roof

tecla *(n)*—key (on a keyboard); push button (of a telephone or typewriter)

tejado *(n)*—roof

tela *(n)*—cloth

telefonear *(v)*—telephone

tener *(v)*—have; *tener que*—have to (do something)

terminar *(v)*—terminate, finish

terreno *(n)*—ground

tiempo *(n)*—time; *al mismo tiempo*—at the same time

tienda *(n)*—store

tierra *(n)*—ground; earth

tiesto *(n)*—planter

tímido *(adj)*—timid

tinta *(n)*—ink

tipo *(n)*—sort, type

tirar *(v)*—throw, pull

toallero *(n)*—towel rack

tocar *(v)*—touch; play (an instrument)

todavía *(adv)*—still, yet; *todavía no*—not yet

todo *(n)*—whole

todo *(adj, adv, pron)*—all, entire

toma de corriente *(n)*—outlet (electrical)

tomar *(v)*—catch, take; *tomar dirección*—direction-taking

tramo *(n)*—flight (of stairs)

¡tranquilo! *(excl)*—take it easy!

transportación *(n)*—transportation; *transportación pública, transporte públic*—public transportation

trasero *(n)*–backside, posterior

tratar (de) *(v)*–try to

través (a través de) *(prep)*–through, across; by means of

tren *(v)*–train

triángulo *(n)*–triangle

tropezar *(v)*–stumble, trip

U

único *(adj)*–unique, only

usar *(v)*–use

útil *(adj)*–useful

V

vaciar(se) *(v)*–empty

vacío *(n)*–empty

vallado *(n)*–hedge

variar *(v)*–vary

varios *(adj)*–several

vasto *(adj)*–vast

venda (de los ojos) *(n)*–blindfold

vendado *(adv)*–blindfolded

venir *(v)*–come; *ven acá*–come here

ventaja *(n)*–advantage

ventajoso *(adj)*–advantageous

ventana *(n)*–window

verificar *(v)*–check

vestíbulo *(n)*–vestibule

vez *(n)*–time; *a la vez*–at the same time, together, both

viajar *(v)*–travel

viaje *(n)*–trip

viga de soporte *(n)*–beam, support

virando *(adj)*–veering

virar *(v)*–veer

voluminoso *(adj)*–bulky, voluminous

volver *(v)*–return

vuelo–airplane

vuelta *(n)*–return; *dar la vuelta*–turn; *media vuelta*–about-face turn

Y

ya *(adv)*–already

yema del dedo *(n)*–fingertip

yeso *(n)*–plaster

Z

zanja *(n)*–ditch

INDEX

Readers may also refer to the alphabetical listings in the English/Spanish and Spanish/English dictionaries and translations of specific terms in Appendix A, "Vision, Disability, and Medical Terminology," and Appendix B "Terminology for Conceptual Development."

Italics refer to Spanish text.

A

abordando
  autobuses, 119–120
  trenes, 129–132
about-face turns, 4, 12–13
accessible pedestrian signals (APS), 106–107
aceptando ayuda, 13–14
acera de grama
  alinearse con, para tomar dirección, 65–66
  definición de, 52
  relocalizantación, 61
aceras
  definición de, 52
  en zonas comerciales, 77–78
orilla exterior
  definición de, 52
  desviación hacia, recuperándose de, 81
  en zonas comerciales, 78
orilla interior
  definición de, 52
  desviación hacia, recuperándose de, 81
  en zonas comerciales, 78
  realinearse con, 66–67
patrón de exploración sistemática para, 137–138

actuated traffic lights, 104–105
adjectives in Spanish, 175
agarre de bastón, 28–29
  con el dedo índice, 29, 36
  con el dedo pulgar, 28–29
  con técnica diagonal, 31–32
  de lápiz, 29, 41
  para escaleras, 47, 49
  técnica de dos puntos, 36
aids and devices, 158–159
aligning, 17
  with "angle of adjustment," 108–109
  with parkways, for direction-taking, 65–66
  with wall of sound, for direction-taking, 107
alineación auditiva, 80
alinearse, 17
  con "ángulo de ajuste," 108–109
  con muro de sonido, para tomar dirección, 107
  con una acera de grama, para tomar dirección, 65–66
all clear, crossing streets when, 71

all quiet, crossing streets when, 70
alleys, 53, 78
altura del arco, técnica de dos puntos, 37
amplitud del arco, técnica de dos puntos, 36
análisis del cruce, 148–149
ancho de calles en zonas comerciales, 101
andenes de tren, 123–124, 128–129
angle of adjustment, aligning with, 108–109
"ángulo de ajuste," alinearse con, 108–109
anillo de enfoque, monóculo, 146
anuncios
  de voz automáticos, en autobuses, 115
  por megafonía en trenes, 122
APS (accessible pedestrian signals), 106–107
arc height, two-point-touch technique, 37
arc width, two-point-touch technique, 36
área despejada, cruzar calles con, 71

áreas congestionadas, técnica de bastón para, 40–41, 92–93, 131

arm positions
for diagonal cane technique, 32
for going down stairs, 49
for going up stairs, 47
for two-point-touch technique, 36
for walking with human guide, 3

articles in Spanish, 175

ascender escaleras, 10, 46–48

ascending stairs, 10, 46–48

ascensores
entrando, 94–95
esperando, 94
frases relacionados con, 97
identificando piso deseado, 96–97
llamando, 94
localizando, 93–94
seleccionando piso deseado, 95–96

asientos
en trenes, 122, 131
localizando en autobuses, 120
para pasajeros con discapacidad, en autobuses, 114

asking for directions, 90–91

assistance
accepting, 13–14
asking for directions, 90–91
inside businesses, 92–93
to locate businesses, 90–92
for rail travel, 129
refusing, 13–14

for street crossings, asking for, 92

atravesar puertas, 6–7, 34–35

auditory alignment, 80

auditory direction-taking, 107

auditory skills, terminology for, 157

aumento, monóculo, 145

autobuses
abordando, 119–120
características de, 113–115
conceptos relacionados con, 115–116
conductores de, comunicación con, 119
paradas de, 117–118
planificando viajes en, 116–117
saliendo de, 120–121
terminología para, 167–168

ayuda
aceptando, 13–14
dentro de establecimientos comerciales, 90–92
para cruzar la calle, solicitando, 92
para localizar establecimientos comerciales, 90–92
para viajes en trenes, 129
rechazando, 13–14

B

baja visión, técnicas para viajeros con análisis del cruce, 148–149
deslumbramiento, soluciones para minimizar, 142–143
entrenamiento en técnicas visuales, 133–142

estrategias para ir de compras, 149–151
lupas portátiles, uso de, 144
monóculo, uso de, 145–147
técnica de comprobación con el bastón, 151–154
bajando escaleras, 10
barandas en trenes, 122
barandas verticales, en autobuses, 114
bastones. Véase también *contacto constante, técnica de; dos puntos, técnica de; técnica diagonal; toque y arrastre, técnica de; toque y deslizamiento, técnica de; tres puntos, técnica de; V-Tech*
aceras, uso en, 54–55
buscando objetos caídos, 23
cruzando calles con, 68–70
escaleras, navegando con, 46–50
frases relacionados con, 29–30, 45–46
funciones del bastón largo, 25–26
guías humanos, usando con, 30–31
longitud de, 28
opciones para sujetar, 28–29
técnica de comprobación con, 151–154
blocks (residential), 52
blur interpretation, 140, 150
boarding
buses, 119–120
escalators, 97–99
trains, 129–132
body concepts, 160–161

body movements, 161

body planes, 161

body position, for walking with human guide, 3

bordillo ascendente, 63

bordillo descendente, 63

bordillos, 11–12

  cuadrarse con, para tomar dirección, 66

  definición de, 53

  detectando con bastones para cruzar calles, 68

botones

  de emergencia en trenes, 122–123

  en ascensores, 95–96

  peatonales, 106

brazos, posiciones para

  para ascender escaleras, 47

  para bajar escaleras, 49

  para caminar con guía humano, 3

  para técnica de dos puntos, 36

  para técnica diagonal, 32

bus drivers, communicating with, 119

bus routes, 115

bus schedules, 115

bus stops, 117–118

bus travel

  boarding, 119–120

  bus drivers, communicating with, 119

  bus stops, 117–118

  characteristics of, 113–115

  concepts related to, 115–116

  exiting buses, 120–121

  planning trips, 116–117

  terminology for, 167–168

buscando objetos caídos, 22–24

business blocks, characteristics of, 77–79

business entrances, locating, 86–87

businesses

  calling for information, 90

  seeking assistance inside, 92–93

  seeking assistance to locate, 90–92

  tracing to locate, 135–136

butacas de teatro, 9

buttons in elevators, 95–96

C

callejones, 53, 78–79

calles. Véase también *cruces; cruzando calles; tráfico*

  análisis del cruce, 148–149

  desviación hacia, recuperándose de, 61–62

  paralelas, recuperándose de un desvío hacia, 73

  perpendiculares, recuperándose de un desvío hacia, 72

  pidiendo ayuda para, 92

  terminología, 165–167

calling businesses for information, 90

calling elevators, 94

camber, 64

cambiar de lado, 5

caminar

  con técnica diagonal, 32

  línea de desplazamiento recta, estableciendo, 55–56

  llevando el paso, con técnica de dos puntos, 37–38

  obstáculos, caminando alrededor de

    técnica de dos puntos, 39–40

técnica diagonal, 33

recuperando el paso

  técnica de contacto constante, 42

  técnica de dos puntos, 38–39

canes. See also constant-contact technique; diagonal cane technique; three-point-touch technique; touch-and-drag technique; touch-and-slide technique; two-point-touch technique; verification cane technique

  crossing streets with, 68–70

  grasp options, 28–29

  length of, 28

  long cane, functions of, 27–28

  managing with human guide, 30–31

  phrases for, 29–30, 45–46

  searching for dropped objects, 23

  sidewalks, using on, 54–55

  stairs, negotiating with, 46–50

carriles exclusivos para girar a la derecha, 101

carriles exclusivos para girar a la izquierda, 101–102

causas de impedimentos visuales, 155–156

causes of visual impairment, terminology for, 155–156

ceder el paso, señal de, 65

center aisle, in buses, 114

césped, línea del, 52

chairs

  clearing seat of, 8

  seating procedures, 7–10

sofas, 9
under tables, 8
theater-style seating, 9
changing sides, 5
ciclos (semáforos), 103
ciclos fijos (semáforos), 104
cierre visual, 140
clearing corners, 69–70
clima, conceptos de, 170
clock-face directions,
161–162
colores, 161
colors, 161
comba, 64
combadura, 64
comentarios didácticos,
24–25
compass directions, 162
complex phasing, traffic
light, 104
*comprobación con el
bastón, técnica de*,
151–154
conceptos corporales, 160
*conductores de buses,
comunicación con*, 119
congested-area cane tech-
nique, 40–41, 92–93, 131
constant-contact technique,
41–42
boarding trains, 130
corners, approaching,
56–58, 82
crossing streets with, 69
curbs, detection of, 68
drop-offs, detection of,
42–43
entering elevators, 95
exiting buses, 120
exiting revolving doors, 89
getting back in step, 42
intersecting sidewalks,
turning onto, 60
recovery from veering in
business travel, 85

for stairs, 46–47, 48–49
train platform perimeters,
exploring with, 128
V-Tech, 152
contact with human guide,
2–3
*contacto, estableciendo con
guía humano*, 2–3
*contacto constante, técnica
de*, 41–42
abordando trenes, 130
bordillos, detectando, 68
cruzando calles con, 69
desniveles, detectando,
42–43
*desviación hacia calles,
recuperándose de*, 85
entrando a ascensores, 95
*esquinas, aproximándose
a*, 56–58, 82
*esquinas, dando vuelta
en*, 60
para escaleras, 46–47,
48–49
*perímetros de andenes de
tren, explorando con*, 128
recuperando el paso, 42
saliendo de autobuses,
120
*saliendo de puertas gira-
torias*, 89
V-Tech, 152
contrahuella (escaleras), 46
controles de tránsito, 64–65
corners
approaching, 56–58,
82–83
clearing, 69–70
in commercial zones, 79
defined, 53
intersecting sidewalks,
turning onto, 60
intersection analysis,
148–149
correa de monóculo, 146

crest, 64
crossing streets. *See* street
crossings
crown, 64
*cruces. Véase también
cruzando calles*
análisis del, 148–149
*características de, en
zonas comerciales*,
101–102
definición de, 64
en forma de cruz, 64
en forma de t, 64
cruz, cruce en forma de, 64
*cruzando calles. Véase
ambién cruces; tráfico*
con V-Tech, 152–153
en áreas residenciales, 63
características de calles,
63–65
frases relacionados con,
67–68
momento para, 70–71
*recuperándose de un
desvío*, 72–74
señalización para cruzar,
69
técnicas de bastón para,
68–70
tomando dirección para,
65–67
*patrón de exploración
sistemática*, 138–140
pidiendo ayuda para, 92
terminología, 165–167
zonas comerciales,
100–101
características de cruces,
101–102
cuándo no cruzar,
111–112
*momento para cruzar
con semáforos*, 110–111
semáforos, 102–105

señales de peatones,
105–107
tomando dirección para,
107–110
cuadrarse, 16–17
con bordillos, 66
con muro de sonido, para
tomar dirección, 107–108
cuadrícula, patrón de,
20–21
cuerdas y bandas de
solicitud de parada, en
autobuses, 114–115
cuerpo, posición de, 3
cunetas, 64, 68
curb cuts, 53, 57, 83
curbs, 11–12
approaching with canes
for street crossings, 68
defined, 53
squaring off with, for
direction taking, 66
cycles, traffic light, 103

D
dando vuelta en esquinas,
60
dedicated left-turn lanes,
101–102
dedicated right-turn lanes,
101
dedo índice, agarre con, 29,
36
dedo pulgar, agarre con,
28–29
demarcaciones viales,
165–166
derecho del paso, 64
descansillo (escaleras), 46,
48, 50
descending stairs, 10–11,
48–50
deslumbramiento, soluciones
para minimizar, 142–143

desniveles, detectando con
técnica de contacto
constante, 42–43
despejando esquinas, 69–70
desplazamiento de rutas,
74–76
destrezas auditivas, 157
desvíos, recuperándose de
hacia calles en zonas
comerciales, 83–86
hacia entradas para ve-
hículos, 60–62
mientras cruza calles,
72–74
detección, 133
devices, terminology for,
158–159
diagonal cane technique,
31–32
investigating objects, 33
navigating around
obstacles, 33
negotiating doors, 34–35
phrases for, 35
trailing with, 33–34
walking with, 32
diagonal modificada,
posición de (bastón),
30–31
diagonal position, 32
dirección, conceptos de,
161–163
dirección, tomando. Véase
tomando dirección
direcciones, pidiendo, 90–91
direcciones de domicilios,
seguimiento para
localizar, 135
directional concepts,
161–163
directions, asking for, 90–91
directions, phrases for, 25
direction-taking, 16–17
for street crossings, 65–67,
107–110

disabilities, terminology for,
157–158
discapacidades,
terminología para,
157–158
dispositivos de ayuda, ter-
minología para, 158–159
distance concepts, 163
distancia, conceptos de, 163
distancia, estimaciones de
tiempo y, 18, 57, 83
divisiones en trenes, 122
doors
on buses, 113, 119
diagonal cane technique,
34–35
doorknobs, locating, 34
going through doorways,
6–7
on trains, locating, 129
doorways, tracing to locate,
134
dos puntos, técnica de,
35–37
caminando alrededor de
obstáculos, 39–40
caminando llevando el
paso, 37–38
cruzando calles con, 69
dando vuelta a izquierda o
derecha, 39
en áreas congestionadas,
40–41
rastreo, 40
recuperando el paso,
38–39
saliendo de puertas
giratorias, 89
down-curb, 63
driveways
in commercial zones, 78
defined, 52
locating, 58–60
recovery from veering into,
60–62

drop-offs, detection of with constant-contact technique, 42–43
dropped objects, searching for, 22–24

E

eccentric viewing, 141
elevators
  calling, 94
  calling floors, 95–96
  entering, 94–95
  identifying correct floors, 96–97
  locating, 93–94
  phrases for, 97
  waiting for, 94
emergency buttons or cords, on trains, 122–123
enfocando monóculos, 147
entradas
  a establecimientos comerciales, localizando, 86–87
  seguimiento, localizando con, 134
entradas para vehículos
  definición de, 52–53
  desviación hacia, recuperándose de, 60–62
  en zonas comerciales, 78
  identificando, 58–60
entradas peatonales, 52, 58–60
entrance doors, on buses, 113
environmental concepts, 163–168
escalators
  before boarding, 97–98
  boarding, 98–99
  locating, 97
  phrases for, 100
  stepping off, 99–100
escaleras
  bastones, técnicas para, 46

escaleras ascendentes, 46–48
escaleras descendentes, 48–50
  frases relacionados con, 50
  con guía humano, 10–11
  en autobuses, bajando, 120–121
escaleras eléctricas
  antes de subirse, 97–98
  bajándose, 99–100
  frases relacionados con, 100
  localizando, 97
  subiéndose, 98–99
espacio estrecho, técnica de, 4–5
ascensores, 12–13
  atravesar puertas, 7
espacios, conceptos de, 161–163
esperando
  ascensores, 94
  autobuses, 118
  trenes, 129
esquinas
  análisis del cruce, 148–149
  aproximándose a, 56–58
  dando vuelta en, 60
  definición de, 53
  despejando, 69–70
  en zonas comerciales, 79, 82–83
estabilizando monóculos, 146–147
establecimientos comerciales
  llamando para información, 90–92
  localizando entradas a, 86–87
  seguimiento, localizando con, 135–136

solicitando ayuda dentro de, 90–92
solicitando ayuda para localizar, 90–92
estacionamientos, recuperándose de desvío hacia, 85
estaciones de tren, 123, 125–126
estar fuera de paso, técnica de dos puntos, 37
estimaciones de tiempo y distancia, 18, 83
examinando objetos con técnica diagonal, 33
exit doors, in buses, 115
exploración, 148, 149–150
exploración visual, 136–138
exploración visual anticipada y planificación, técnicas de, 140–141
exteriores, conceptos medioambientales en, 164–165

F

familiarización, 19
  habitaciones, 20–21
  pasillos, 21–22
familiarization. See self-familiarization
fare box, on buses, 113–114
fare machines, locating, 126–127
fares
  bus, 115–116
  train, 124–125
fase compleja (semáforos), 104
fase exclusiva (semáforos), 103
fase simple (semáforos), 103
fases (semáforos), 103
ferrocarriles
  abordando, 129–132

características de, 121–125
familiarización con sistema de, 125–129
terminología para, 168
fijación, 133–134
fixation, 133–134
flagging, 69
floors (of buildings)
  calling in elevators, 95–96
  identifying correct, in elevators, 96–97
focusing monoculars, 147
focusing ring, monocular, 146
formas, 170
frases de instrucción, 24–26
fresh green traffic light, 109
fuera de uso, posición de, 30
funcionamiento visual, terminología sobre el, 156–157

G

gafas de sol, 143
gas stations, recovery from veering into, 85
gasolineras, recuperándose de desvío hacia, 85
girar
  con guía humano, 3–4
  técnica de dos puntos, 39
  técnica diagonal, 32
girar a la derecha, carriles exclusivos para, 101
girar a la derecha, islas para, 102
girar a la izquierda, carriles exclusivos para, 101–102
glare remediation, 142–143
going down stairs, 10–11
going up stairs, 10
grasp options for canes, 28–29
  diagonal cane technique, 31–32

for stairs, 47, 49
two-point-touch technique, 36
grass line, 52
greetings, 1–2
grid pattern, 20–21
guía humano, técnicas de, 2–14
  ascensores, 12
  atravesando puertas, 6–7
  bordillos, 11–12
  cambiando de lado, 5
  escaleras, 10–11
  estableciendo contacto, 2–3
  girando, 3–4
  "Hines Break," 13–14
  métodos para sentarse, 7–10
  posición del brazo y del cuerpo, 3
  técnica de espacio estrecho, 4–5
gutter, 64
gutters, clearing, 68

H

habitaciones, familiarización con, 20–21
hallways
  familiarization with, 21–22
  systematic scanning pattern for, 137–138
hand position for two-point-touch technique, 36
hand trailing, 17–19
  business entrances, locating, 87
hats, 142
Hines Break, 13–14
holding monoculars, 146–147

home addresses, tracing to locate, 135
horarios de autobuses, 115
human guide techniques, 2–14
  arm and body position, 3
  changing sides, 5
  curbs, 11–12
  elevators, 12
  going through doorways, 6–7
  Hines Break, 13–14
  making contact, 2–3
  making turns, 3–4
  narrow passageways, 4–5
  seating procedures, 7–10
  stairs, 10–11

I

imágenes borrosas, interpretación de, 140, 150
impedimentos visuales, causas de, 155–156
in step
  getting back in step, 38–39, 42
  walking, 37–38
index finger grasp, 29, 36
indicaciones, 25
indicando intención de cruce, 69
indoor environmental concepts, 163–164
inside shoreline
  in commercial zones, 78
  defined, 52
  realigning with, 66–67
  veering toward, correcting, 81
instructional feedback, phrases for, 24–26
intención de cruce, indicando, 69
intent to cross streets, signaling, 69

interiores, conceptos medioambientales en, 163–164

interpretación de imágenes borrosas, 140, 150

intersecting sidewalks, turning onto, 60

intersections. *See also* street crossings

analysis, 148–149

characteristics of business intersections, 101–102

defined, 64

terminology for, 165–167

intervalos de ventaja peatonal, 106

introductions, 1–2

investigating objects, with diagonal cane technique, 33

ir de compras, estrategias para, 149–151

islas para girar a la derecha, 102

L

landing (stairs), 46, 48, 50

landmarks, 53, 79

lápiz, agarre de, 29, 41

leading pedestrian interval (LPI), 106

left-turn lanes, 101–102

length of canes, 28

lenses, monocular, 146

lentes, monóculo, 146

lentes tintados, 143

light rail systems

boarding, 129–132

characteristics of, 121–125

familiarization with system, 125–129

línea de desplazamiento recta

cruzando calles, 66, 67

en zonas comerciales, 79–82

en zonas residenciales, 55–56

seguimiento, 134

línea del césped, 52

llamando a establecimientos comerciales para solicitar información, 90

llamando ascensores, 94

llevando el paso, 37–38, 41

localizando

ascensores, 93–94

escaleras eléctricas, 97

paradas de autobuses, 118

puertas de autobuses, 119

locating

bus doors, 119

bus stops, 118

elevators, 93–94

escalators, 97

long canes, functions of, 27–28

longitud de bastones, 28

low vision, skills for travelers with

glare remediation, 142–143

intersection analysis, 148–149

monocular use, 145–147

portable magnifier use, 144

shopping strategies, 149–151

verification cane technique, 151–154

visual skills training, 133–142

lower body protective technique, 15–16

LPI (leading pedestrian interval), 106

luces peatonales, 105–107, 135

lupas portátiles, uso de, 144, 151

M

magnification, 145

magnifier, portable, use of, 144, 151

manos, posición para técnica de dos puntos, 36

manzanas comerciales, características de, 77–79

manzanas residenciales, características de, 51–54

mapa de transporte, 125

mapas mentales, 74

máquinas para boletos de tren, localizando, 126–127

máquinas para pagar, en autobuses, 113–114

measurement concepts, 163

media vuelta, 4, 12–13

medianas, 102

medición, conceptos de, 163

medioambiente, conceptos de, 163–168

mental mapping, 74

military skip-step, 38–39, 42

mobiliario urbano, 78, 81

modified diagonal position (cane), 30–31, 49

momento para cruzar calles con semáforos, 110–111

eligiendo, 70–71

monetarios, conceptos, 168

money concepts, 168

monoculars, 145–147

phrases for, 147

shopping strategies, 150

monóculo, uso de, 145–147

estrategias para ir de compras, 150

frases relacionados con, 147

movimientos corporales,
161
muro de sonido, 80, 107

N

narrow passageway signal,
4–5
elevators, 12–13
going through doorways, 7
negocios. Véase
establecimientos
comerciales
not-in-use position, 30
nouns in Spanish, 174–175
numbers, 168–169
números, 168–169

O

objetos caídos, buscando,
22–24
obstacles, navigating around
diagonal cane technique,
33
two-point-touch tech-
nique, 39–40
obstáculos, caminando
alrededor de
técnica de dos puntos,
39–40
técnica diagonal, 33
orientación, conceptos de,
169
orientation concepts, 169
orilla exterior de la acera
definición de, 52
desviación hacia, r
ecuperándose de, 81
en zonas comerciales, 78
orilla interior de acera
definición de, 52
desviación hacia,
recuperándose de, 81
en zonas comerciales, 78
realineándose con, 66–67
out of step, 37, 42

outdoor environmental
concepts, 164–165
outside shoreline
in commercial zones, 78
defined, 52
veering toward, correct-
ing, 81

P

paradas de autobuses,
117–118
parallel streets, recovery
from veering into, 73
parallel traffic, 53
paredes, rastreo con la
mano por, 18–19
parking lots, recovery from
veering into, 85
parkways
aligning with, for direc-
tion-taking, 65–66
defined, 52
parte más alta, 64
partitions, on trains, 122
pasillo central, en auto-
buses, 114
pasillos
familiarización con, 21–22
patrón de exploración
sistemática para,
137–138
paso
caminando, 37–38
paso militar, 38–39, 42
recuperando el paso,
38–39, 42
passageways, narrow, 4–5
patrón de cuadrícula, 20–21
patrón de exploración
sistemática
para cruzar calles,
138–140
para familiarizarse con
habitaciones desconoci-
das, 138

para pasillos y aceras,
137–138
peatones
detectando esquinas en
zonas comerciales con
número de, 82–83
pidiendo direcciones de,
90–91
señales de, 105–107
pedestrian lights, 105–107,
135
pedestrian push buttons,
106
pedestrian signals, 105–107,
165
pedestrians
asking for directions,
90–91
detecting corners in business travel by number of,
82–83
pencil grasp, 29, 41
perillas, localizando, 34
perpendicular streets, recovery from veering into, 72
perpendicular traffic, 53
phases, traffic light, 103
pisada (escaleras), 46
pisos (en edificios)
identificando en
ascensores, 96–97
seleccionando en
ascensores, 95–96
planos del cuerpo, 161
platforms, train, 123–124,
128–129
plus-shape intersection, 64
poles, on trains, 122
portable magnifier use, 144,
151
posición, conceptos de,
161–163
posición diagonal, 32
posición diagonal modificada
(bastón), 30–31, 49

positional concepts,
161–163
positioning for monocular
use, 145
*postura, para línea de
desplazamiento recta,*
80–81
*postura para uso de
monóculo,* 145
posture, for straight line of
travel, 80–81
preguntas, 25–26, 91–92
presentaciones, 1–2
pre-timed traffic lights, 104
profesionales relacionados,
159
professionals, related, 159
pronouns in Spanish, 176
pronunciation in Spanish,
172–174
protección, técnicas de, 14
*familiarización con
habitaciones,* 20–21
*familiarización con
pasillos,* 21
técnica de protección alta,
14–15
para puertas giratorias,
88–89
para sentarse, 8
técnica de protección baja,
15–16
protected turn signals, 103
protective techniques, 14
for hallway familiariza-
tion, 21
lower body protective
technique, 15–16
for room familiarization,
20–21
upper body protective
technique, 14–15
for revolving doors,
88–89
seating procedures, 8

public transit. *See* bus
travel; rapid rail systems
public transit concepts,
167–168
puertas
cómo atravesar, 6–7
de autobuses, 113, 119
de salida, en autobuses,
115
de trenes, localizando, 129
*técnica diagonal, usando
para atravesar,* 34–35
puertas giratorias, 87
acercándose a, 87–88
entrando, 88–89
frases relacionados con,
89
saliendo de, 89
puntos cardinales, 162
puntos de referencia, 53–54,
79

Q

questioning, effective,
91–92
questions, phrases for,
25–26

R

rail stations, 123, 125–126
railcars, 121
rampas, 53, 57, 83
rapid rail systems
boarding, 129–132
characteristics of, 121–125
familiarization with sys-
tem, 125–129
rastreo, técnica de, 17–19
con técnica diagonal,
33–34
*de bordes, con técnica de
toque y arrastre,* 43
*entradas a establecimientos
comerciales, localizando,*
87

*familiarización con
habitaciones,* 20–21
familiarización con pasillos,
21–22
*línea de desplazamiento
recta, estableciendo con,*
79–80
localizando ascensores, 94
técnica de dos puntos, 40
rastreo con la mano, 17–19
realigning with inside shoreline, 66–67
*realineándose con orilla
interior de acera,* 66–67
rechazando ayuda, 13–14
recovery from veering
during business travel, 81
into driveways, 60–62
during street crossings,
72–74
toward/away from streets
in business travel, 83–86
recuperando el paso
*técnica de contacto con-
stante,* 42
técnica de dos puntos,
38–39
*recuperandose de un desvío
mientras cruza calles,*
72–74
*recursos y dispositivos de
ayuda,* 158–159
referencia, puntos de,
53–54, 79
refusing assistance, 13–14
related professionals, 159
residencias, zonas con.
Véase zonas residenciales
residential blocks, characteristics of, 51–54
revolving doors, 87
approaching, 87–88
entering, 88–89
exiting, 89
phrases for, 89

rhythm
constant-contact technique, 42
three-point-touch technique, 45
two-point-touch technique, 37, 38
right of way, 64
right-turn lanes, 101
right-turn traffic islands, 102
risers (stairs), 46
ritmo
técnica de contacto constante, 42
técnica de dos puntos, 37, 38
técnica de tres puntos, 45
road markings, 165–166
road signs, terminology for, 166
room familiarization, 20–21
route travel, 74–76
rutas de autobús, 115

S
salir
de autobuses, 120–121
de trenes, 131–132
saludos, 1–2
scanning, 136–138, 148, 149–150
scanning patterns
for hallways and sidewalks, 137–138
for previewing unfamiliar rooms, 138
for street crossings, 138–140
searching for dropped objects, 22–24
seats
locating on buses, 120
for passengers with disabilities, in buses, 114

seating procedures, 7–10
on trains, 122, 131
seguimiento (de objetos en movimiento), 136, 149
seguimiento, 134–136
análisis del cruce, 149
estrategias para ir de compras, 150–151
self-familiarization, 19
hallways, 21–22
rooms, 20–21
semáforos
características de, 102–105
momento para cruzar con, 110–111
terminología para, 166–167
semáforos accionados, 104–105
señales
de alto, 64
de ceder el paso, 65
de peatones, 105–107, 165
de tránsito, 166
señales peatonales accesibles (APS), 106–107
señalización para cruzar, 69
sentarse, métodos para, 7–10
shapes, 170
shopping strategies, 149–151
shorelines
defined, 52
inside
in commercial zones, 78
defined, 52
realigning with, 66–67
veering toward, correcting, 81
outside
in comercial zones, 78
defined, 52
veering toward, correcting, 81

trailing with touch-and-drag technique, 43
shorelining, 43
sidewalks
in commercial zones, 77–78
defined, 52
relocating after veering from, 61
systematic scanning pattern for, 137–138
turning onto intersecting, 60
signaling intent to cross streets, 69
silencio, cruzar calles al escuchar, 70
sillas
butacas de teatro, 9
debajo de mesas, 8
despejando, 8
métodos para sentarse, 7–10
sofás, 9
simple phasing, traffic light, 103
size concepts, 170
sofás, sentándose en, 9
sofas, sitting on, 9
sol, estableciendo dirección con, 75
sombreros, 142
sosteniendo monóculos, 146–147
spatial concepts, 161–163
spotting, 133
squaring off, 16–17
with curb, 66
with wall of sound, for direction-taking, 107–108
stabilizing monoculars, 146–147
stairs
on buses, going down, 120–121
cane techniques for, 46

ascending stairs, 46–48
descending stairs, 48–50
phrases for, 50
with human guide, 10–11
stop request cords and
strips, in buses, 114–115
stop sign, 64
stores. *See* businesses
straight line of travel
in business travel, 79–82
crossing streets, 66, 67
in residential travel, 55–56
tracing, using for, 134
street crossings. *See also*
intersections; traffic
asking for assistance with,
92
business travel, 100–101
characteristics of inter-
sections, 101–102
direction-taking for,
107–110
pedestrian signals,
105–107
timing for traffic light
crossings, 110–111
traffic lights, 102–105
when not to cross,
111–112
in residential areas, 63
cane techniques for,
68–70
characteristics of streets,
63–65
direction-taking for,
65–67
flagging, 69
phrases for, 67–68
recovery from veering
during, 72–74
timing of, 70–71
systematic scanning pat-
terns for, 138–140
with V-Tech, 152–153
street furniture, 78, 81

streets. *See also* intersections; street crossings;
traffic
intersection analysis,
148–149
recovery after veering
toward, 61–62
terminology for, 165–167
subiendo escaleras, 10
subiéndose a escaleras
eléctricas, 97–99
sun, establishing direction
with, 75
sunglasses, 143
superficies, 170–171
surfaces, 170–171

T

t, cruce en forma de, 64
tamaño, 170
tarifas
de autobús, 115–116
de tren, 124–125
técnica de protección alta,
14–15
buscar objetos caídos, 23
métodos para sentarse, 8
para puertas giratorias,
88–89
técnica de protección baja,
15–16
técnica de rastreo. Véase
rastreo, técnica de
técnica de toque. Véase
toque, técnica de
técnica de toque y arrastre.
Véase toque y arrastre,
técnica de
técnica diagonal, 31–32
caminando alrededor de
obstáculos, 33
caminando con, 32
examinando objetos, 33
frases relacionados con,
35

navegando por puertas,
34–35
rastreo con, 33–34
técnicas de exploración
visual anticipada y
planificación, 140–141
técnicas visuales, entre-
namiento en, 133–142
telling time in Spanish, 180
temperatura, conceptos de,
170
temperature concepts, 170
texturas, 170–171
textures, 170–171
theater-style seating, 9
three-point-touch tech-
nique, 45, 72, 73
thumb grasp, 28–29
tiempo, conceptos de, 171
tiempo, estimaciones de
distancia y, 18, 57, 83
time concepts, 171
time-distance estimation,
18, 57, 83
timing
of street crossings, 70–71
for traffic light crossings,
110–111
tinted glasses, 143
toma de dirección auditiva,
107
tomando dirección, 16–17
para cruzar calles, 65–67,
107–110
toque, técnica de, 35–37
caminando llevando el
paso, 37–38
caminando alrededor de
obstáculos, 39–40
dando vuelta a izquierda o
derecha, 39
en áreas congestionadas,
40–41
rastreo, 40

recuperando el paso,
38–39
toque y arrastre, técnica
de, 43
desviación hacia calles,
recuperándose de, 85
entradas a establecimientos
comerciales, localizando,
87
entradas peatonales,
identificando, 58–59
esquinas, dando vuelta
en, 60
línea de desplazamiento
recta, estableciendo con,
55, 79–80
localizando paradas de
autobuses, 118
toque y deslizamiento,
técnica de, 43–44
torniquetes de entrada, 125,
127
touch-and-drag technique,
43
business entrances, locating, 87
intersecting sidewalks,
turning onto, 60
locating bus stops, 118
recovery from veering in
business travel, 85
recovery from veering to-
ward/away from streets,
85
straight line of travel,
establishing with, 55,
79–80
walkways, locating, 58–59
touch-and-slide technique,
43–44
tracing, 134–136
intersection analysis, 149
shopping strategies,
150–151
tracking, 136, 149

traffic
aiding orientation with, 75
auditory alignment, 80
in commercial zones, 79
detecting corners in business travel with, 82
listening to for street
crossings, 71
parallel, 53
perpendicular, 53
in residential streets, 63
sounds of, listening for at
corners, 57
terminology for, 166–167
volume in business areas,
101
traffic controls, 64–65
traffic islands, right-turn,
102
traffic lights
characteristics of, 102–105
terminology for, 166–167
timing for crossings,
110–111
traffic medians, 102
tráfico
alineación auditiva, 80
detectando esquinas en
zonas comerciales con,
82
en calles residenciales, 63
en zonas comerciales, 79
escuchando para cruzar
calles, 57, 71
terminología para,
166–167
usando para orientarse, 75
volumen en zonas
comerciales, 101
tráfico paralelo, 53
tráfico perpendicular, 53
trailing, 17–19
with diagonal cane tech-
nique, 33–34

hallway familiarization,
21–22
locating elevators, 94
room familiarization,
20–21
shorelines, with touch-
and-drag technique, 43
straight line of travel,
establishing in business
travel, 79–80
two-point-touch tech-
nique, 40
trains
boarding, 129–132
characteristics of, 121–125
familiarization with sys-
tem, 125–129
terminology for, 168
transit maps, 125
tránsito, controles de,
64–65
transporte público. Véase
autobuses, ferrocarriles,
trenes ligeros
transporte público,
conceptos relacionados
con, 167–168
tread (stairs), 46
trenes ligeros
abordando, 129–132
características de,
121–125
familiarización con
sistema de, 125–129
tres puntos, técnica de, 45,
72, 73
t-shape intersection, 64
turning
diagonal cane technique,
32
with human guide tech-
nique, 3–4
two-point-touch tech-
nique, 39
turns, about face, 4, 12–13

turnstiles, 125, 127
two-point-touch technique, 35–37
  in congested areas, 40–41
  crossing streets with, 69
  exiting revolving doors, 89
  getting back in step, 38–39
  navigating around obstacles, 39–40
  trailing, 40
  turning, 39
  walking in step, 37–38

U

up-curb, 63
upper body protective technique, 14–15
  for revolving doors, 88–89
  searching for dropped objects, 23
  seating procedures, 8

V

vagones de trenes, 121
veering, recovery from
  during business travel, 81
  into driveways, 60–62
  during street crossings, 72–74
  toward/away from streets in business travel, 83–86
vehículos, entradas para.
  Véase *entradas para vehículos*
verbs in Spanish, 176–180
verde nueva (luz del semáforo), 109

verification cane technique (V-Tech), 151–154
vertical poles, in buses, 114
viseras, 142
visibilidad para cruces, 71
visibility for street crossings, 71
visión excéntrica, 141
visors, 142
visual closure, 140
visual functioning terminology, 156–157
visual impairment, causes of, 155–156
visual preview and planning, 140–141
visual skills training, 133–142
voice announcements
  in buses, 115
  on trains, 122
V-Tech (verification cane technique), 151–154
vueltas
  dando a izquierda o derecha, 39
  dando en esquinas, 60
  media vuelta, 4, 12–13

W

waiting
  for buses, 118
  for elevators, 94
  for trains, 129
walking
  with diagonal cane technique, 32
  getting back in step
    constant-contact technique, 42

two-point-touch technique, 38–39
  in step, with two-point-touch technique, 37–38
  obstacles, navigating around
    diagonal cane technique, 33
    two-point-touch technique, 39–40
  straight line of travel, establishing, 55–56
walkways
  defined, 52
  locating, 58–60
wall of sound, 80, 107
walls, hand trailing along, 18–19
weather concepts, 170
width of streets in business areas, 101

Y

yield sign, 65

Z

zonas residenciales
  bastones, uso en las aceras, 54–55
  características de zonas residenciales, 51–54
  conceptos medioambientales en, 164–165
  entradas peatonales, identificando, 58–60

About the Contributors

Brenda J. Naimy, M.A., a certified orientation and mobility specialist, is a Lecturer in the Orientation and Mobility Specialist Training Program, Visual Impairments and Blindness, Division of Special Education and Counseling, California State University, Los Angeles; as well as an Appeals Specialist for ADA Paratransit Eligibility at Access Services, in Los Angeles. She has co-authored a number of textbook chapters on orientation and mobility assessment and program planning and services for children and youths in *Foundations of Orientation and Mobility* and *Foundations of Low Vision,* developed online instructional modules, and conducted numerous presentations on various aspects of orientation and mobility.

Matthew William Hogel, Ed.S., a certified orientation and mobility specialist and low vision therapist, is a Blind Rehabilitation Therapist at the Blind Rehabilitation Center, Veterans Affairs Medical Center, San Juan, Puerto Rico. He is a member of the Board of Directors of the Association for Education and Rehabilitation of the Blind and Visually Impaired (AER) as the representative of AER chapter presidents and a past president of the Puerto Rico AER chapter, where he helped edit their first three Spanish-language newsletters. Hogel has made numerous presentations at regional and international conferences on the need for more Spanish-speaking orientation and mobility specialists in the United States.

Printed in the USA
CPSIA information can be obtained
at www.ICGtesting.com
CBHW072032310524
9311CB00009B/100